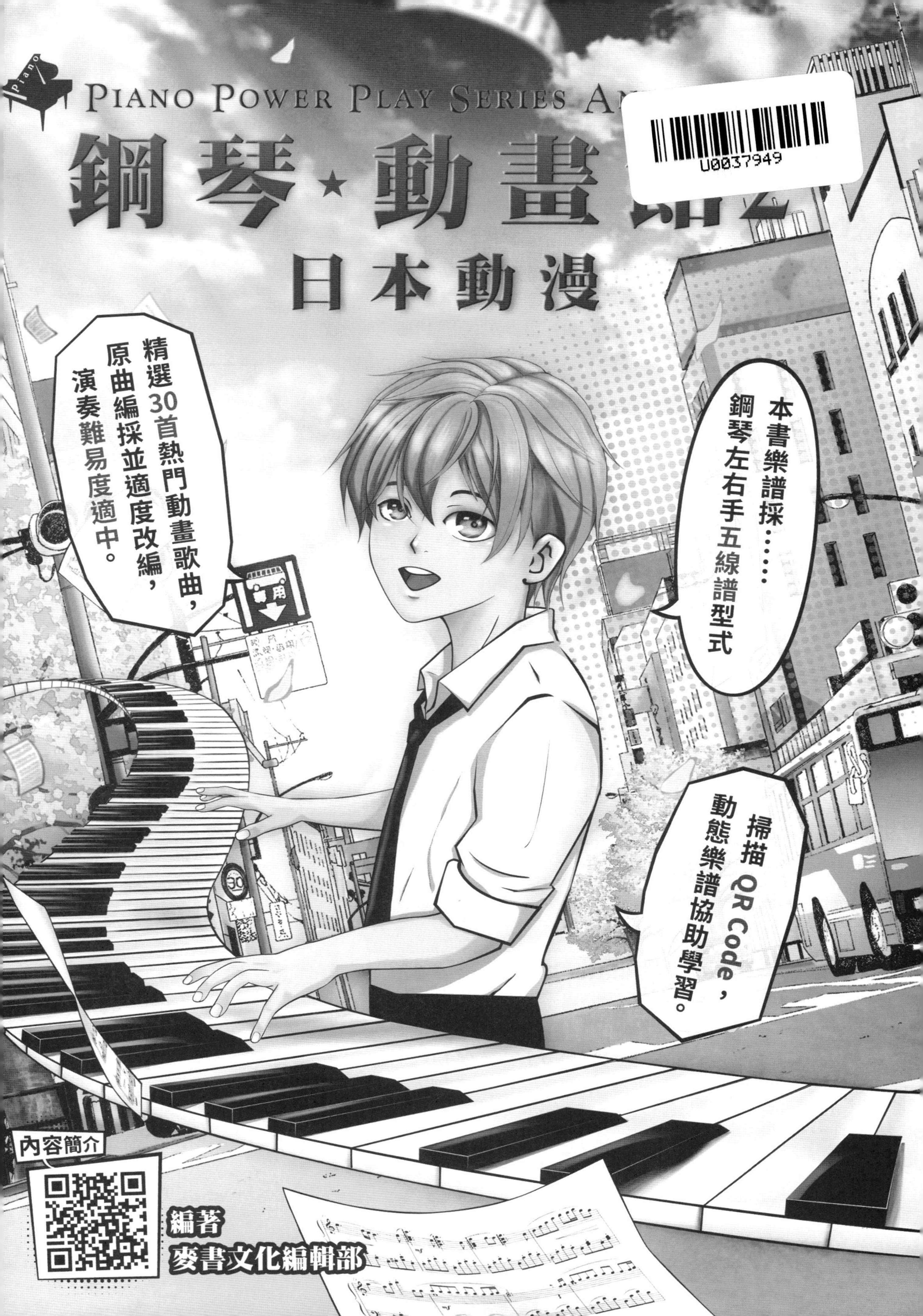

Piano
PIANO POWER PLAY SERIES AN
鋼琴★動畫
日本動漫
U0037949
精選30首熱門動畫歌曲，
原曲編採並適度改編，
演奏難易度適中。
本書樂譜採……
鋼琴左右手五線譜型式
掃描QR Code，
動態樂譜協助學習。
內容簡介
編著
麥書文化編輯部

目錄
CONTENTS

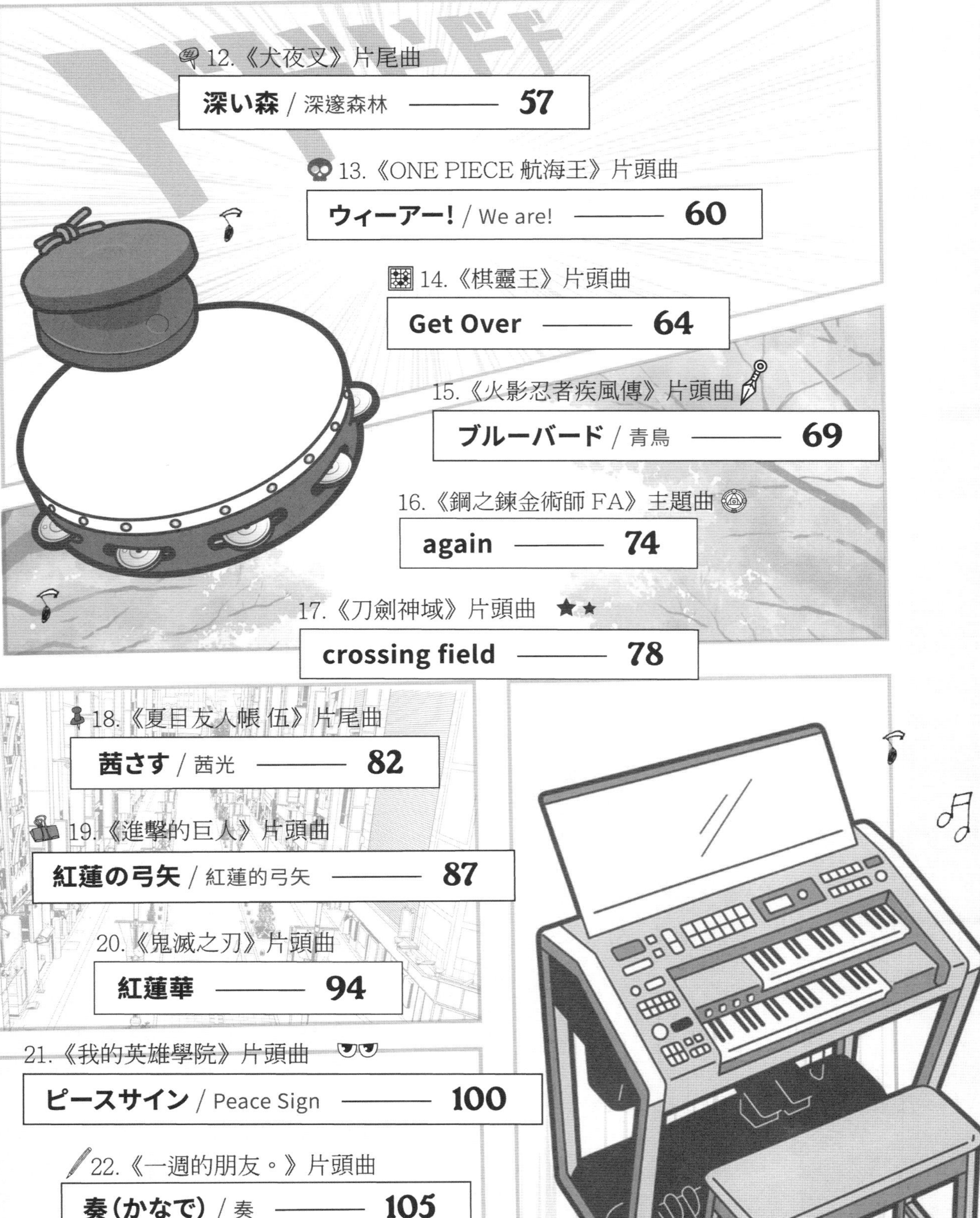

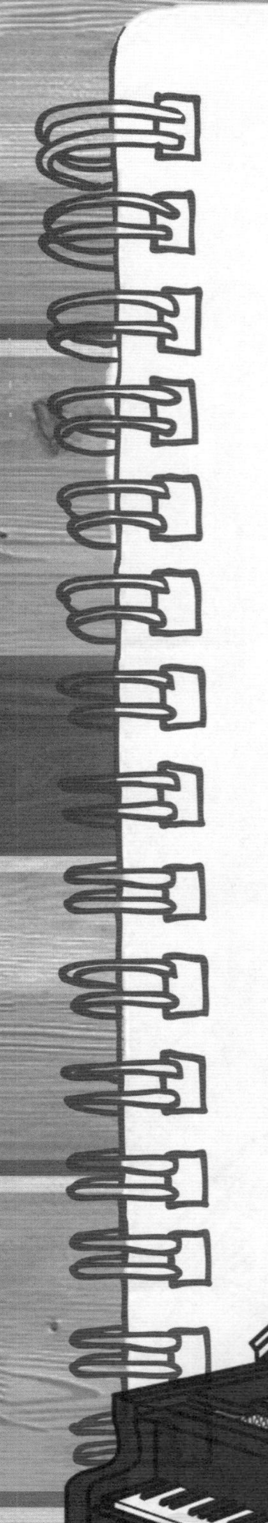

影音使用說明

有鑒於數位學習的普及與提供讀者更輕鬆便利之學習體驗，本書所收錄的 30 首曲譜均附動態樂譜影音，請參照以下使用方法觀看：

學習者可利用行動裝置掃描每首歌曲名稱右方的 QR Code（二維碼），即可立即觀看動態樂譜影音。

另可掃描右方 QR Code 連結至本書的影音播放清單。

播放清單

推薦序

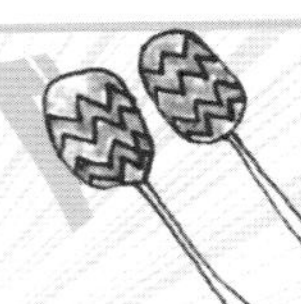

製作《鋼琴動畫館》日本動漫第一冊，是2004年的事。轉眼16年已過，看見麥書即將出版《鋼琴動畫館》日本動漫的續集，讓這系列書籍得以延續，忍不住感到無比欣慰。

動漫，是伴隨每個孩子成長的、不可或缺的童年記憶。好作品推陳出新，當然也有作品歷久不衰。我從小看哆啦A夢長大，如今當了媽媽，第一次買票帶女兒進電影院還被要求二刷，是看《大雄的新恐龍》，哆啦A夢，成了兩代人的共同記憶。但女兒看得比哆啦A夢更入迷的，則是我年少時代尚未問世的《鬼滅之刃》。

一旦投入某部動漫，我們會對劇中人物朝思暮想、熱切關注主角接下來的命運。深深刻印在腦海的，除了扣人心弦的情節，還有片頭片尾反覆出現的洗腦歌曲。音樂，有一股神奇的力量，縱使在若干年後，我們逐漸忘卻了動漫內容的細節，但只要一聽見熟悉的主題曲或插曲，當初入戲的心情頓如潮水般湧現，彷彿又被拉回了另一個時空。

本集《鋼琴動畫館》囊括30首最具代表性的日本動漫歌曲，包括已成全民運動的《鬼滅之刃》、好像永遠沒有完結篇的《名偵探柯南》、迷倒眾生毫不遜於鬼滅的《海賊王》、抓寶熱潮至今仍未消滅的《精靈寶可夢》，同時也收錄文青風動畫電影《風起》、《你的名字》、《天氣之子》、《煙花》等主題曲，還有帶領大家一起懷舊的《幽遊白書》、《美少女戰士》、《灌籃高手》、《七龍珠》等等；光看歌單，便知出版方多麼用心，內容之豐富，值得深入探索、再三玩味。

考量使用者的程度不同，編曲刻意處理得難易適中，某些伴奏型態或節奏或許需要練習，然而只要克服了初步的陌生感、掌握箇中訣竅，對於鍵盤和聲／伴奏法定能晉升至更高層的境界。你將會驚喜地發現：原來看似柔和純粹的鋼琴，也有能力營造出熱鬧澎湃、宛如樂團駕臨的主題曲氣勢。

寓教於樂的《鋼琴動畫館》日本動漫續集，絕對是樂譜中的逸品，即使你的書櫃已經很擠，還是強烈建議你為它挪出一個位子。畢竟，書中挑選的精采動漫，在你的心裡，肯定也有一個重要的位子。

Jessie 朱怡潔

《幽遊白書》片頭曲

詞：リーシャウロン 曲：馬渡松子 演唱：馬渡松子

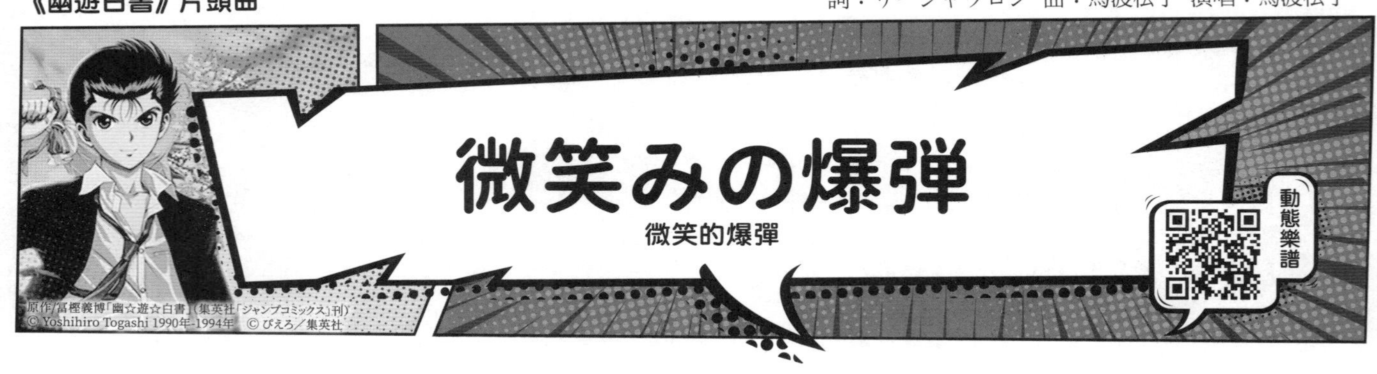

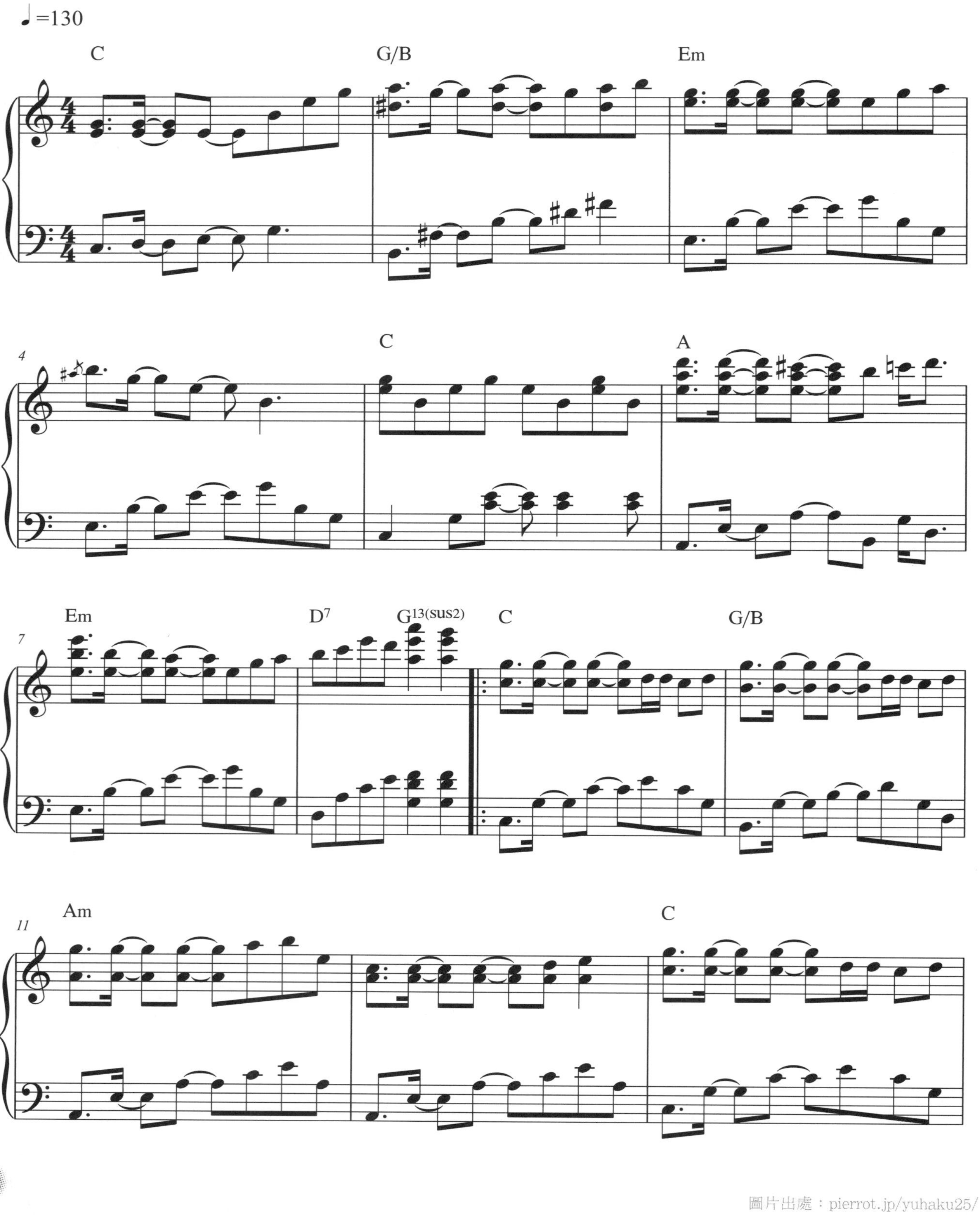

♩=130

C G/B Em

4 C A

7 Em D7 G13(sus2) C G/B

11 Am C

圖片出處：pierrot.jp/yuhaku25/

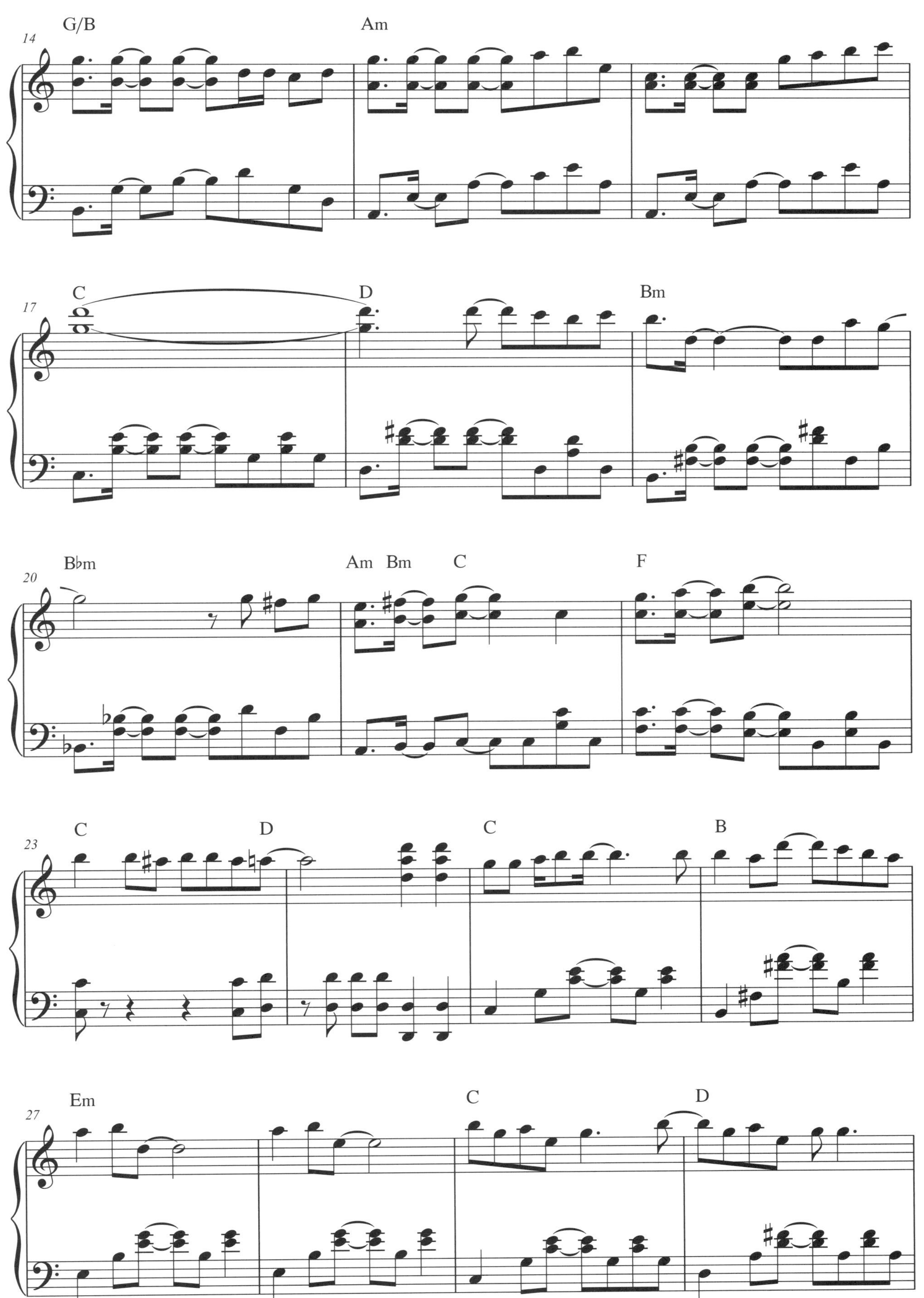
14
G/B
Am
17
C
D
Bm
20
B♭m
Am
Bm
C
F
23
C
D
C
B
27
Em
C
D

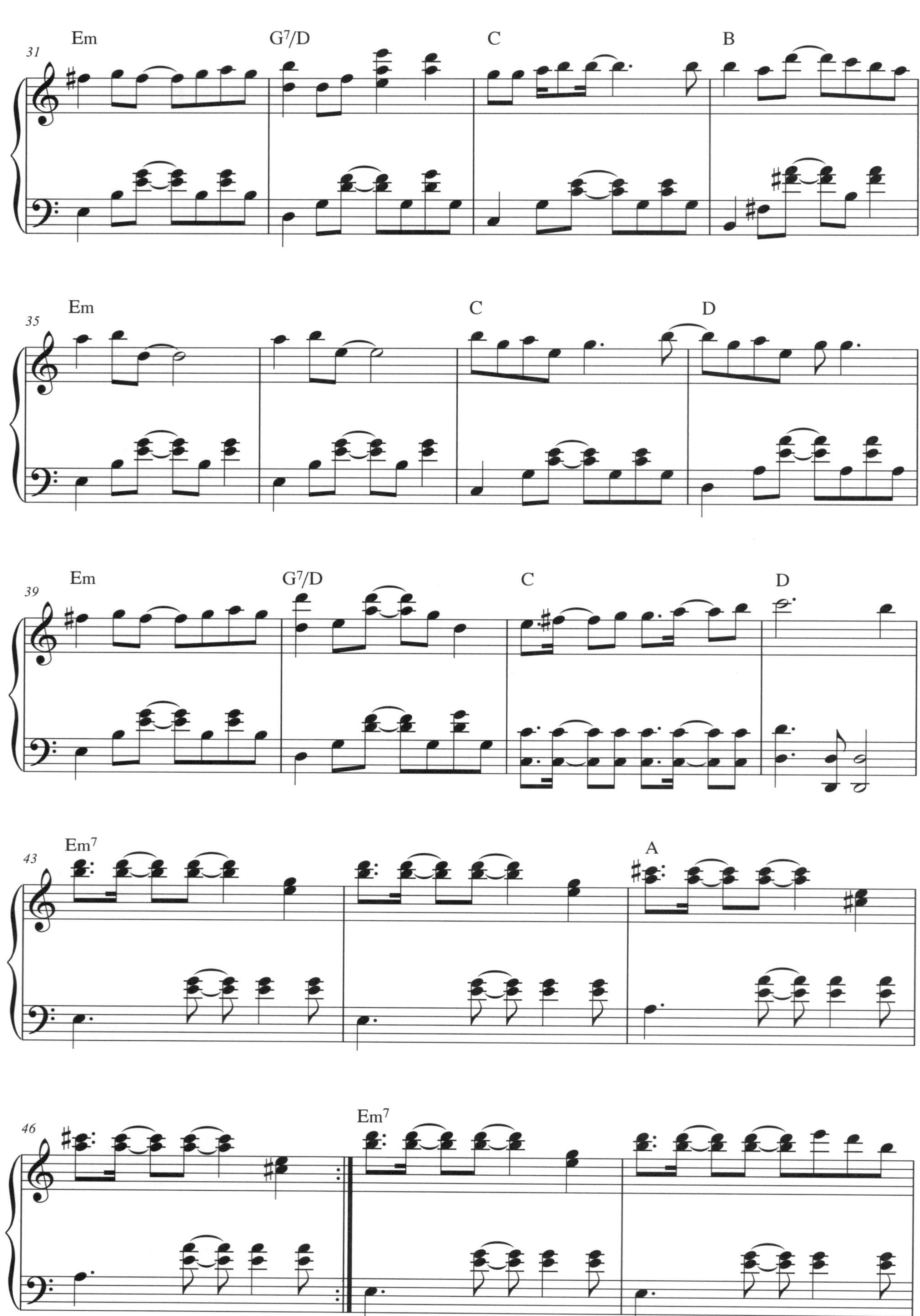
31
Em
G7/D
C
B
35
Em
C
D
39
Em
G7/D
C
D
43
Em7
A
46
Em7

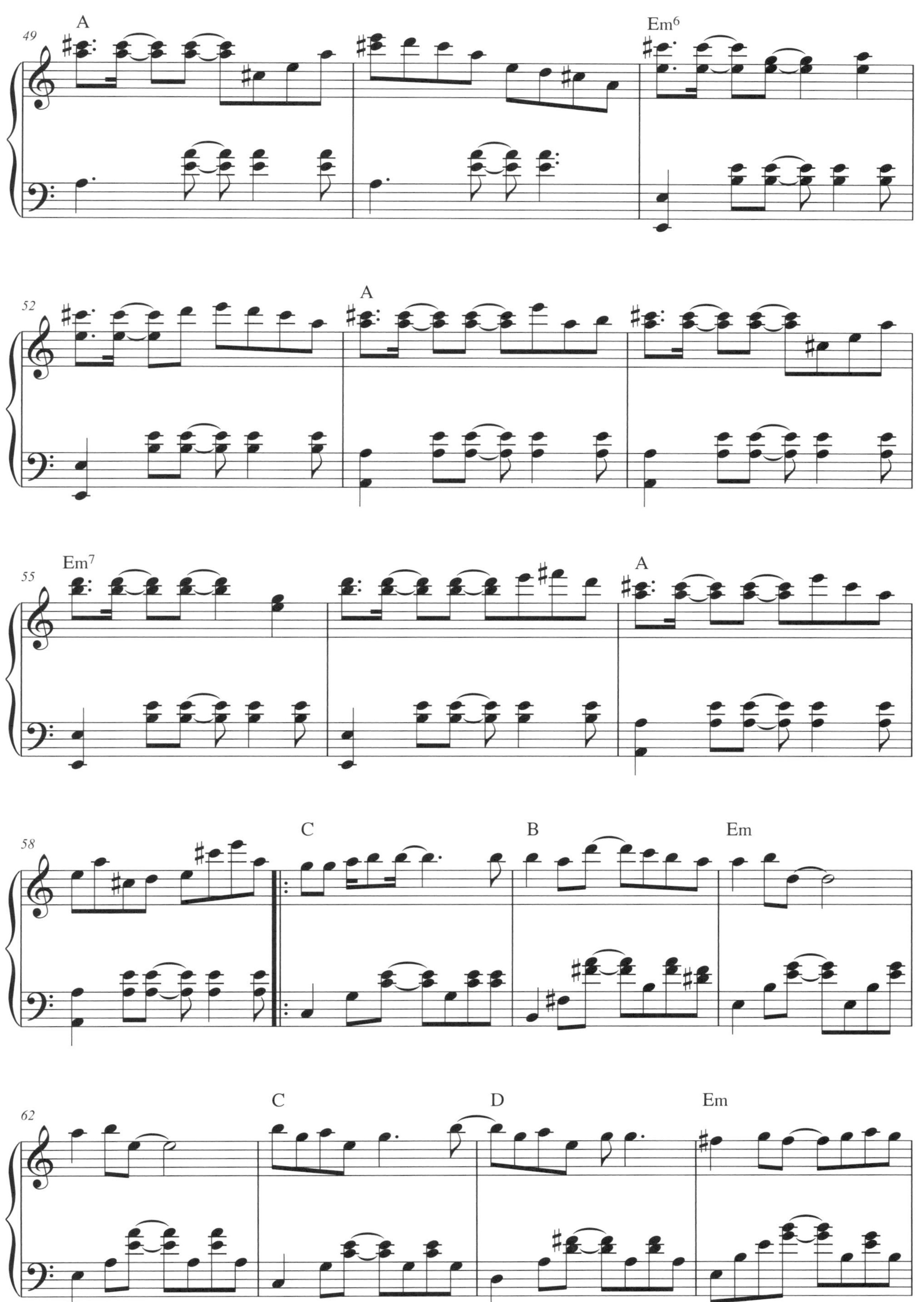
49
A
Em6
52
A
55
Em7
A
58
C
B
Em
62
C
D
Em

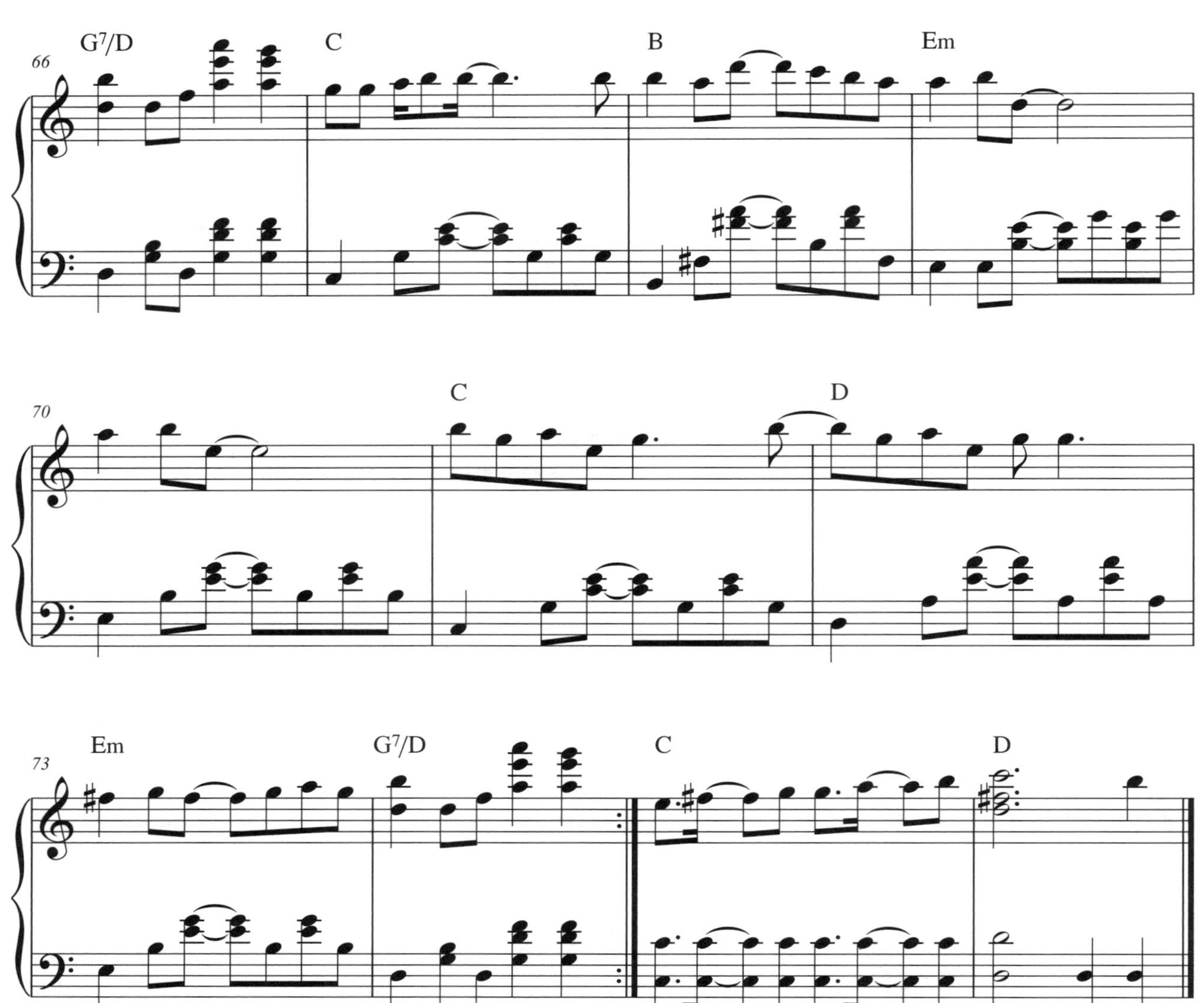

66
G7/D
C
B
Em
70
C
D
73
Em
G7/D
C
D

《新世紀福音戰士》片頭曲

詞：及川眠子 曲：佐藤英敏 演唱：高橋洋子

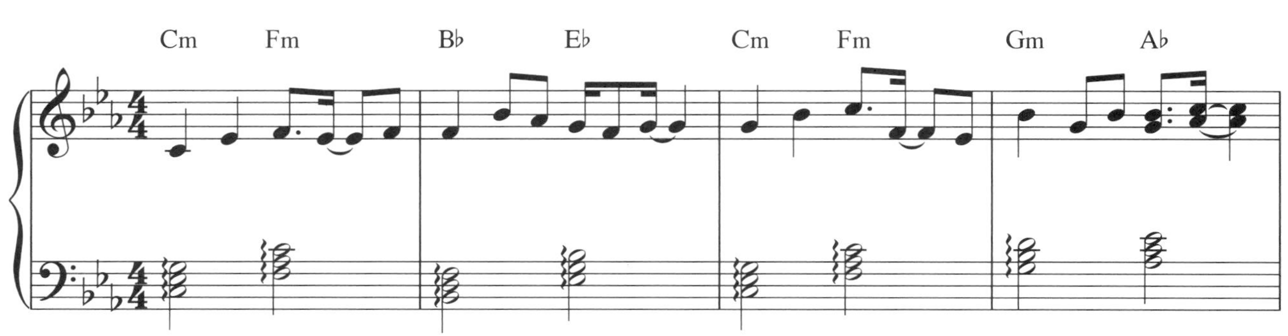

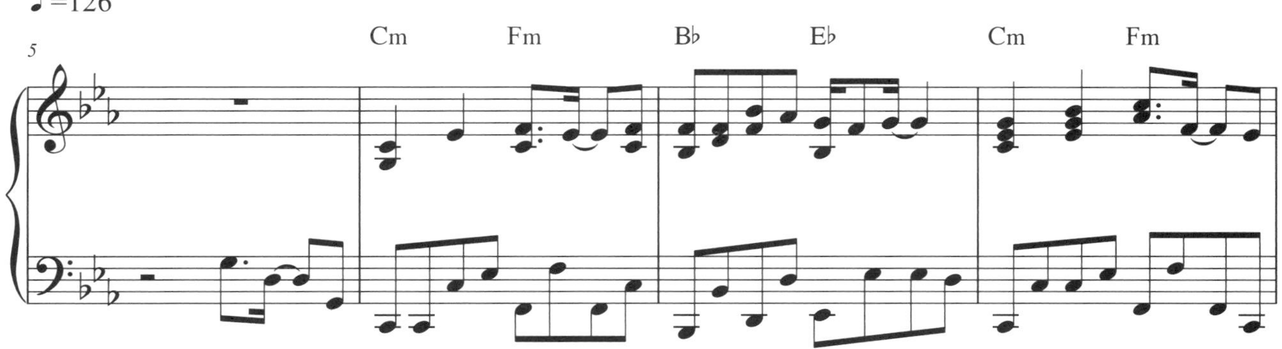

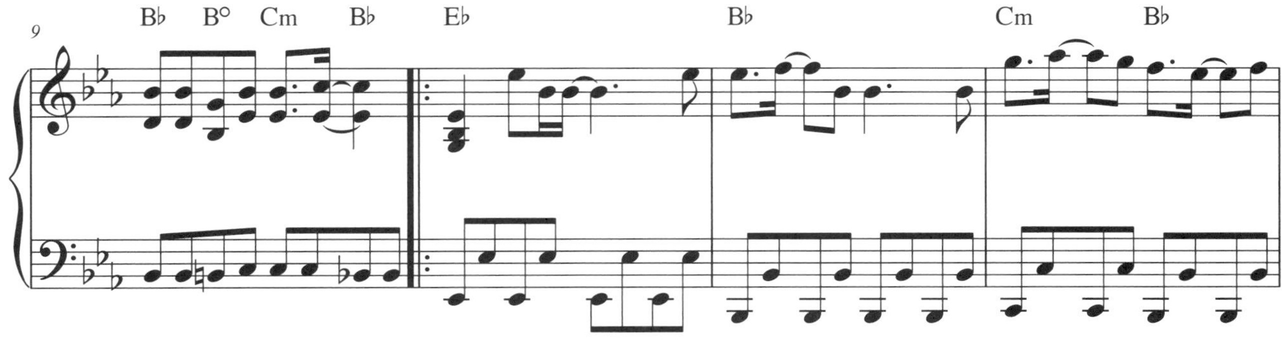

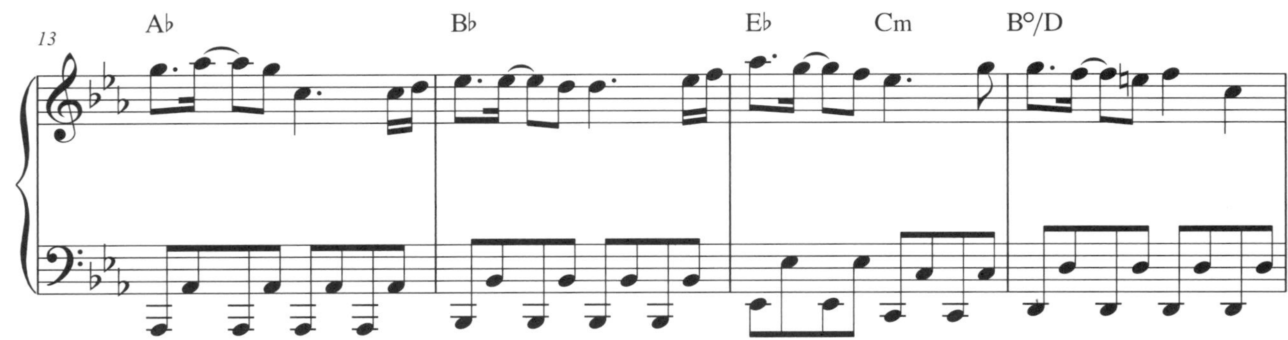

圖片出處：hobby.dengeki.com/news/902081/

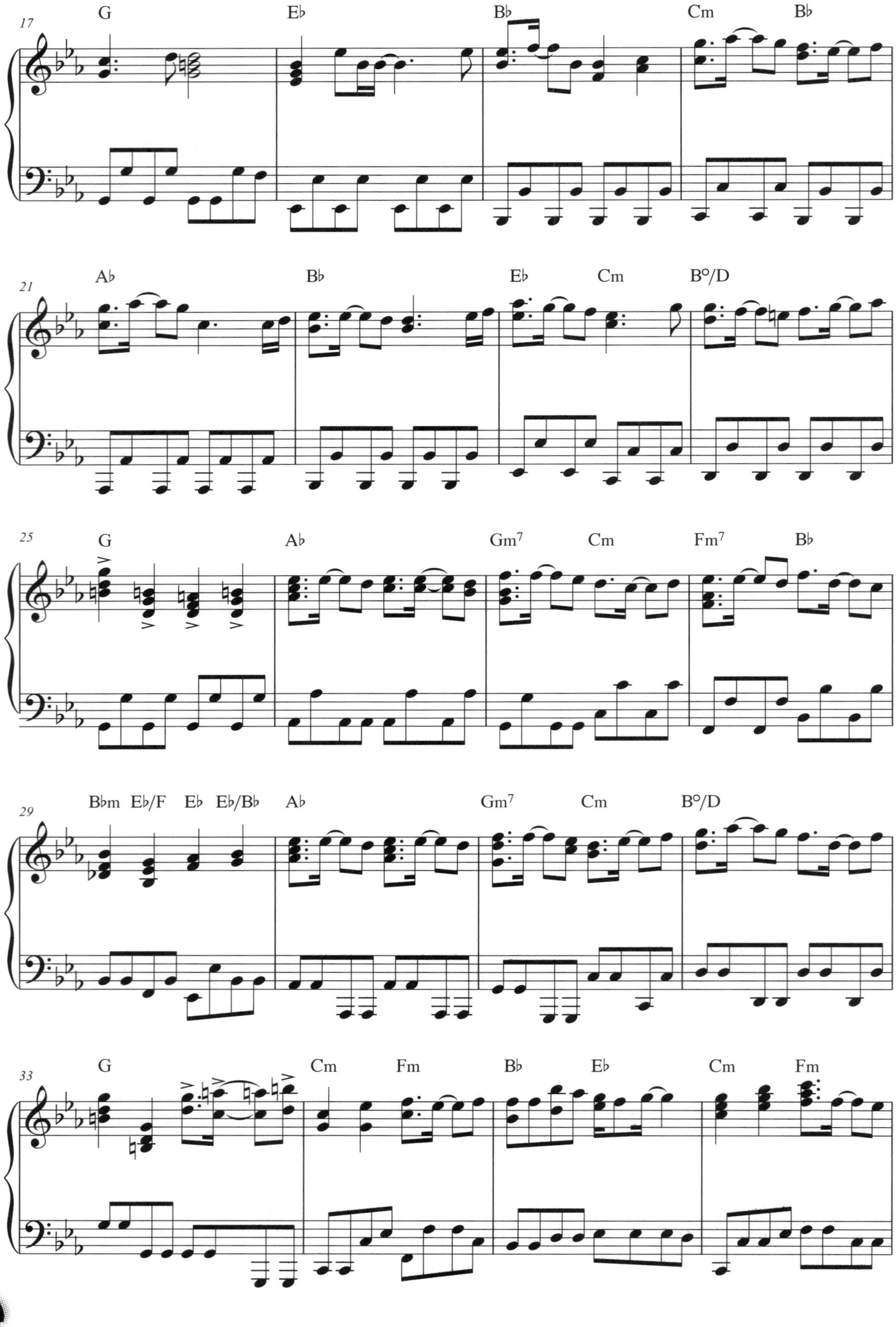

17 G E♭ B♭ Cm B♭

21 A♭ B♭ E♭ Cm B°/D

25 G A♭ Gm7 Cm Fm7 B♭

29 B♭m E♭/F E♭ E♭/B♭ A♭ Gm7 Cm B°/D

33 G Cm Fm B♭ E♭ Cm Fm

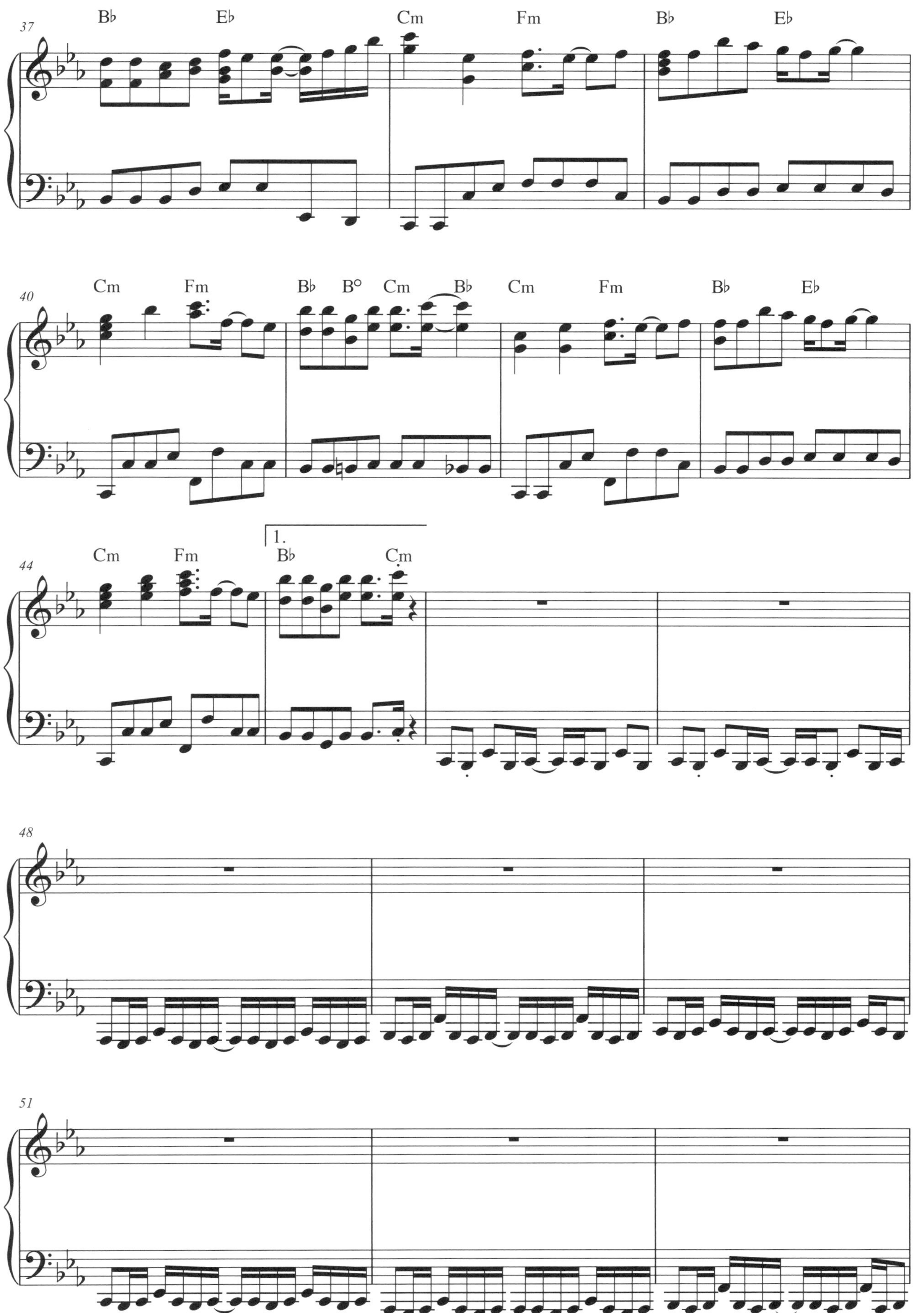
37
B♭
E♭
Cm
Fm
B♭
E♭
40
Cm
Fm
B♭
B°
Cm
B♭
Cm
Fm
B♭
E♭
44
Cm
Fm
1.
B♭
Cm
48
51

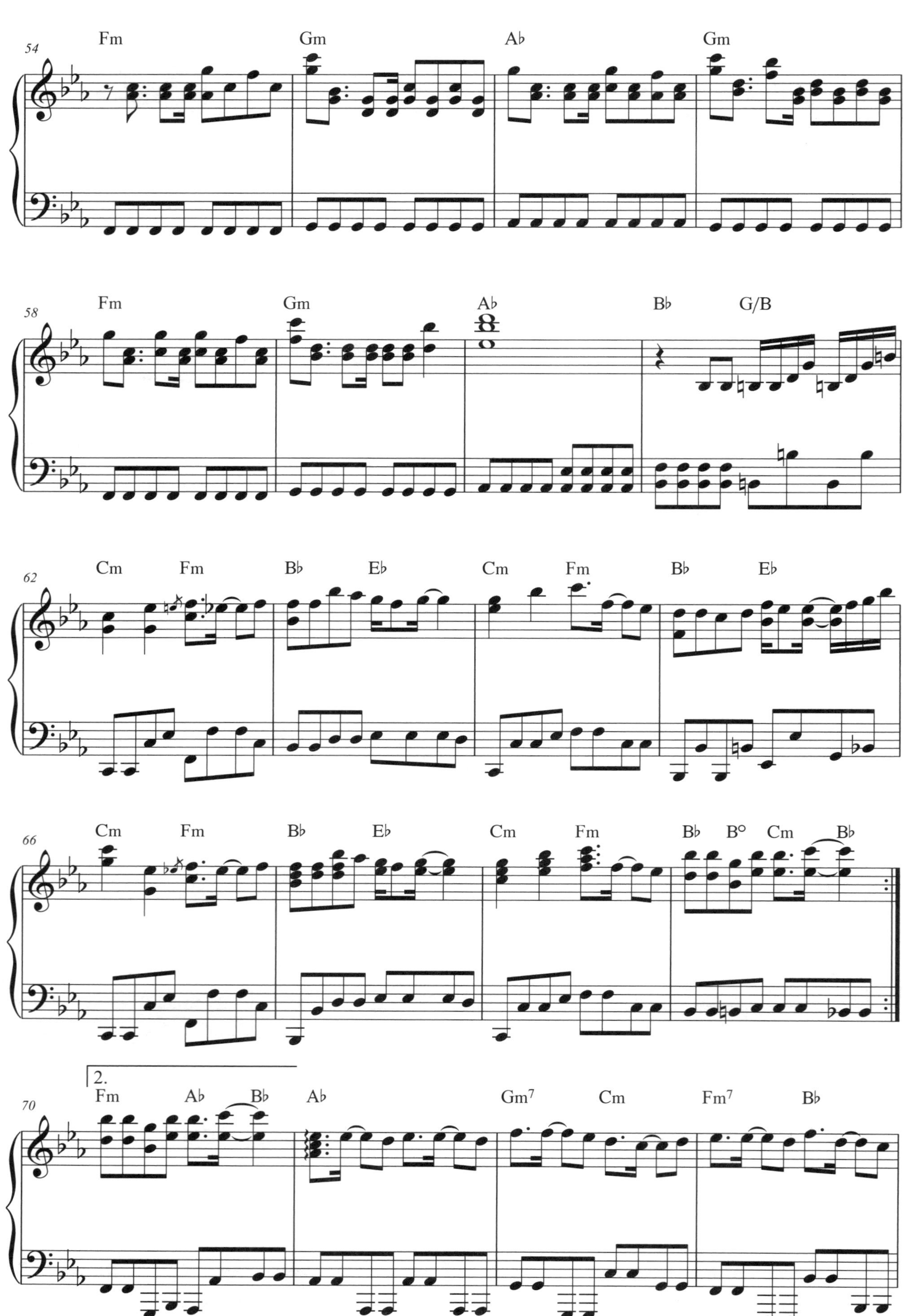
54
Fm
Gm
A♭
Gm
58
Fm
Gm
A♭
B♭
G/B
62
Cm
Fm
B♭
E♭
Cm
Fm
B♭
E♭
66
Cm
Fm
B♭
E♭
Cm
Fm
B♭
B°
Cm
B♭
2.
70
Fm
A♭
B♭
A♭
Gm7
Cm
Fm7
B♭

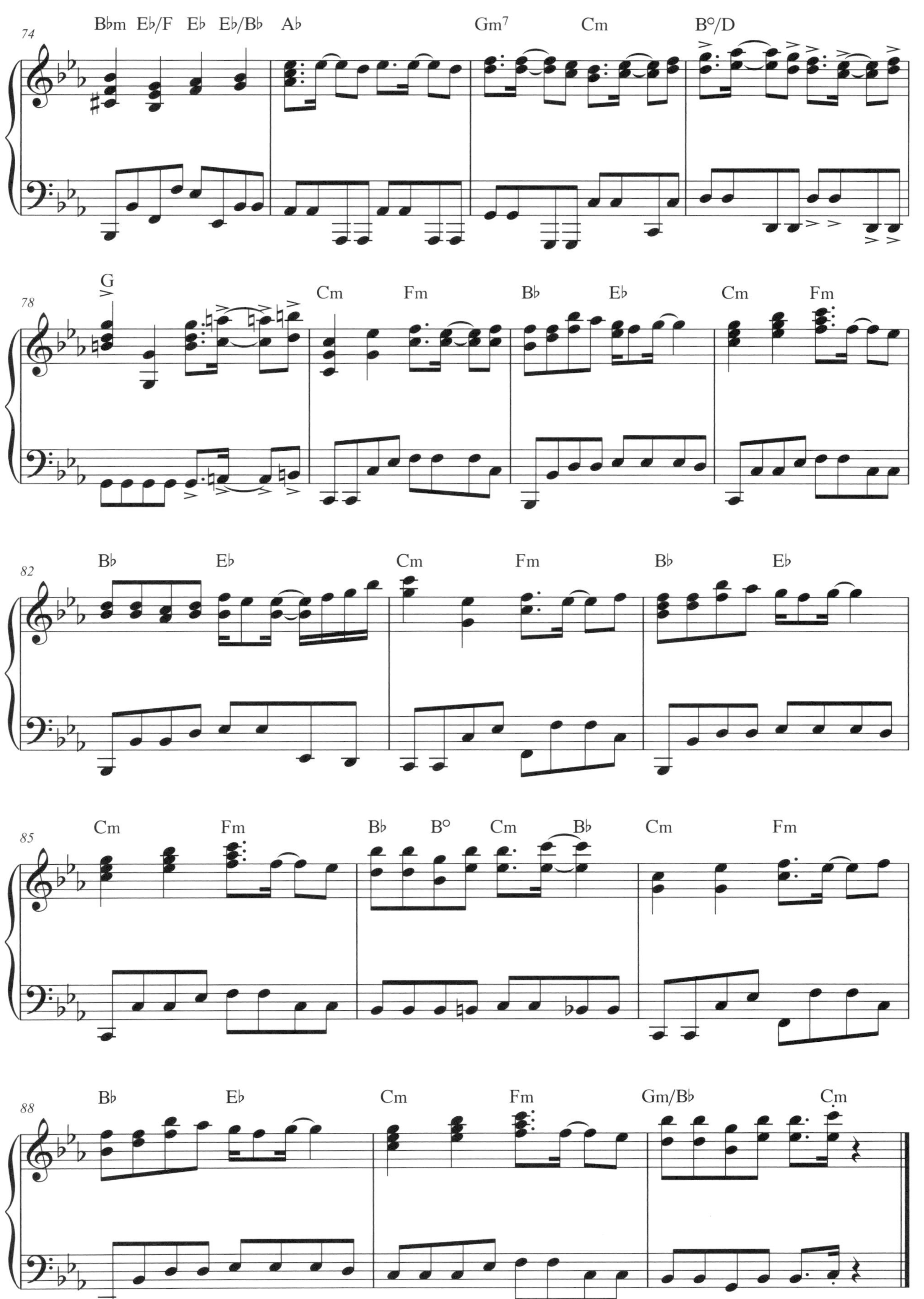
74
B♭m E♭/F E♭ E♭/B♭ A♭
Gm7
Cm
B°/D
78
G
Cm
Fm
B♭
E♭
Cm
Fm
82
B♭
E♭
Cm
Fm
B♭
E♭
85
Cm
Fm
B♭
B°
Cm
B♭
Cm
Fm
88
B♭
E♭
Cm
Fm
Gm/B♭
Cm

《美少女戰士》片頭曲

詞：小田佳奈子 曲：小諸鐵也 演唱：DALI

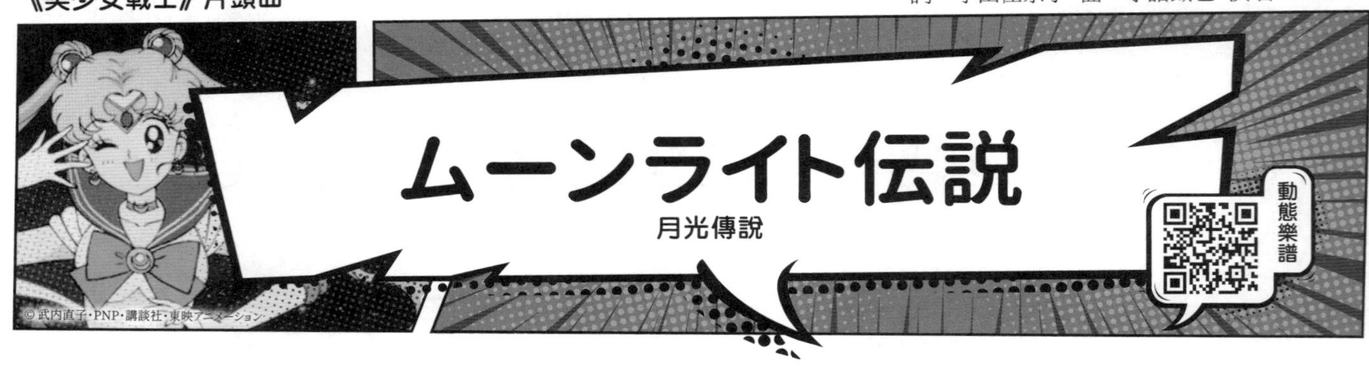

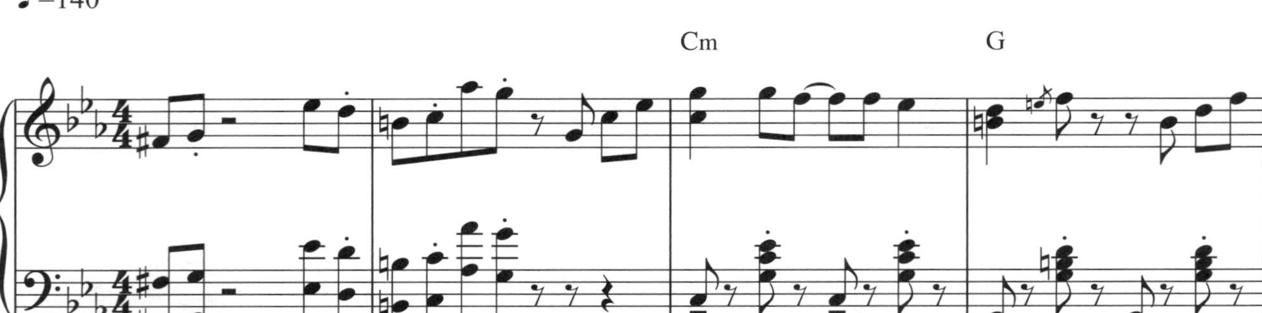

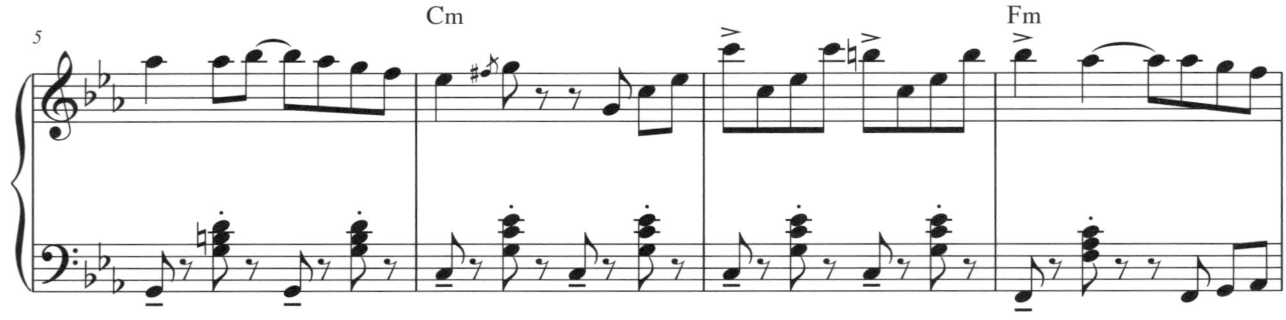

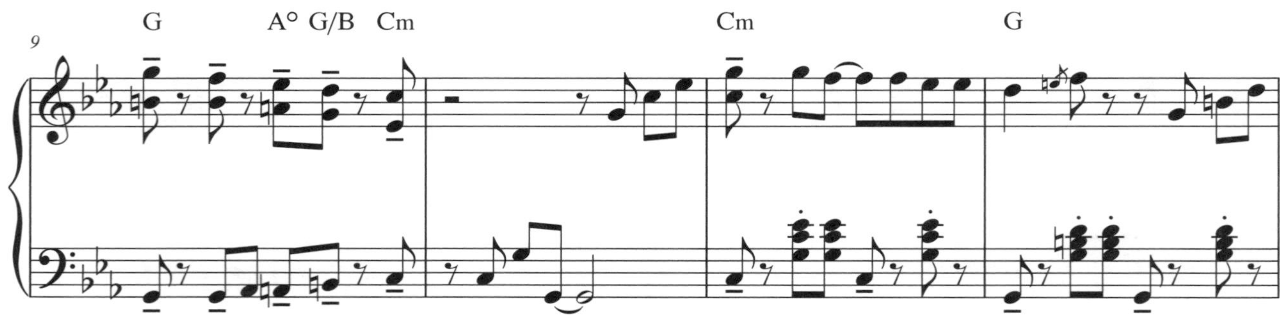

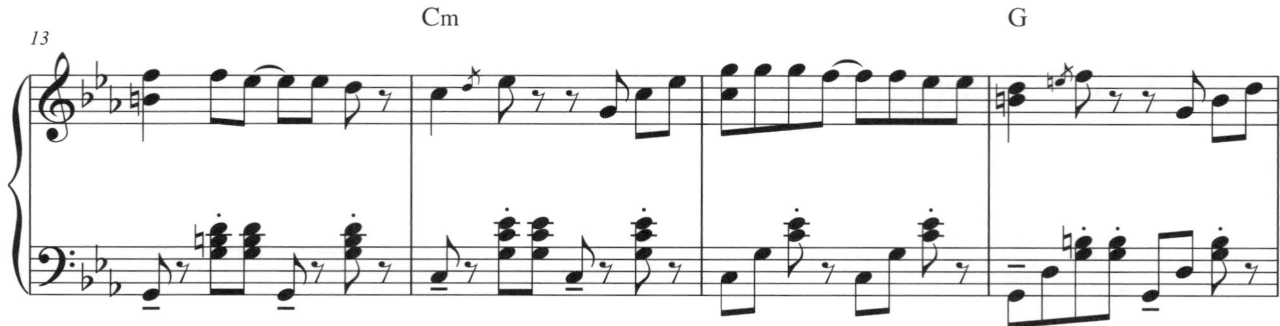

圖片出處：movie-tsutaya.tsite.jp/netdvd/vod/artDetail.do?ttvArtCd=101008373

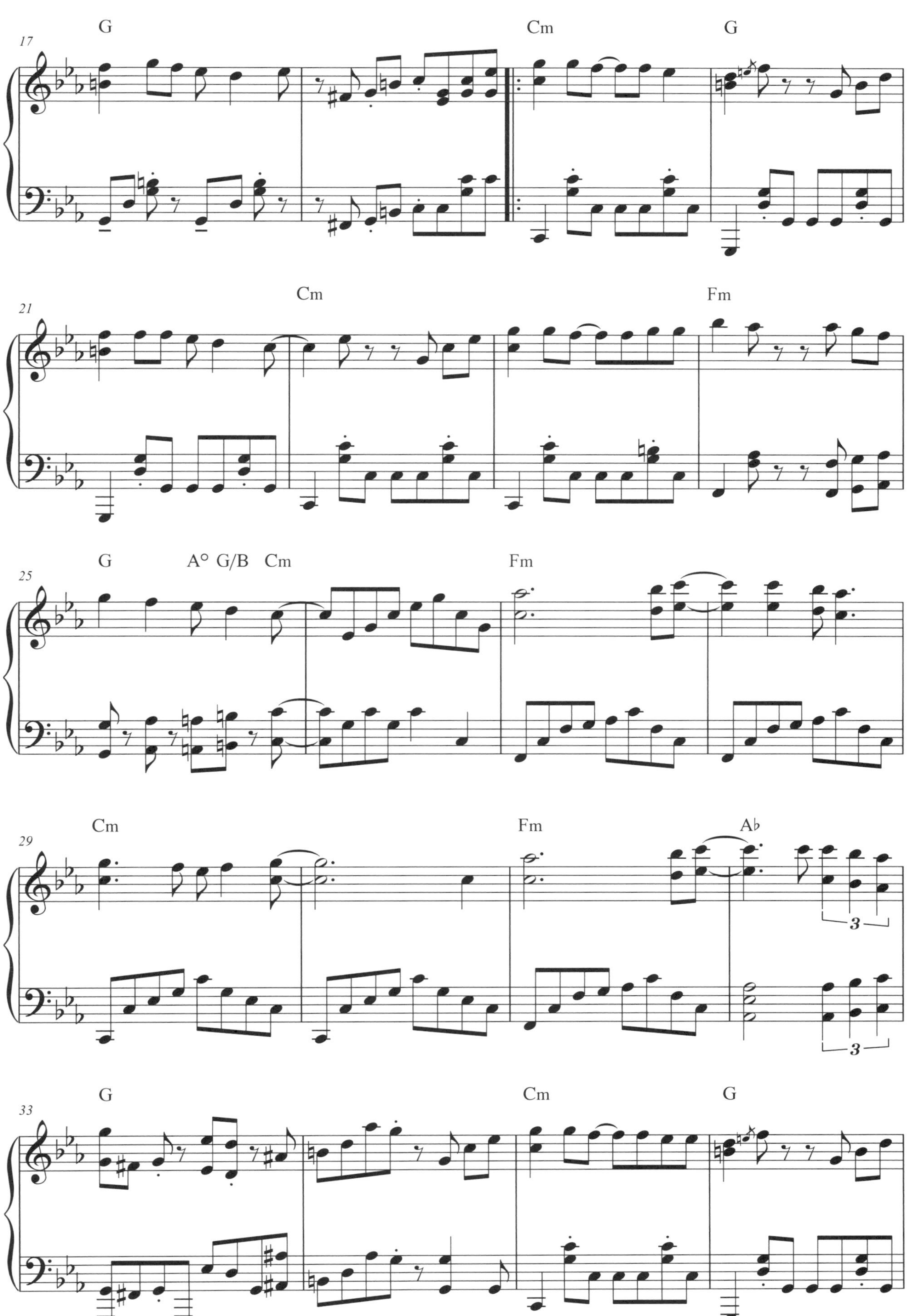
17
G
Cm
G
21
Cm
Fm
25
G
A° G/B
Cm
Fm
29
Cm
Fm
A♭
3
3
33
G
Cm
G

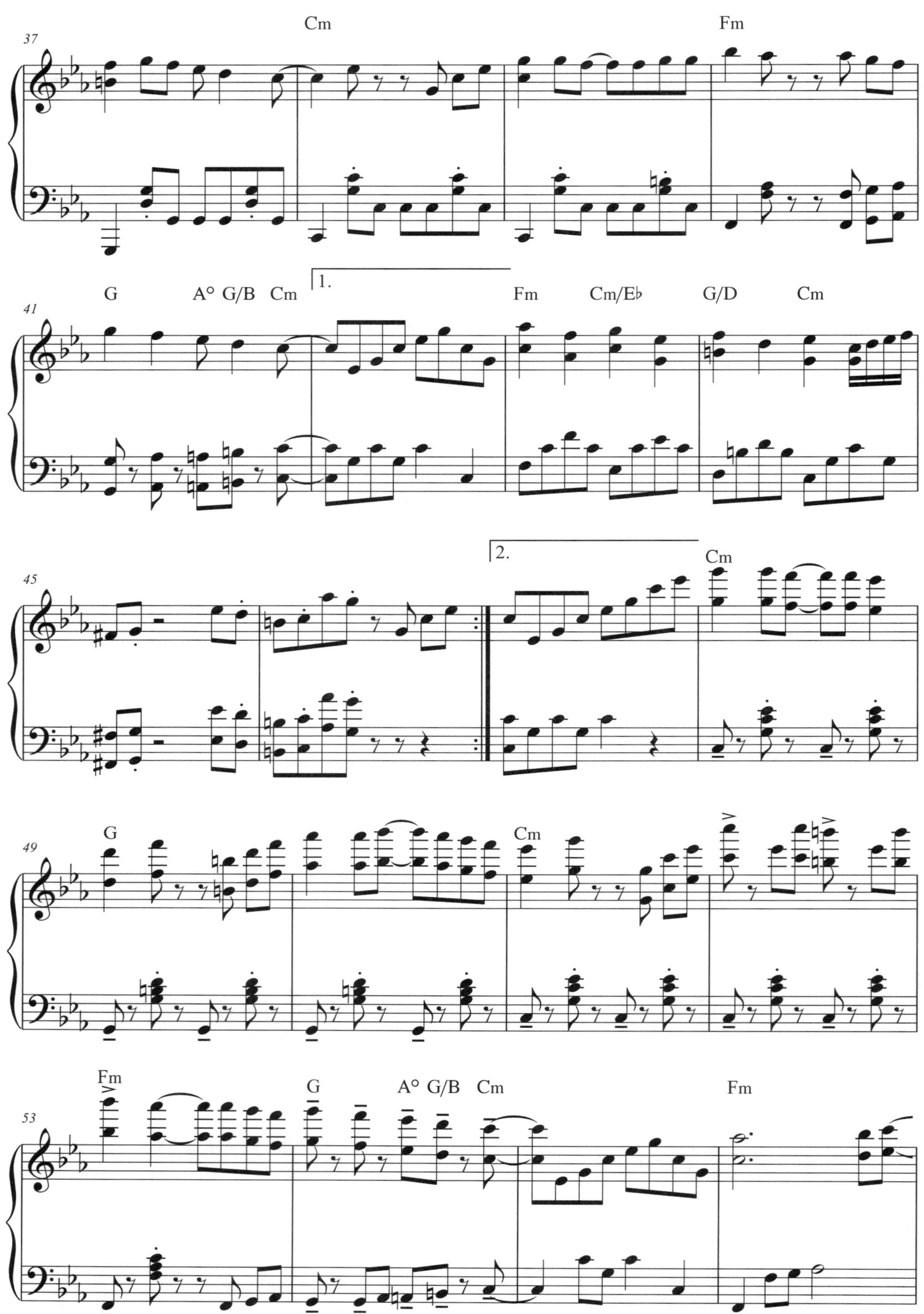
37
Cm
Fm
41
G
A° G/B
Cm
1.
Fm
Cm/E♭
G/D
Cm
45
2.
Cm
49
G
Cm
53
Fm
G
A° G/B
Cm
Fm

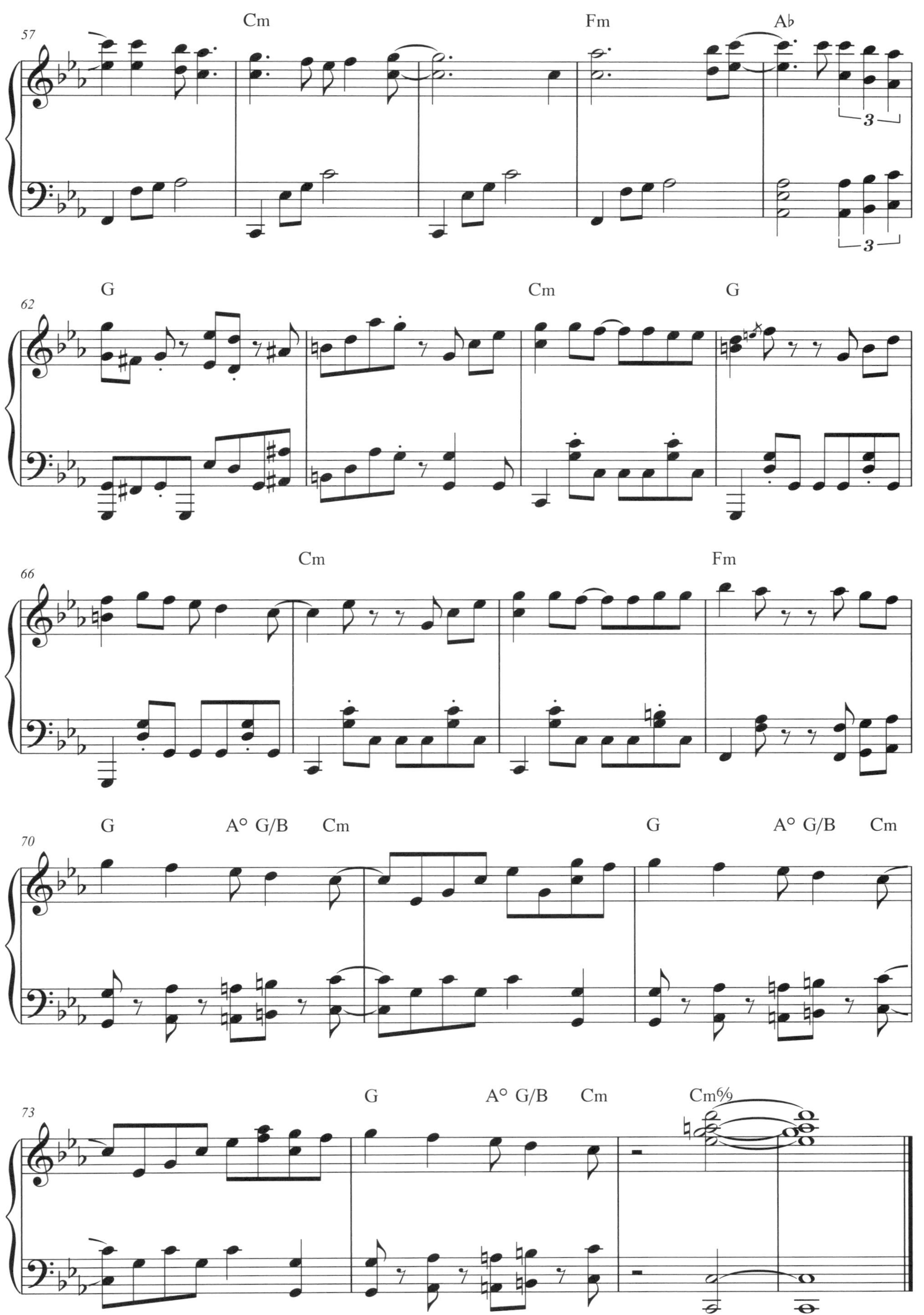
57
Cm
Fm
A♭
3
3
62
G
Cm
G
66
Cm
Fm
70
G
A° G/B
Cm
G
A° G/B
Cm
73
G
A° G/B
Cm
Cm6/9

《灌籃高手》片頭曲

詞：明石昌夫 曲：山田恭二 演唱：BAAD

♩= 70

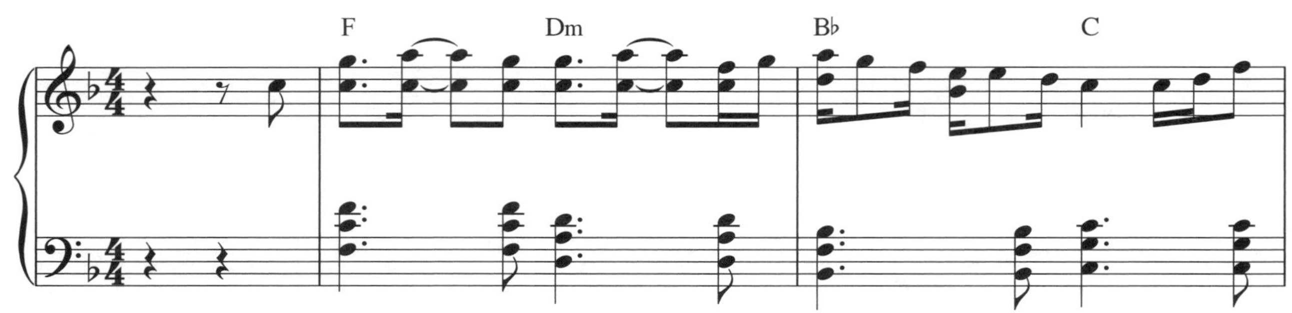

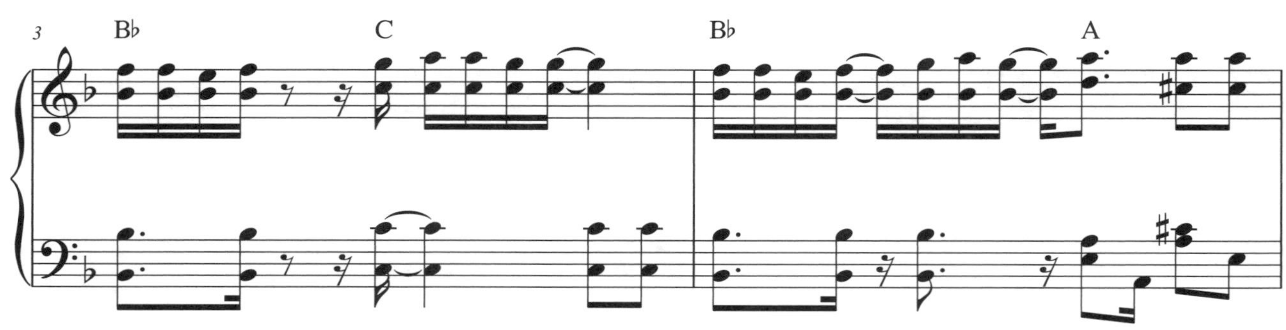

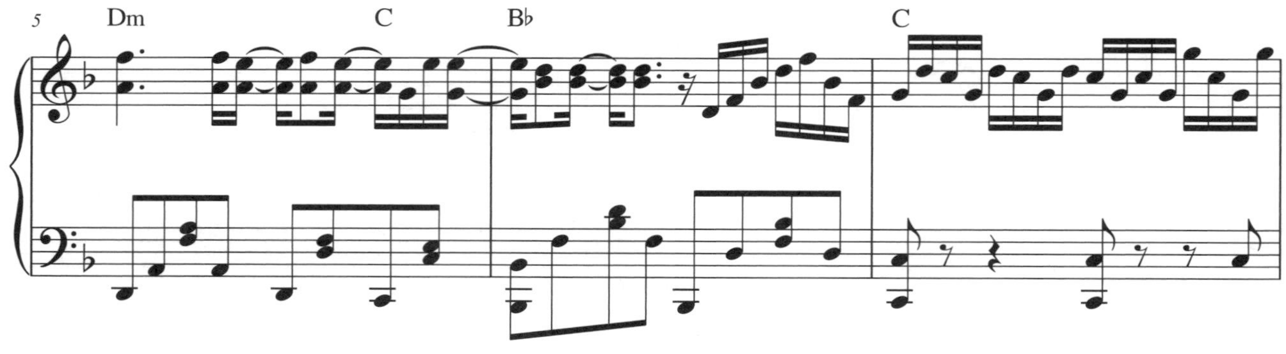

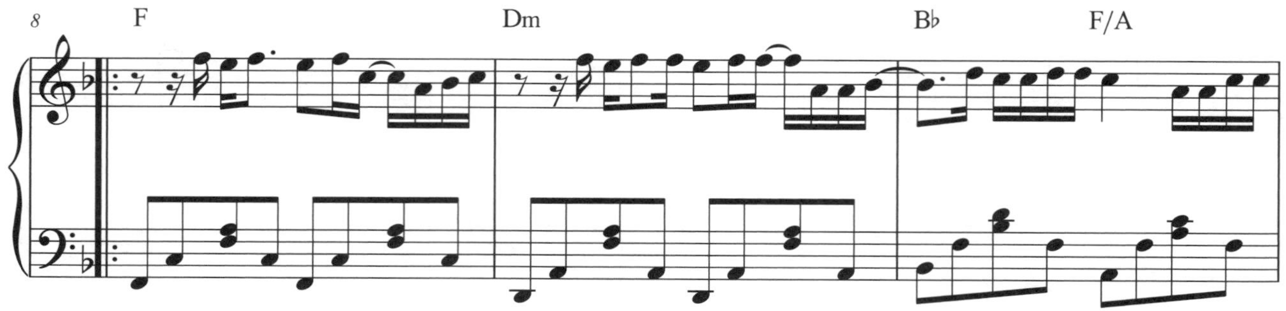

圖片出處：books.shueisha.co.jp

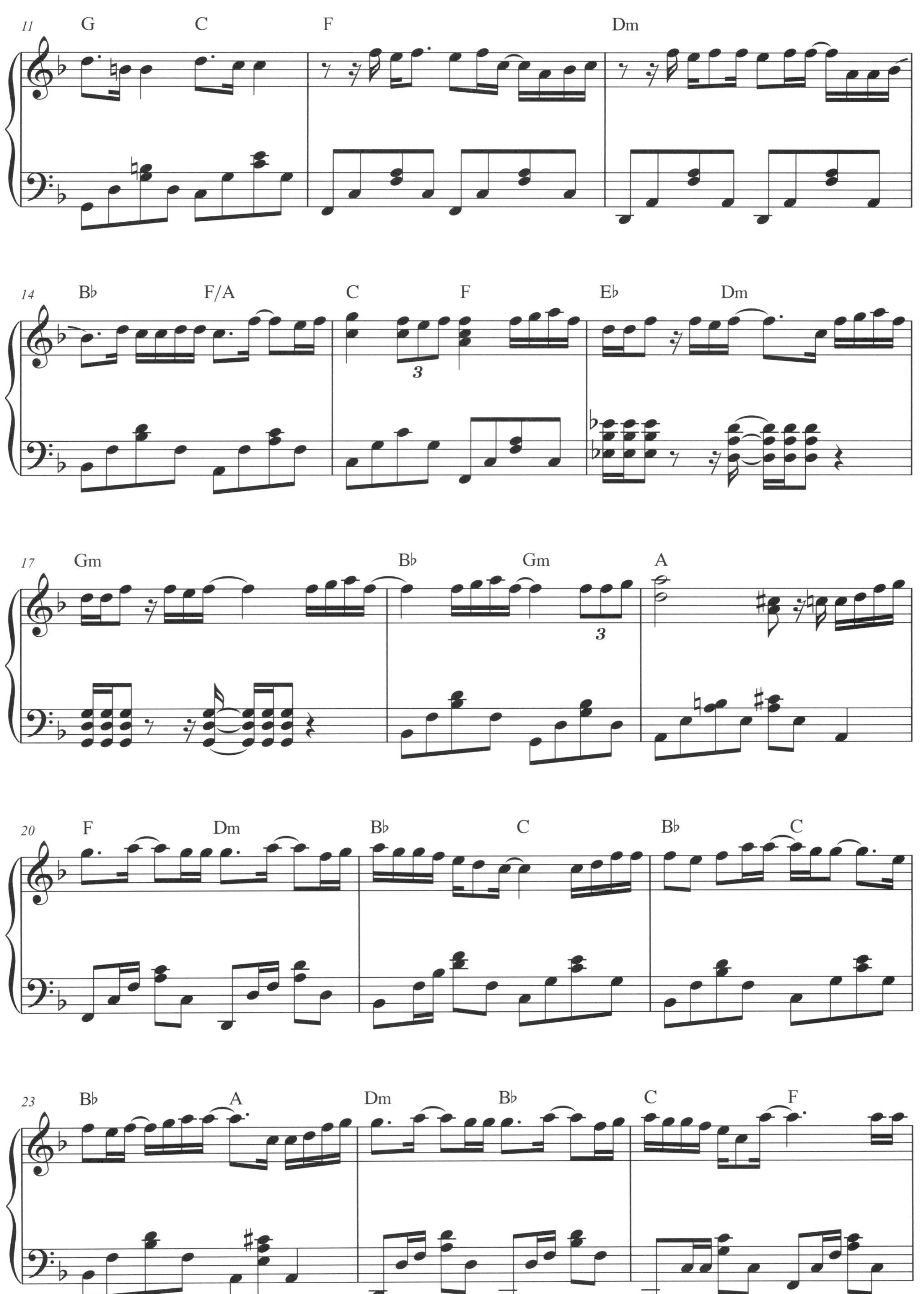
11
G
C
F
Dm
14
B♭
F/A
C
F
E♭
Dm
3
17
Gm
B♭
Gm
A
3
20
F
Dm
B♭
C
B♭
C
23
B♭
A
Dm
B♭
C
F

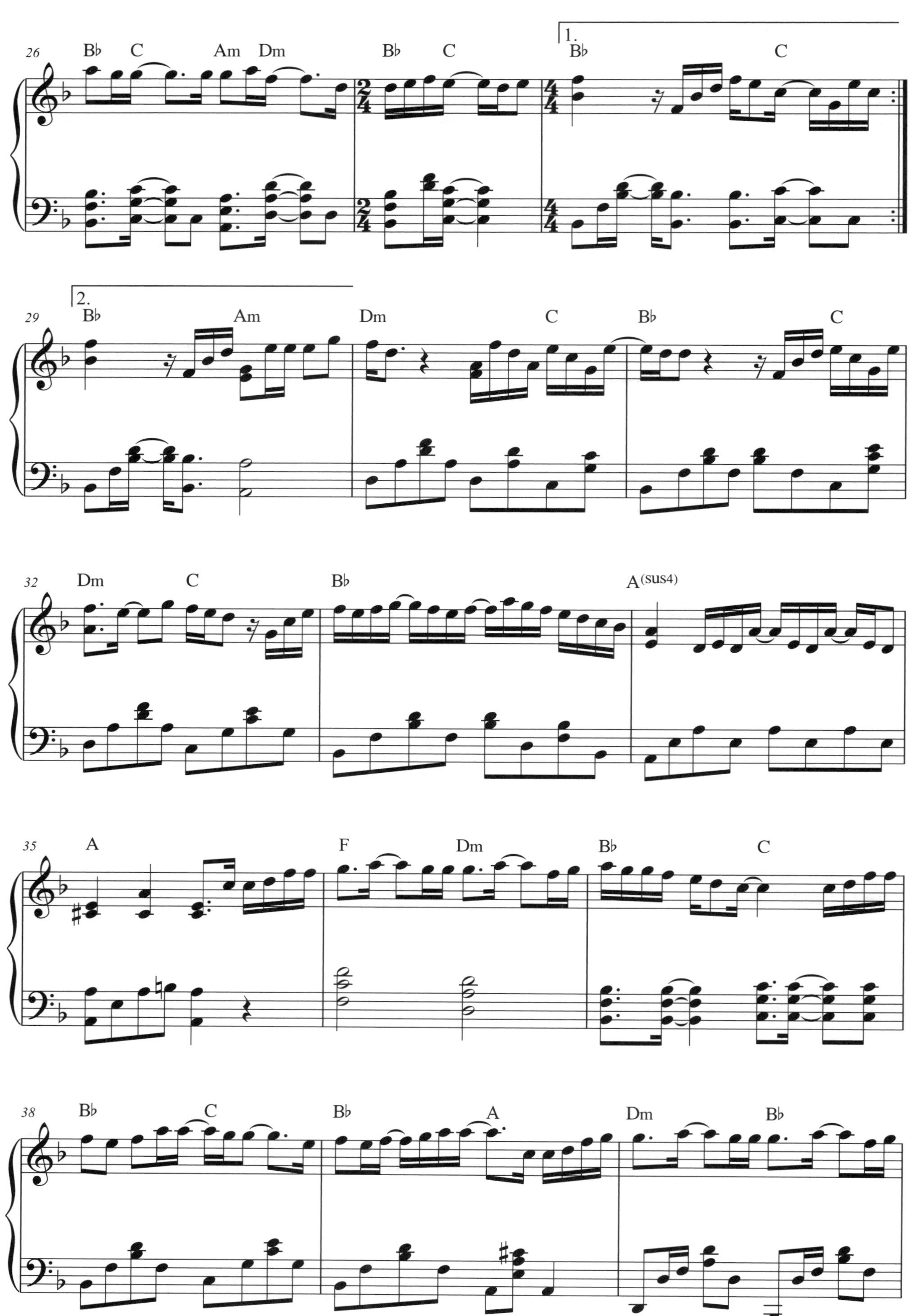
26
Bb C Am Dm
Bb C
1.
Bb C
2.
29
Bb Am
Dm C
Bb C
32
Dm C
Bb
A(sus4)
35
A
F Dm
Bb C
38
Bb C
Bb A
Dm Bb

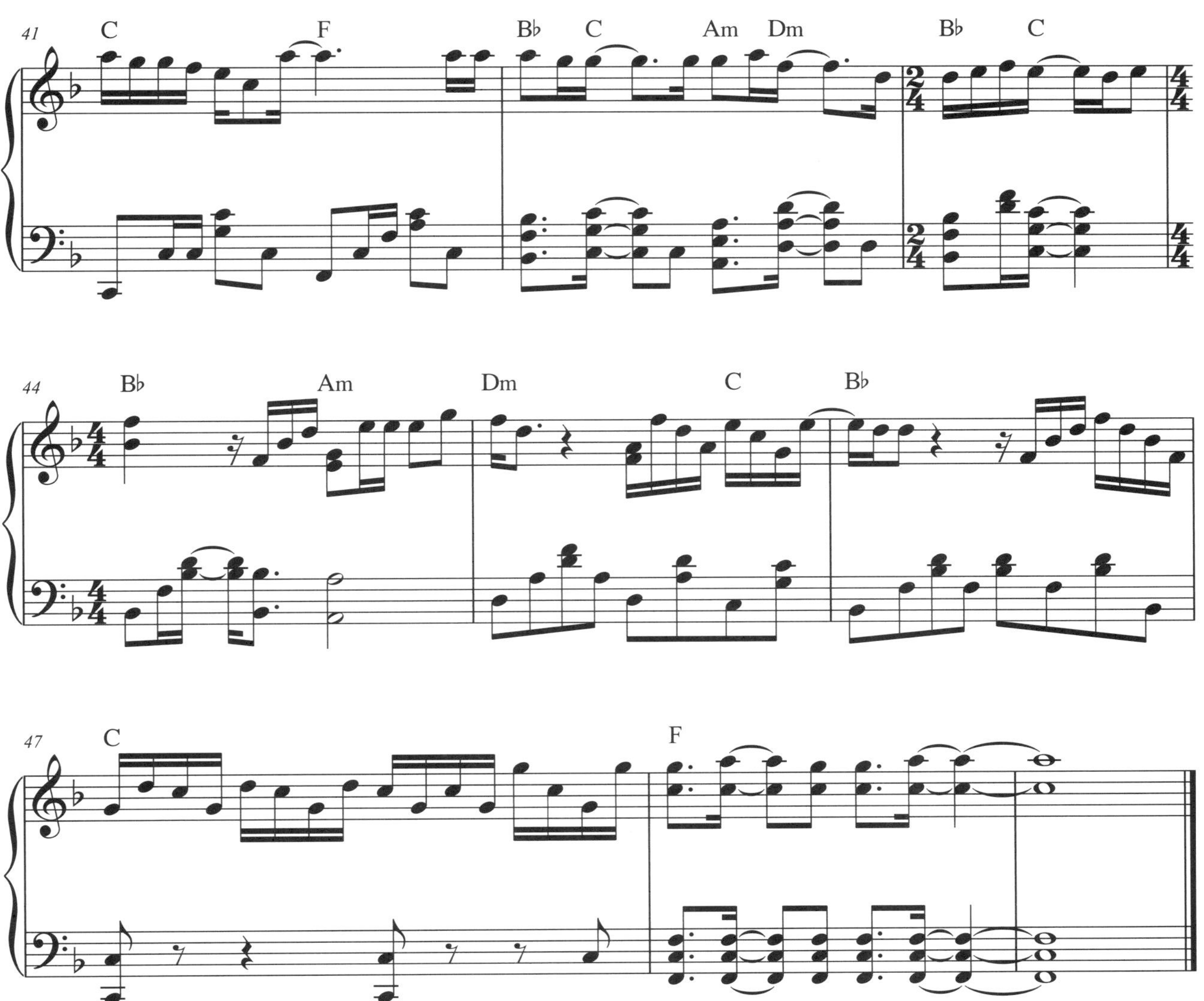
41
C
F
B♭
C
Am
Dm
B♭
C
44
B♭
Am
Dm
C
B♭
47
C
F

《名偵探柯南》片尾曲

詞：倉木麻衣　曲：大野愛果　演唱：倉木麻衣

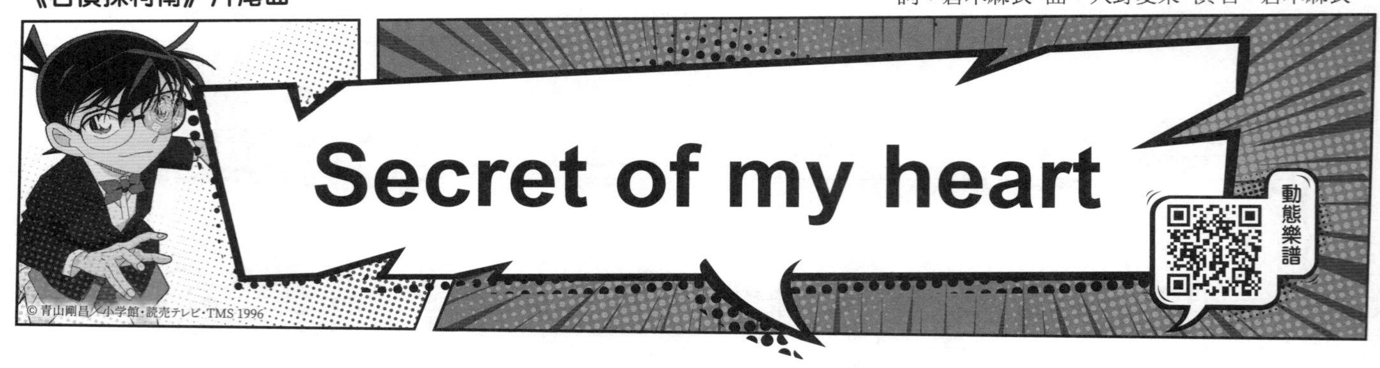

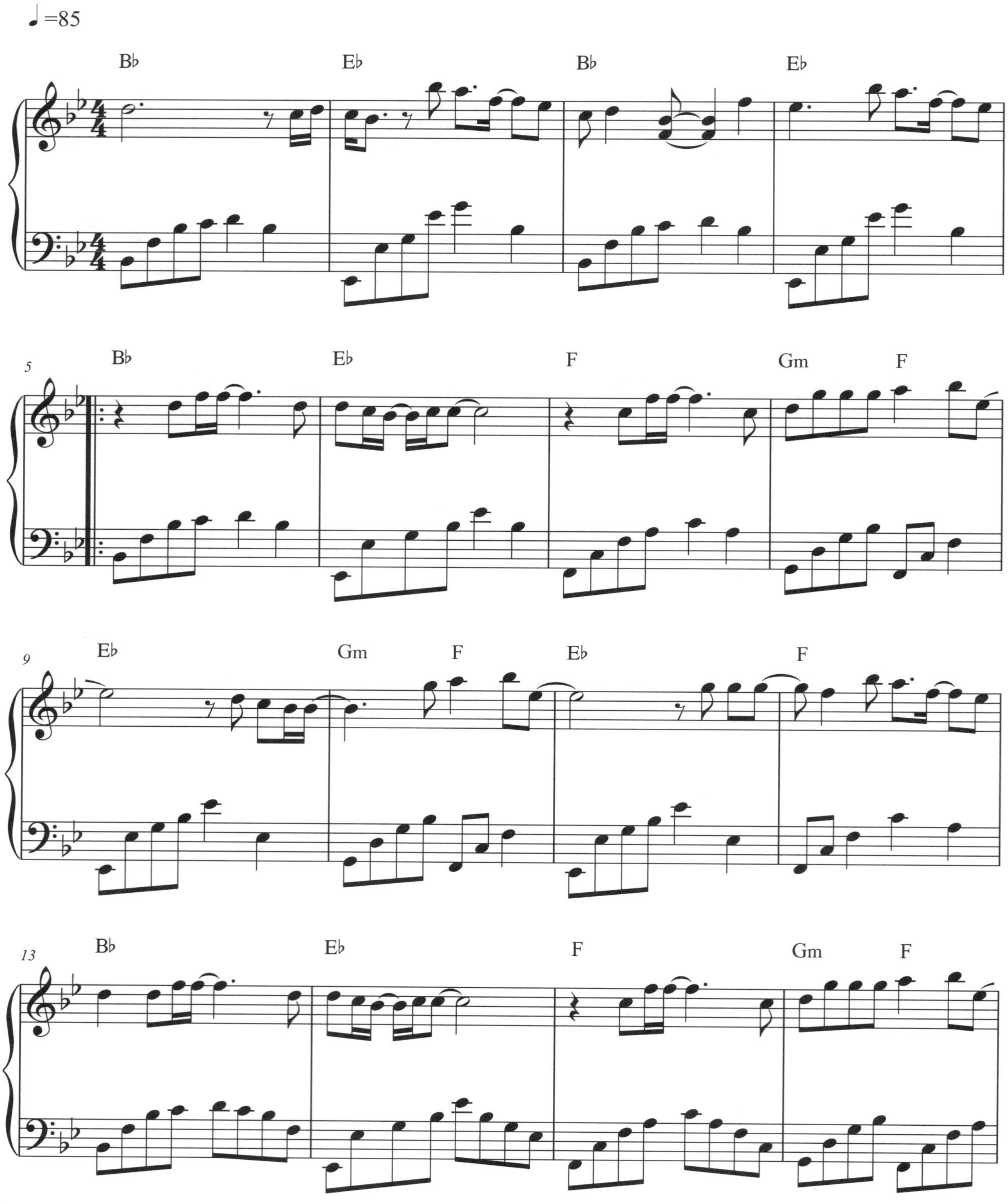

♩=85

B♭ E♭ B♭ E♭

5 B♭ E♭ F Gm F

9 E♭ Gm F E♭ F

13 B♭ E♭ F Gm F

圖片出處：conanrunner.bushimo.jp

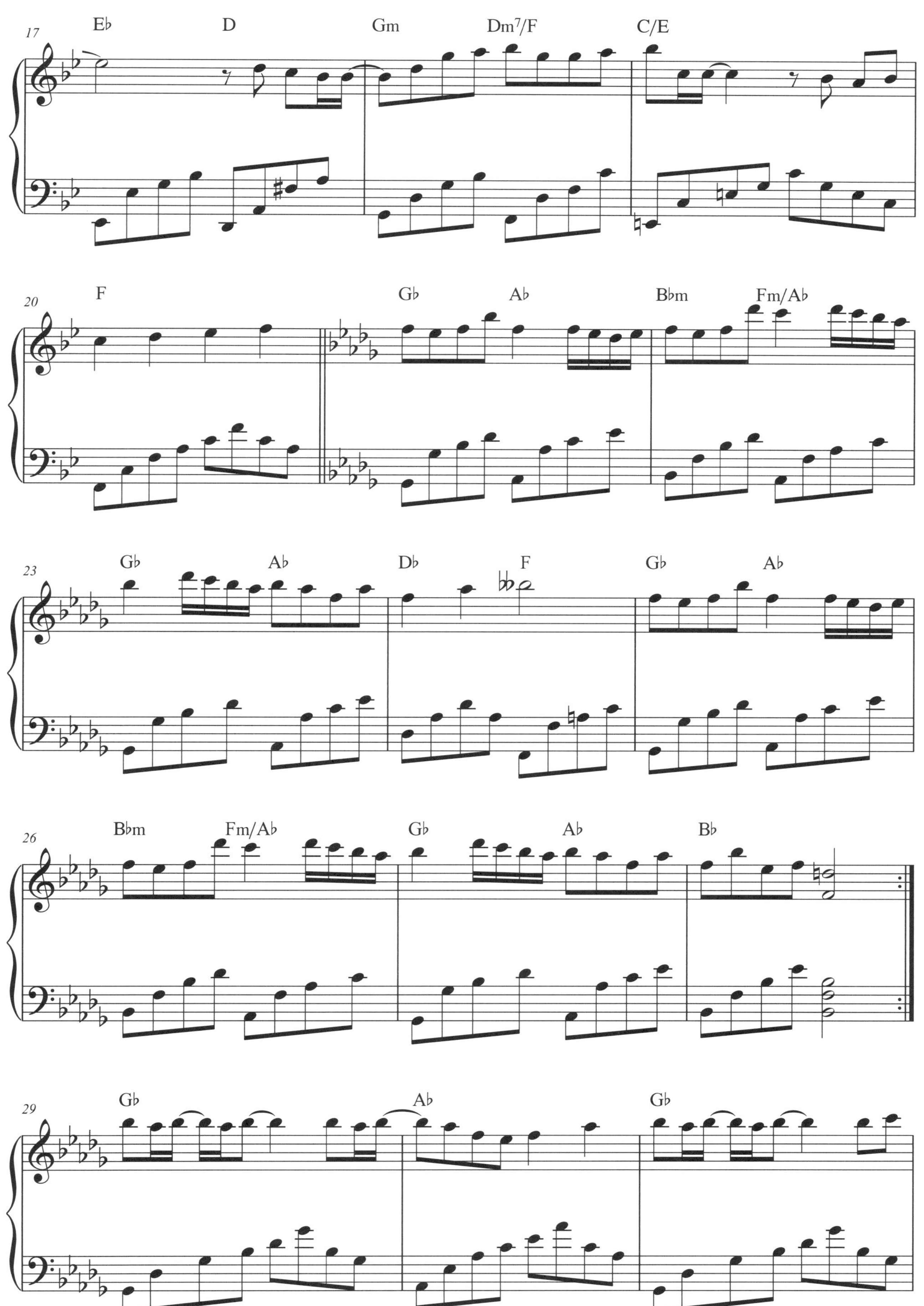
17
E♭
D
Gm
Dm7/F
C/E
20
F
G♭
A♭
B♭m
Fm/A♭
23
G♭
A♭
D♭
F
G♭
A♭
26
B♭m
Fm/A♭
G♭
A♭
B♭
29
G♭
A♭
G♭

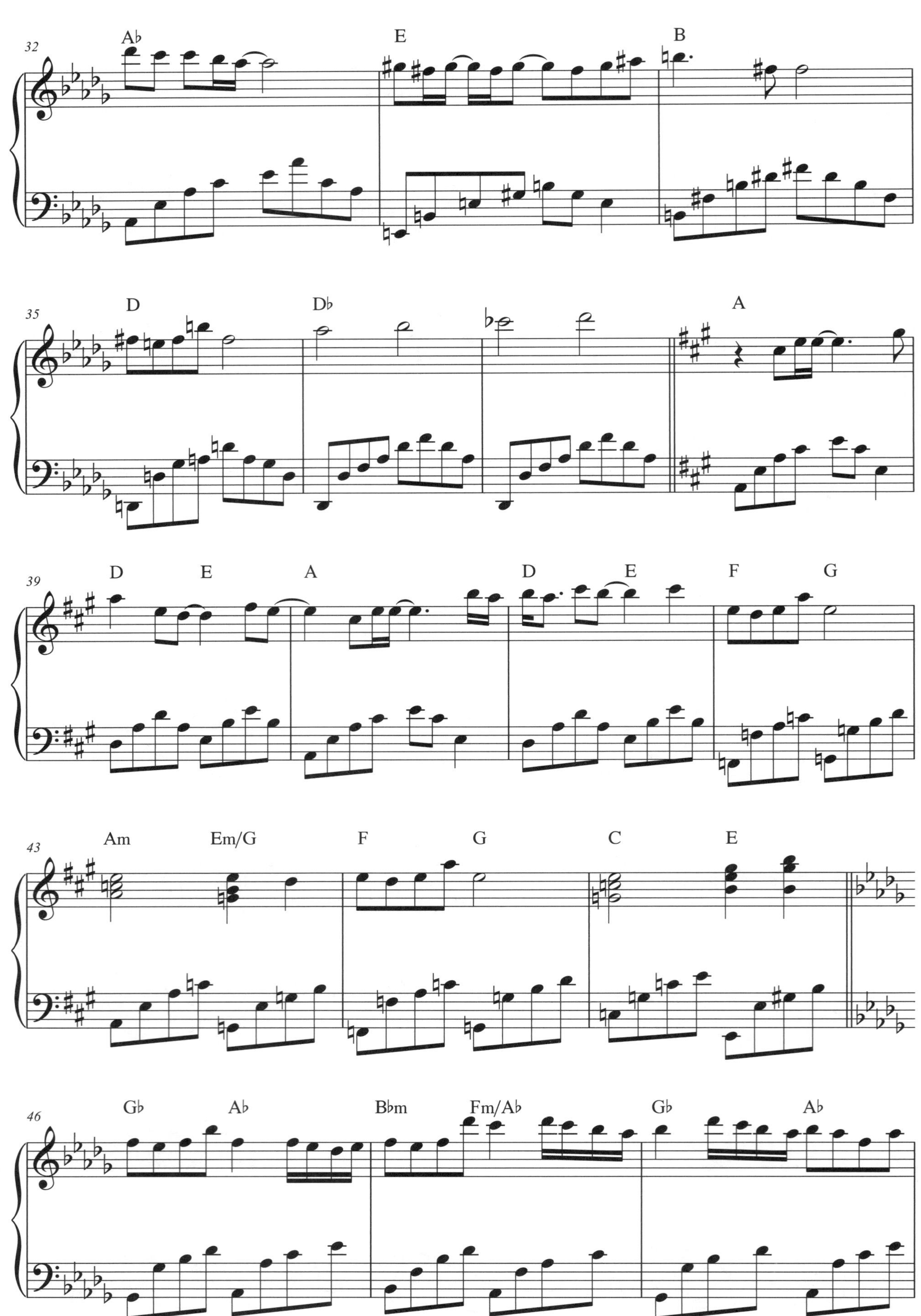
32
A♭
E
B
35
D
D♭
A
39
D
E
A
D
E
F
G
43
Am
Em/G
F
G
C
E
46
G♭
A♭
B♭m
Fm/A♭
G♭
A♭

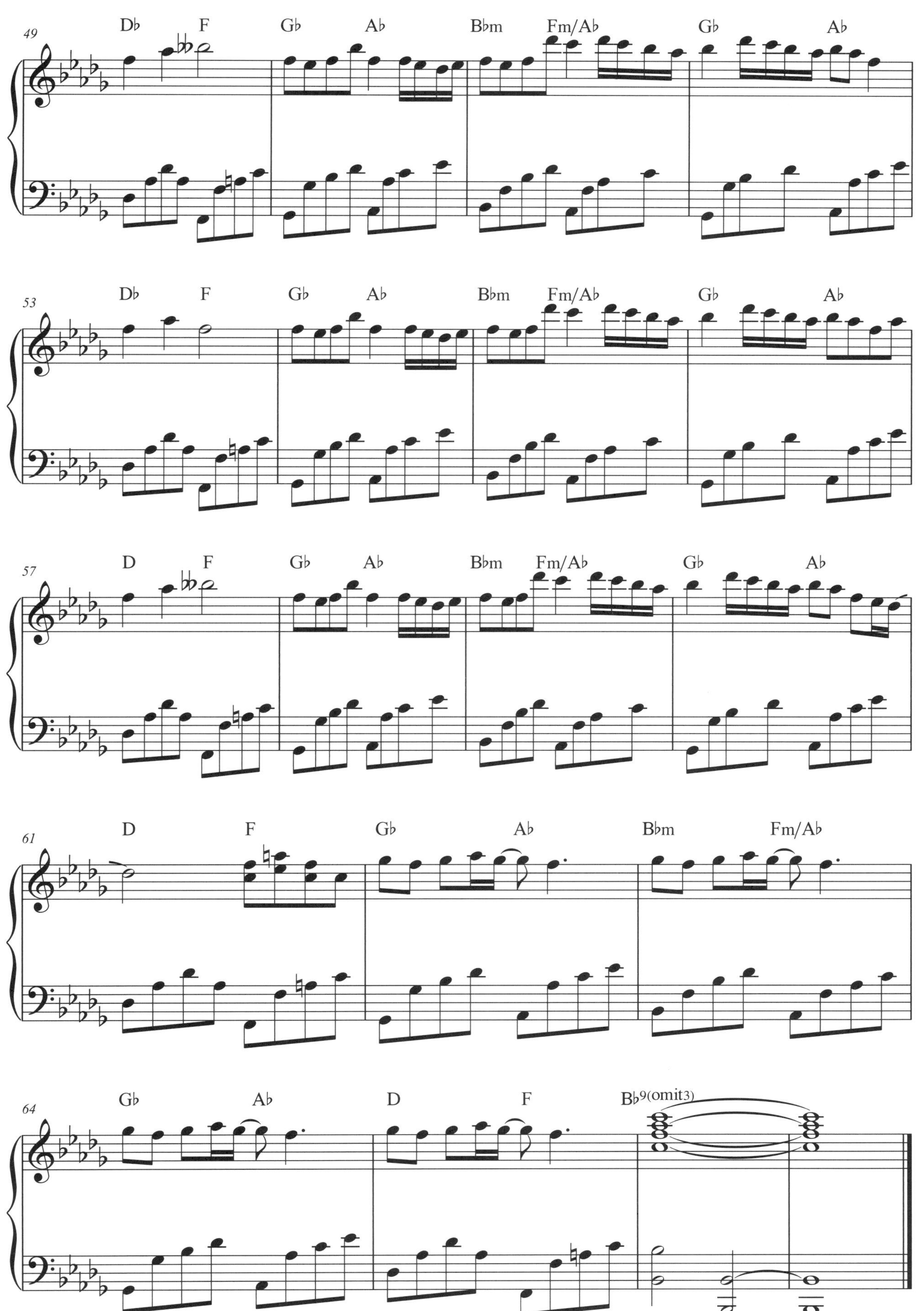
49
D♭
F
G♭
A♭
B♭m
Fm/A♭
G♭
A♭
53
D♭
F
G♭
A♭
B♭m
Fm/A♭
G♭
A♭
57
D
F
G♭
A♭
B♭m
Fm/A♭
G♭
A♭
61
D
F
G♭
A♭
B♭m
Fm/A♭
64
G♭
A♭
D
F
B♭9(omit3)

《七龍珠GT》片頭曲

詞：坂井泉水 曲：織田哲郎 演唱：FIELD OF VIEW

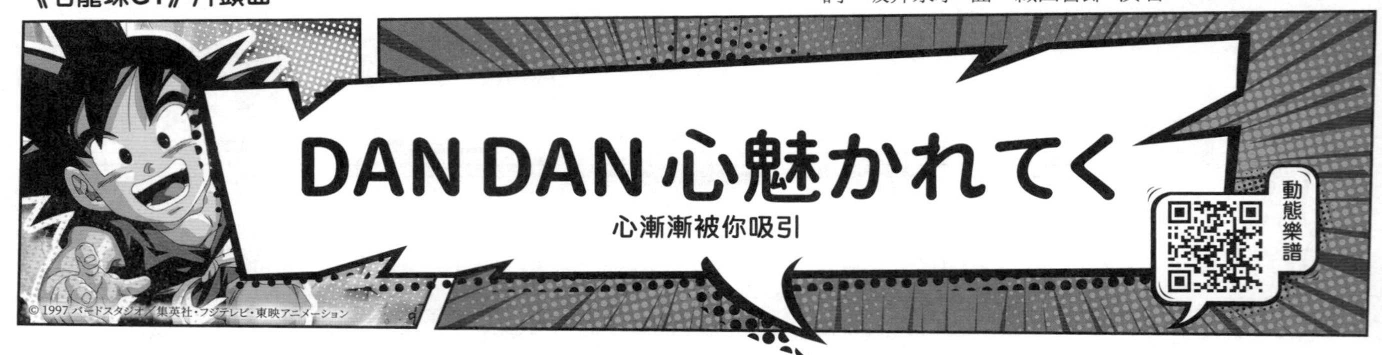

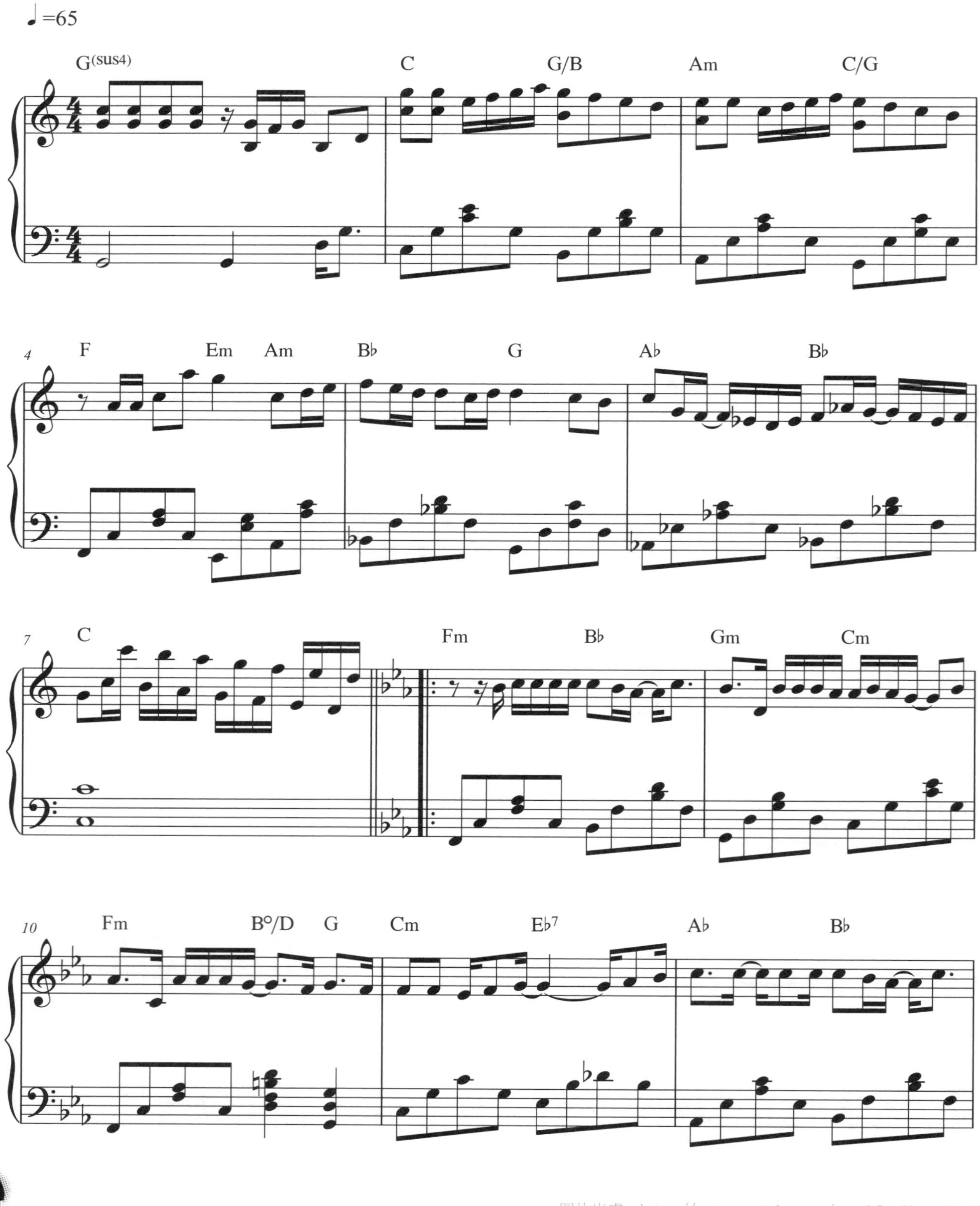

♩=65

G(sus4) | C G/B | Am C/G

4 F Em Am | B♭ G | A♭ B♭

7 C | Fm B♭ | Gm Cm

10 Fm B°/D G | Cm E♭7 | A♭ B♭

圖片出處：https://www.youtube.com/watch?v=8kn_sXAilfs

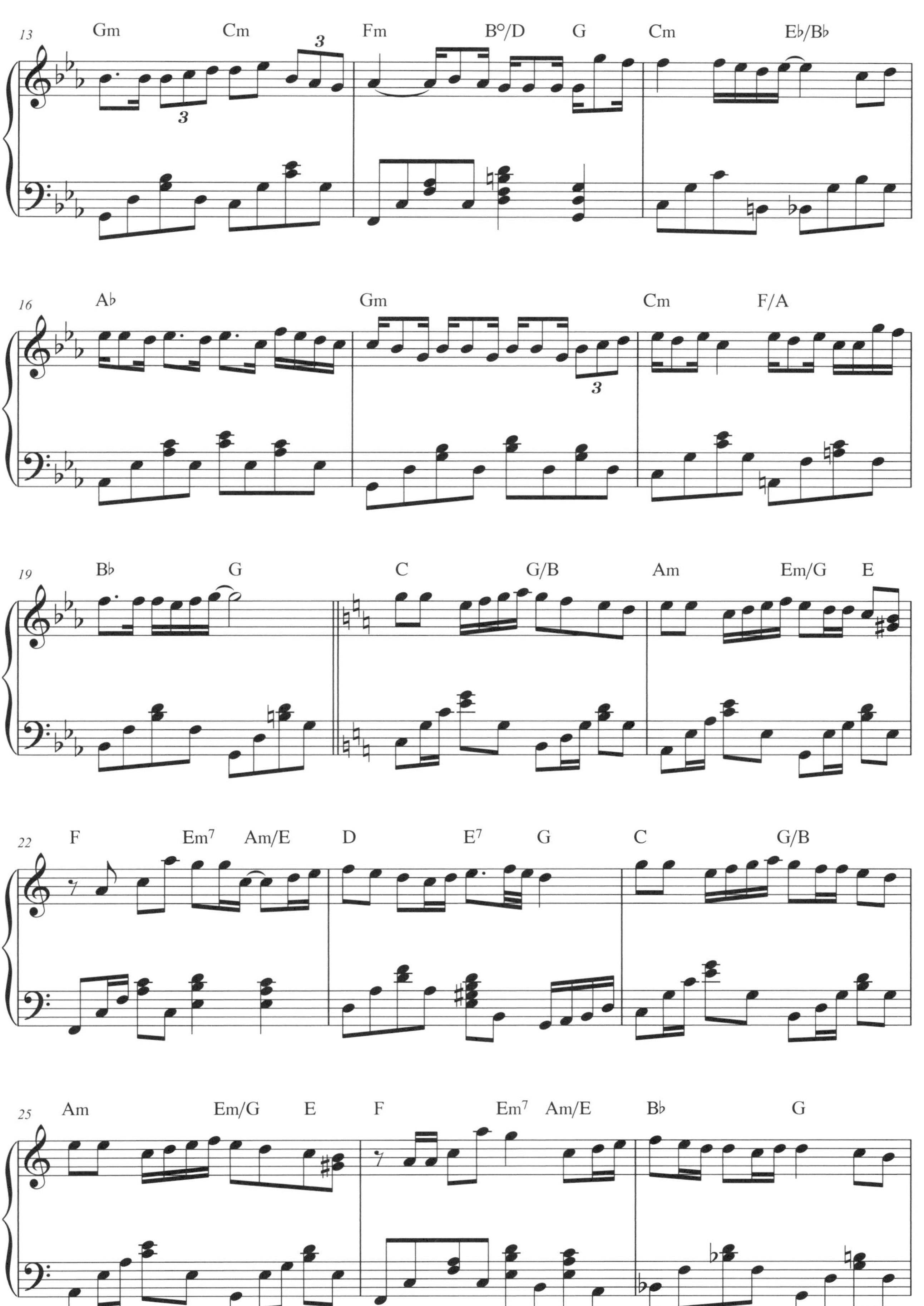
13
Gm
Cm
3
3
Fm
B°/D
G
Cm
E♭/B♭
16
A♭
Gm
3
Cm
F/A
19
B♭
G
C
G/B
Am
Em/G
E
22
F
Em7
Am/E
D
E7
G
C
G/B
25
Am
Em/G
E
F
Em7
Am/E
B♭
G

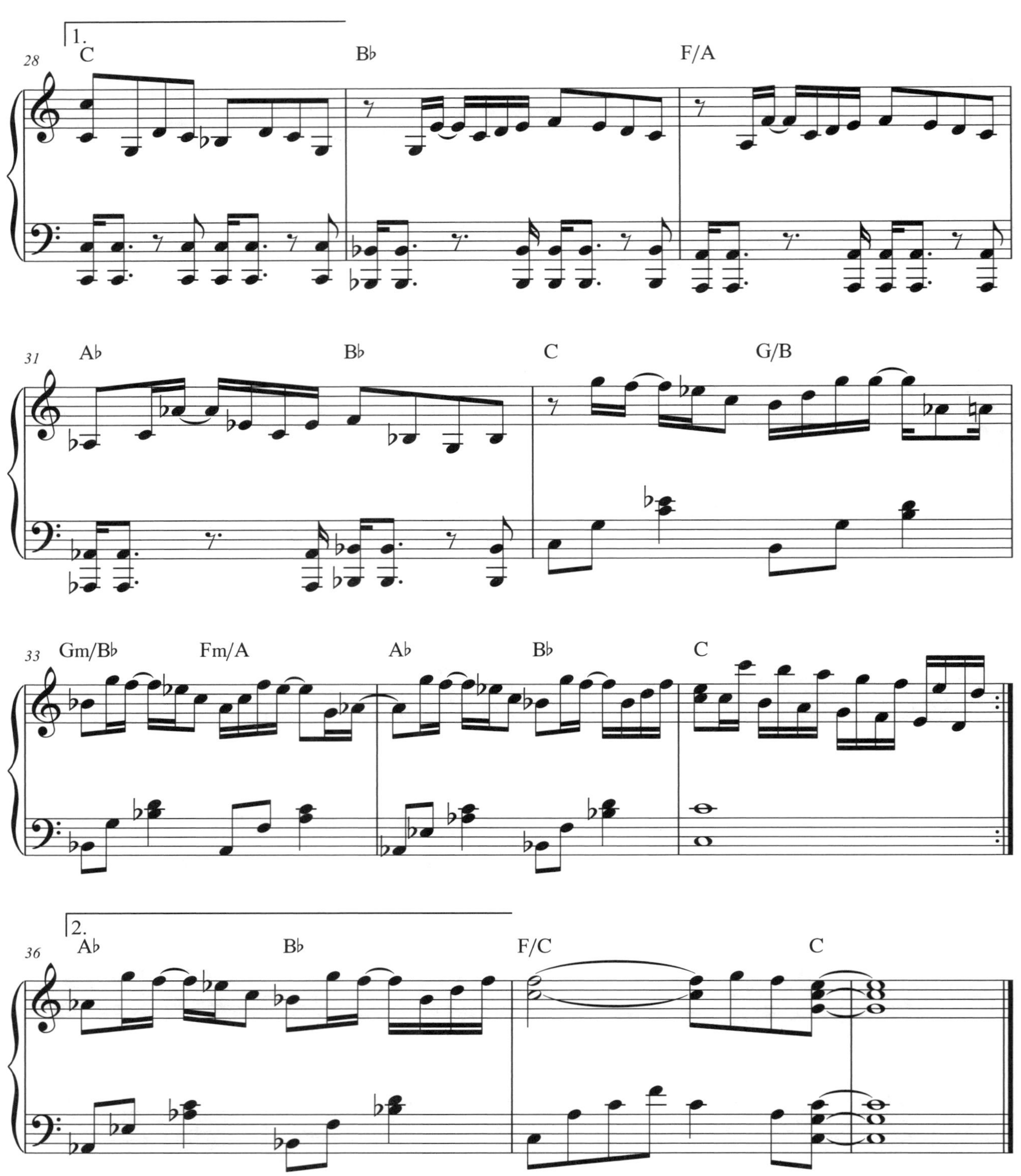
1.
28
C
B♭
F/A
31
A♭
B♭
C
G/B
33
Gm/B♭
Fm/A
A♭
B♭
C
2.
36
A♭
B♭
F/C
C

詞：戶田昭吾 曲：たなかひろかず 演唱：松本梨香

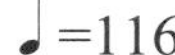

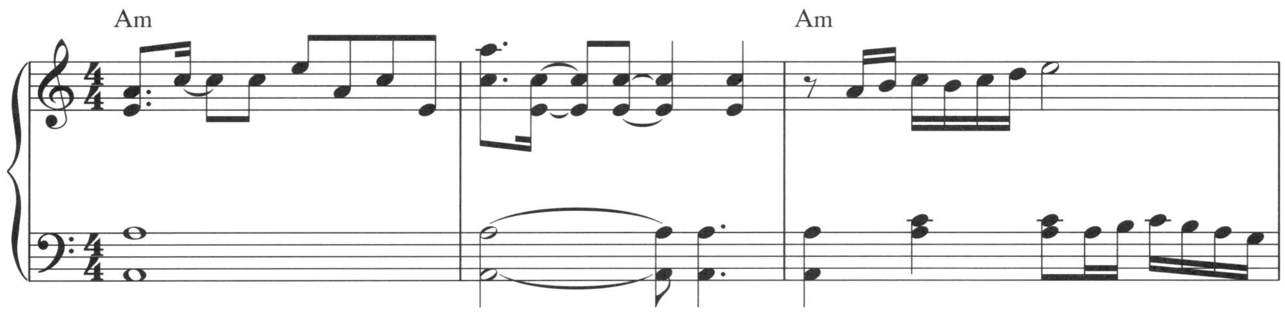

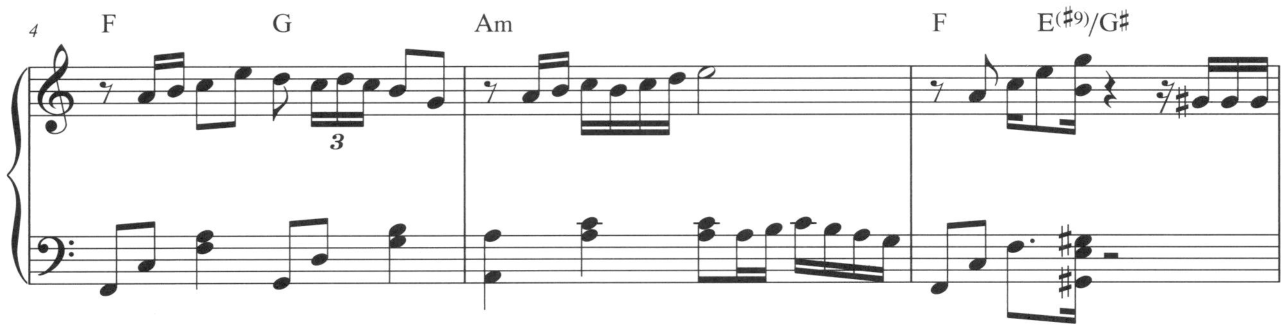

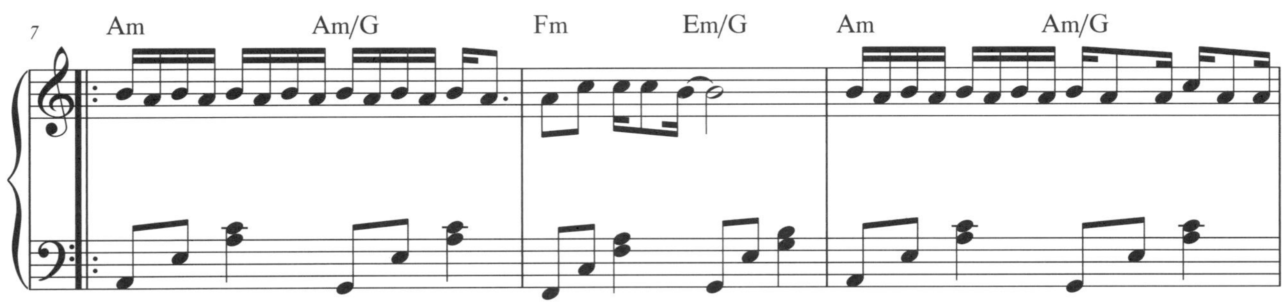

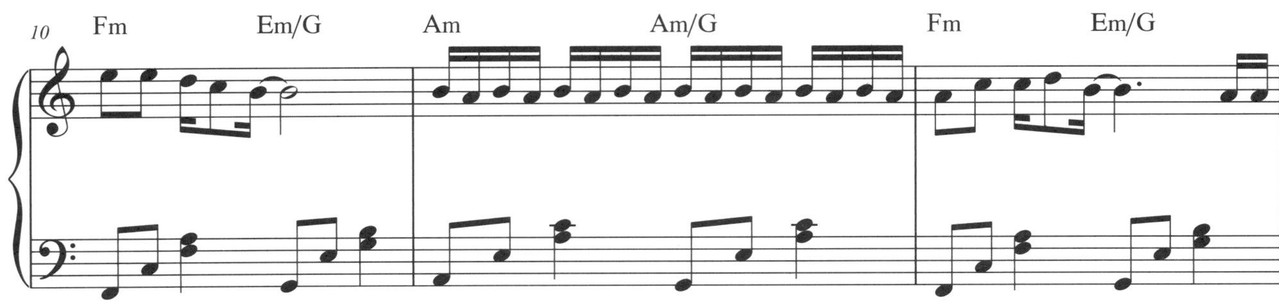

圖片出處：www.hulu.jp/pokemon

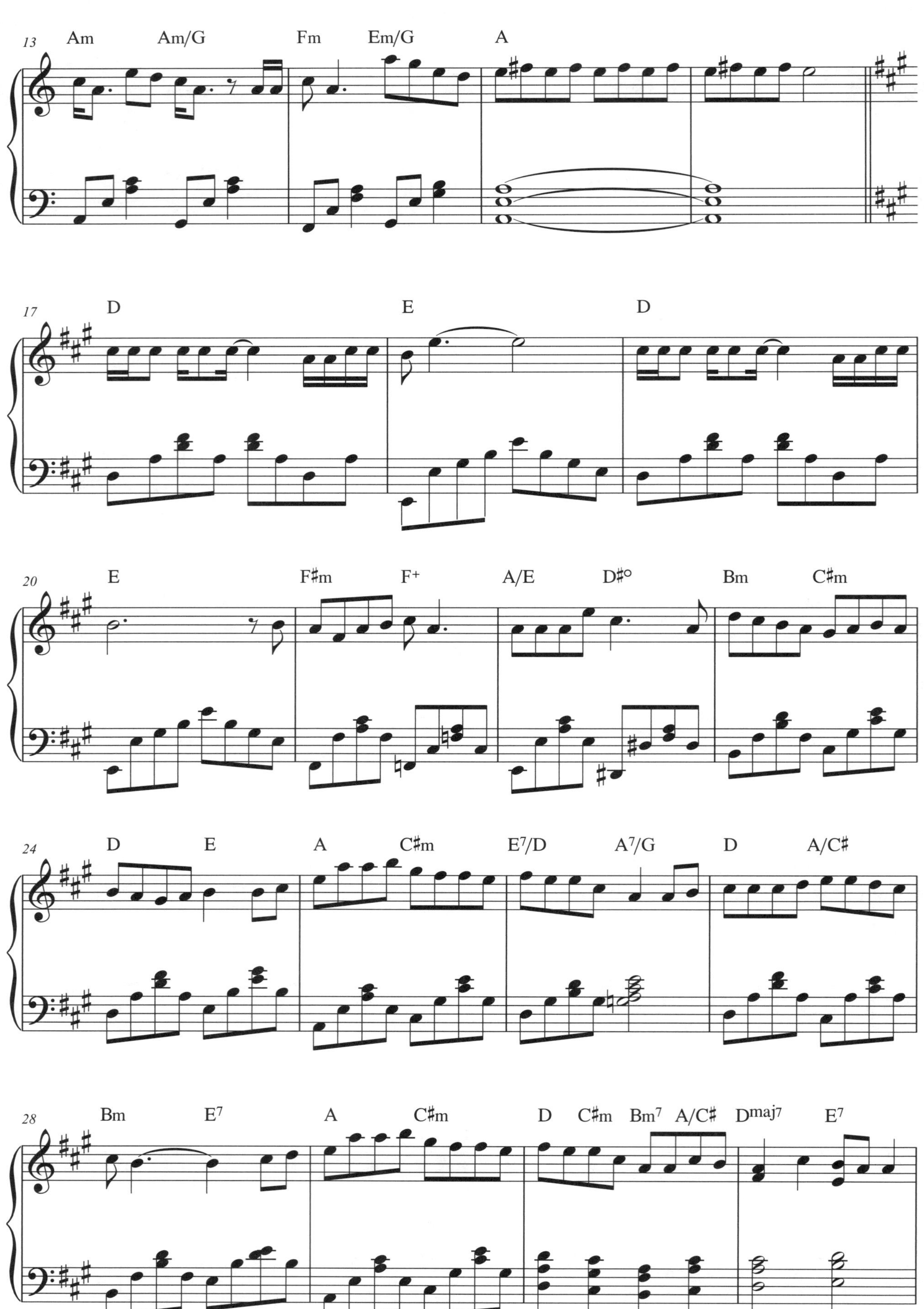
13
Am Am/G Fm Em/G A
17
D E D
20
E F♯m F+ A/E D♯o Bm C♯m
24
D E A C♯m E7/D A7/G D A/C♯
28
Bm E7 A C♯m D C♯m Bm7 A/C♯ Dmaj7 E7

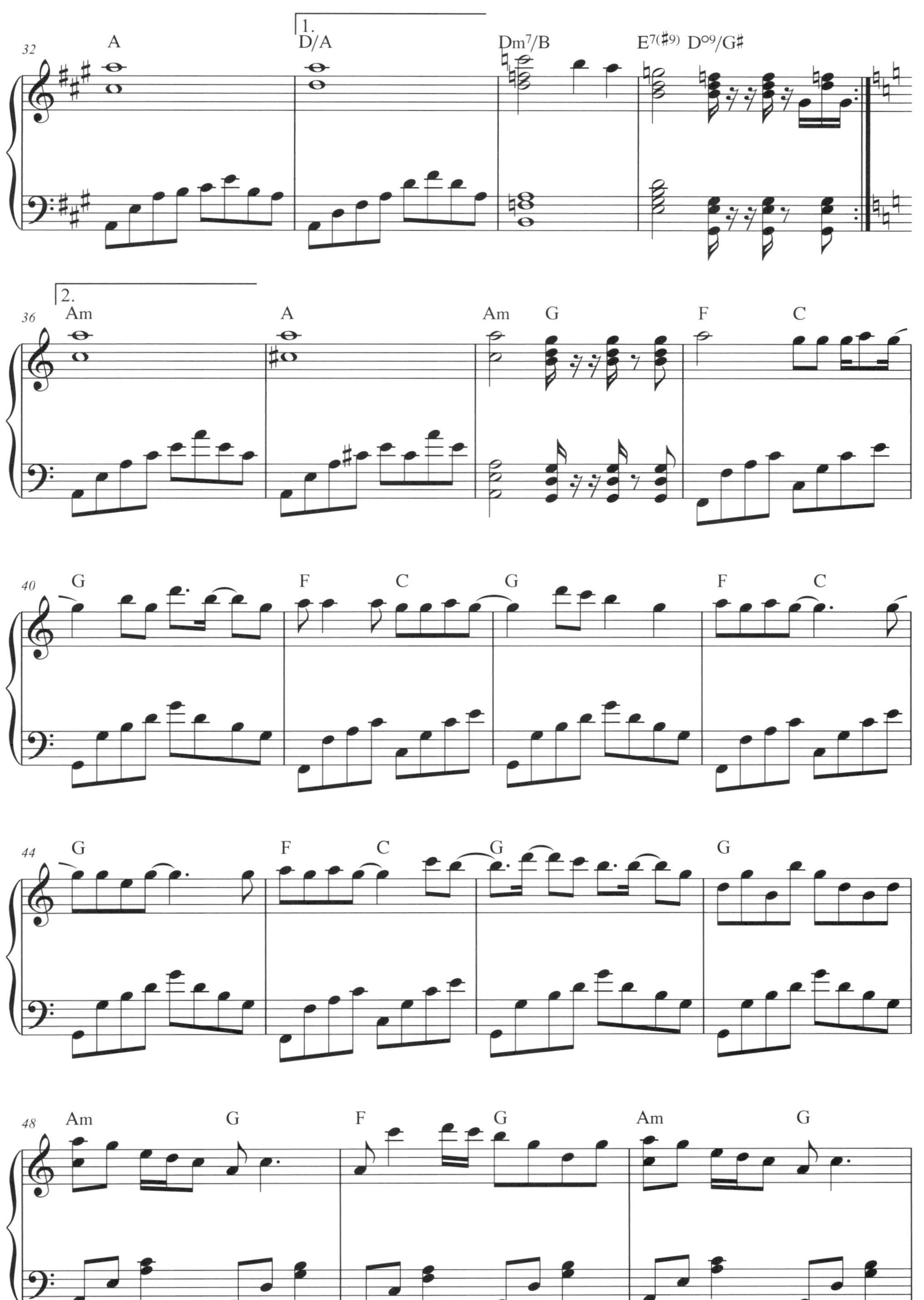
32
A
1.
D/A
Dm7/B
E7(♯9) D○9/G♯
36
2.
Am
A
Am
G
F
C
40
G
F
C
G
F
C
44
G
F
C
G
G
48
Am
G
F
G
Am
G

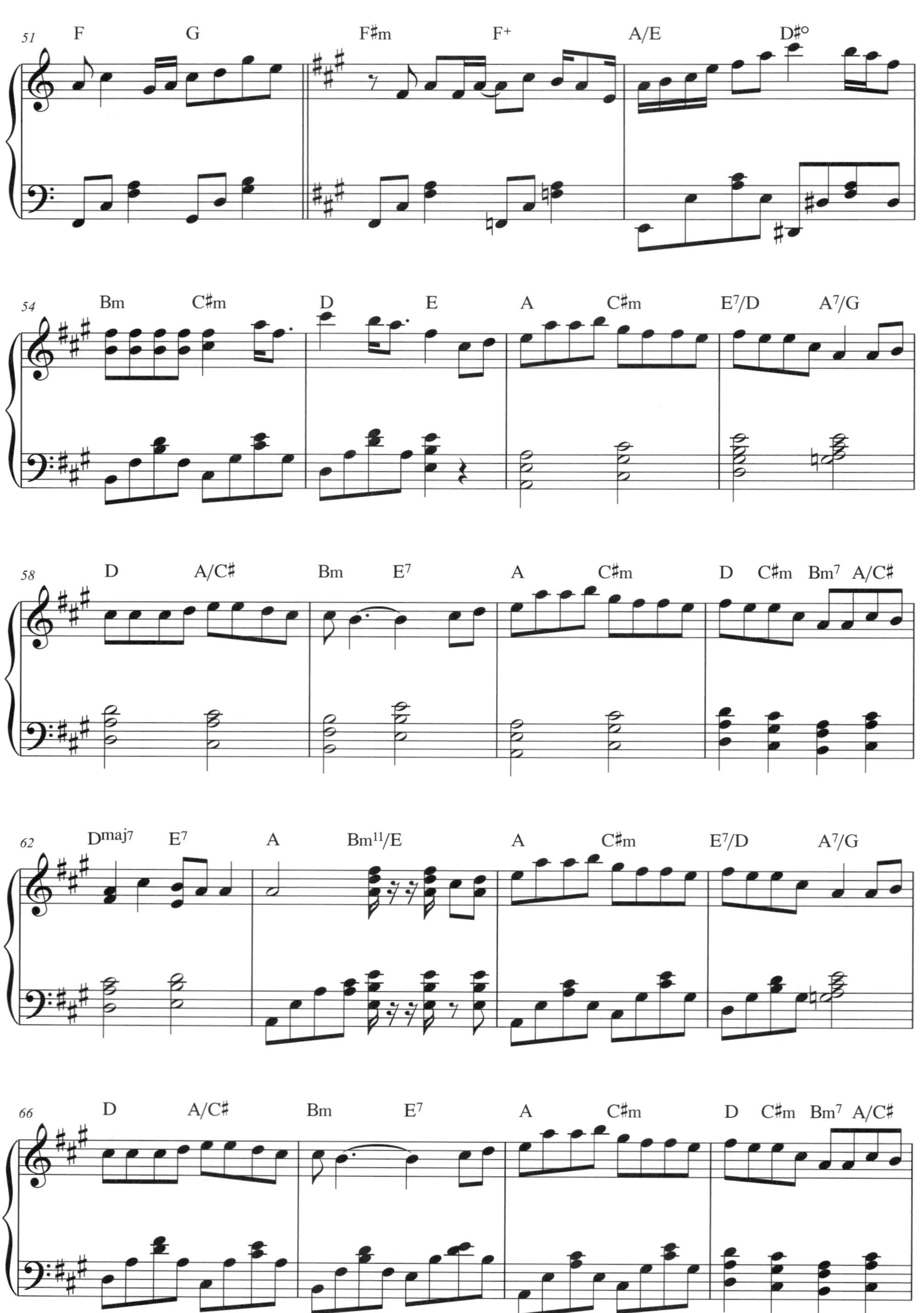
51
F
G
F♯m
F+
A/E
D♯○
54
Bm
C♯m
D
E
A
C♯m
E7/D
A7/G
58
D
A/C♯
Bm
E7
A
C♯m
D
C♯m
Bm7
A/C♯
62
Dmaj7
E7
A
Bm11/E
A
C♯m
E7/D
A7/G
66
D
A/C♯
Bm
E7
A
C♯m
D
C♯m
Bm7
A/C♯

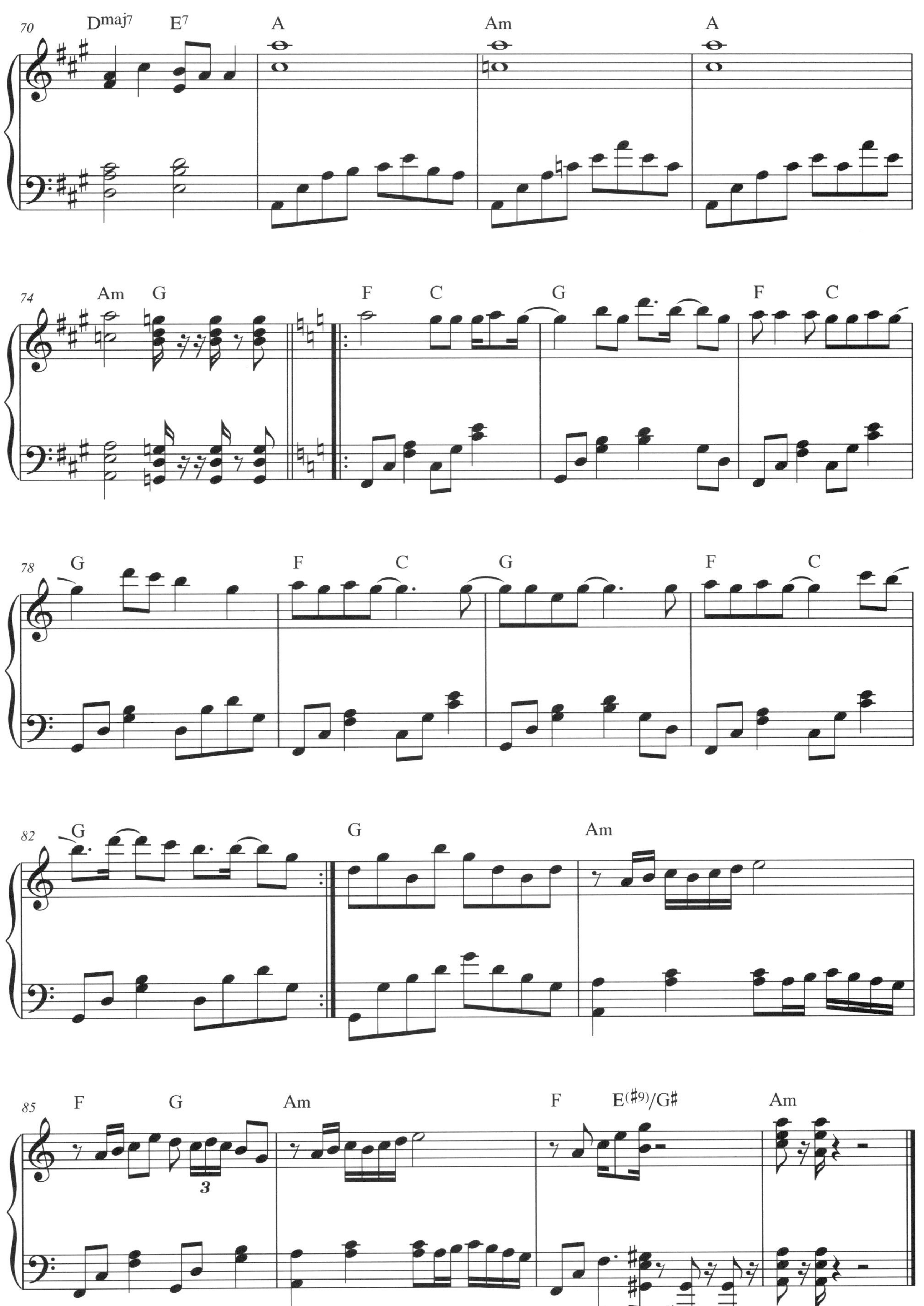
70
Dmaj7
E7
A
Am
A
74
Am
G
F
C
G
F
C
78
G
F
C
G
F
C
82
G
G
Am
85
F
G
3
Am
F
E(♯9)/G♯
Am

《庫洛魔法使》片頭曲

詞：岩里祐穗 曲：菅野よう子 演唱：坂本真綾

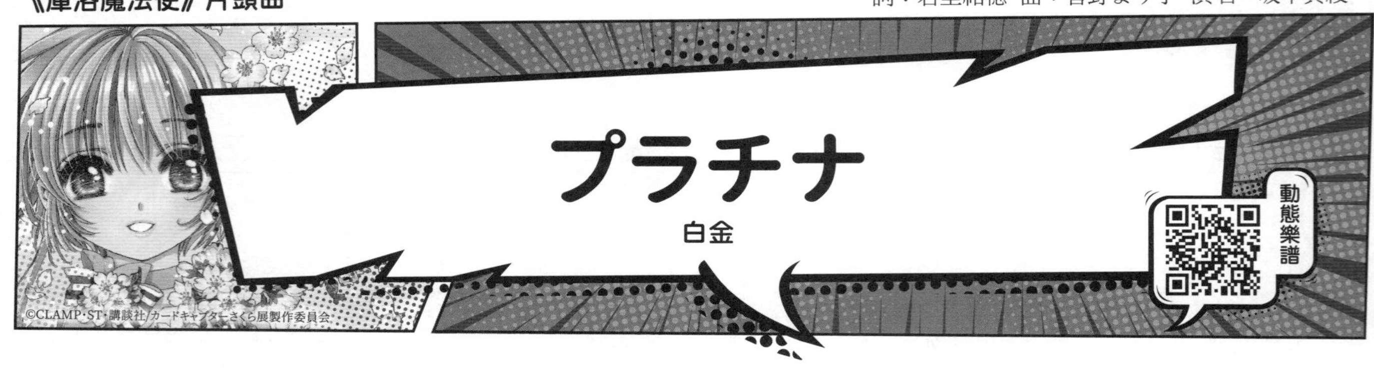

♩=72

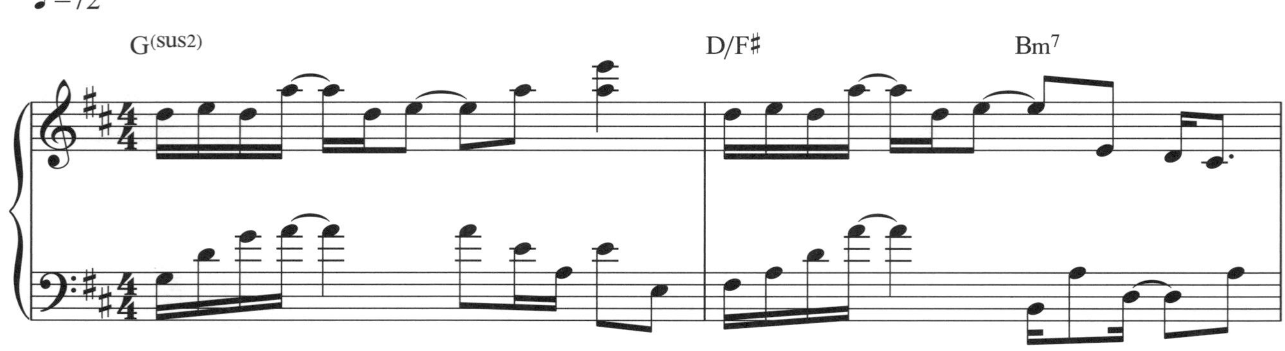

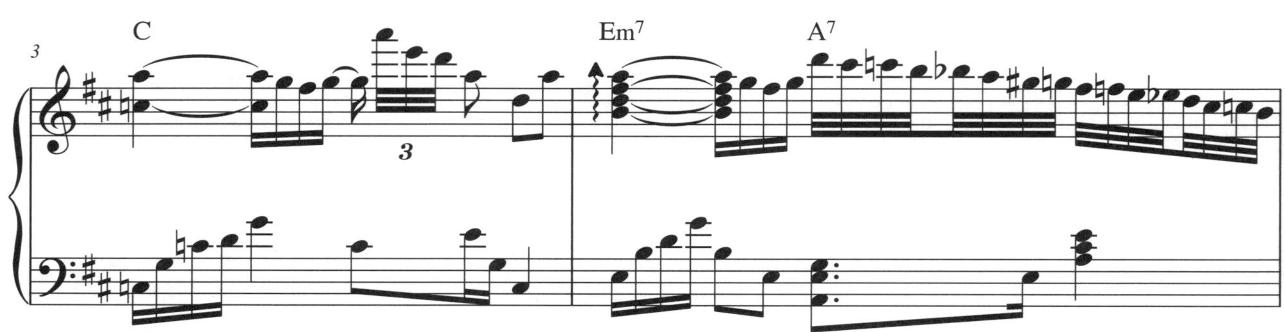

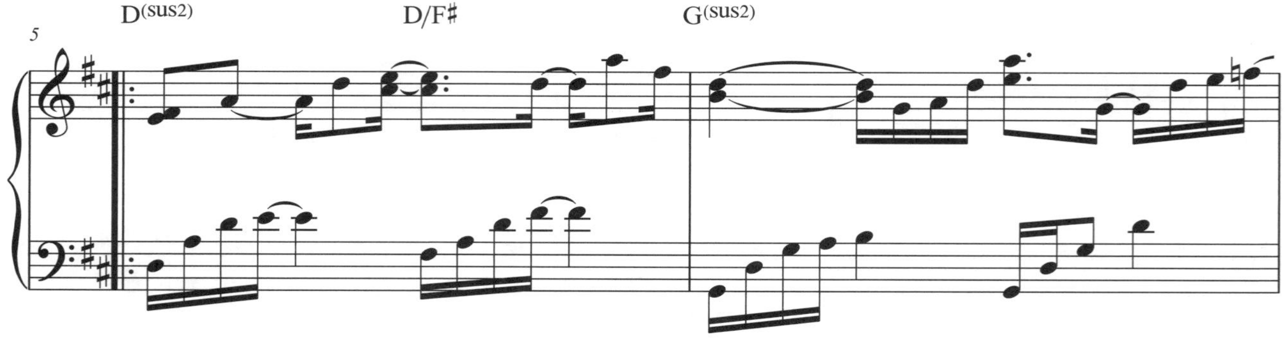

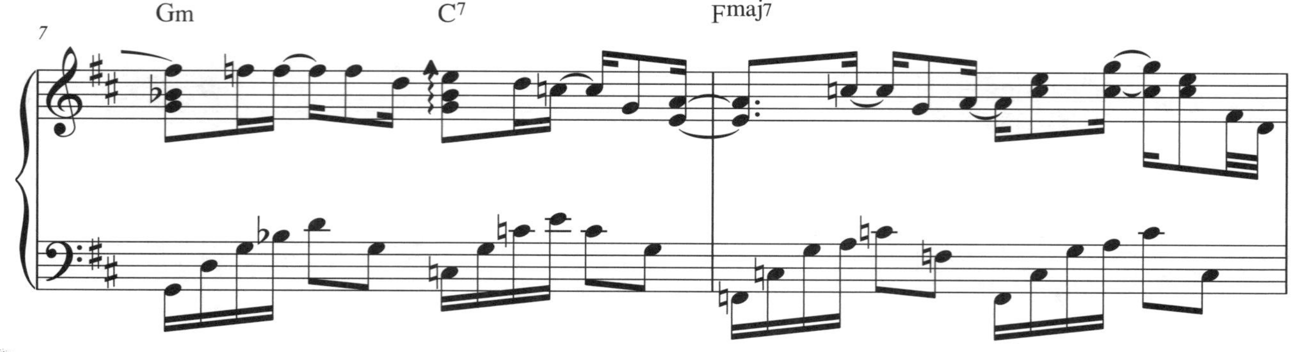

圖片出處：ccsakura-official.com/

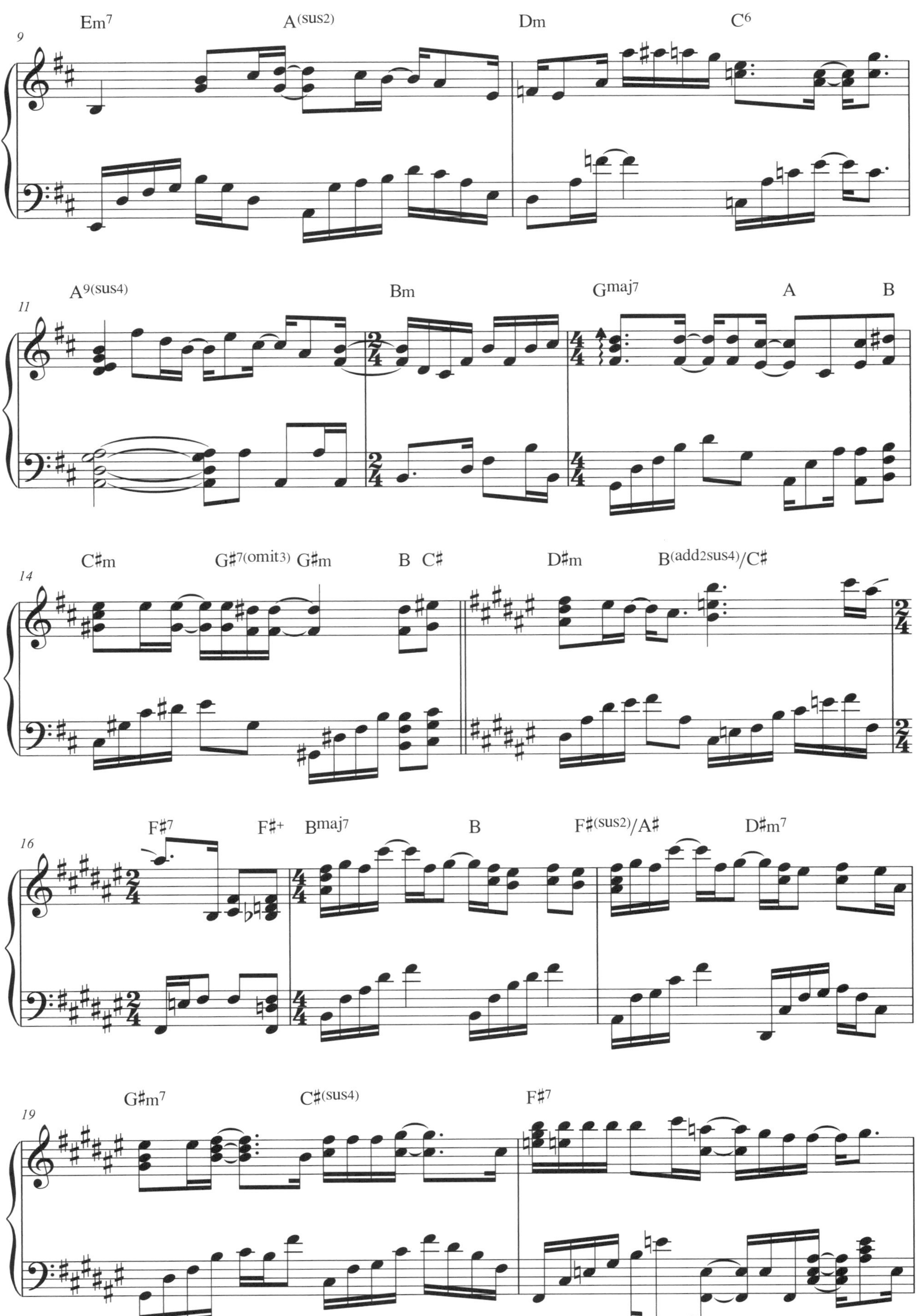
9
Em7
A(sus2)
Dm
C6
11
A9(sus4)
Bm
Gmaj7
A
B
14
C#m
G#7(omit3)
G#m
B
C#
D#m
B(add2sus4)/C#
16
F#7
F#+
Bmaj7
B
F#(sus2)/A#
D#m7
19
G#m7
C#(sus4)
F#7

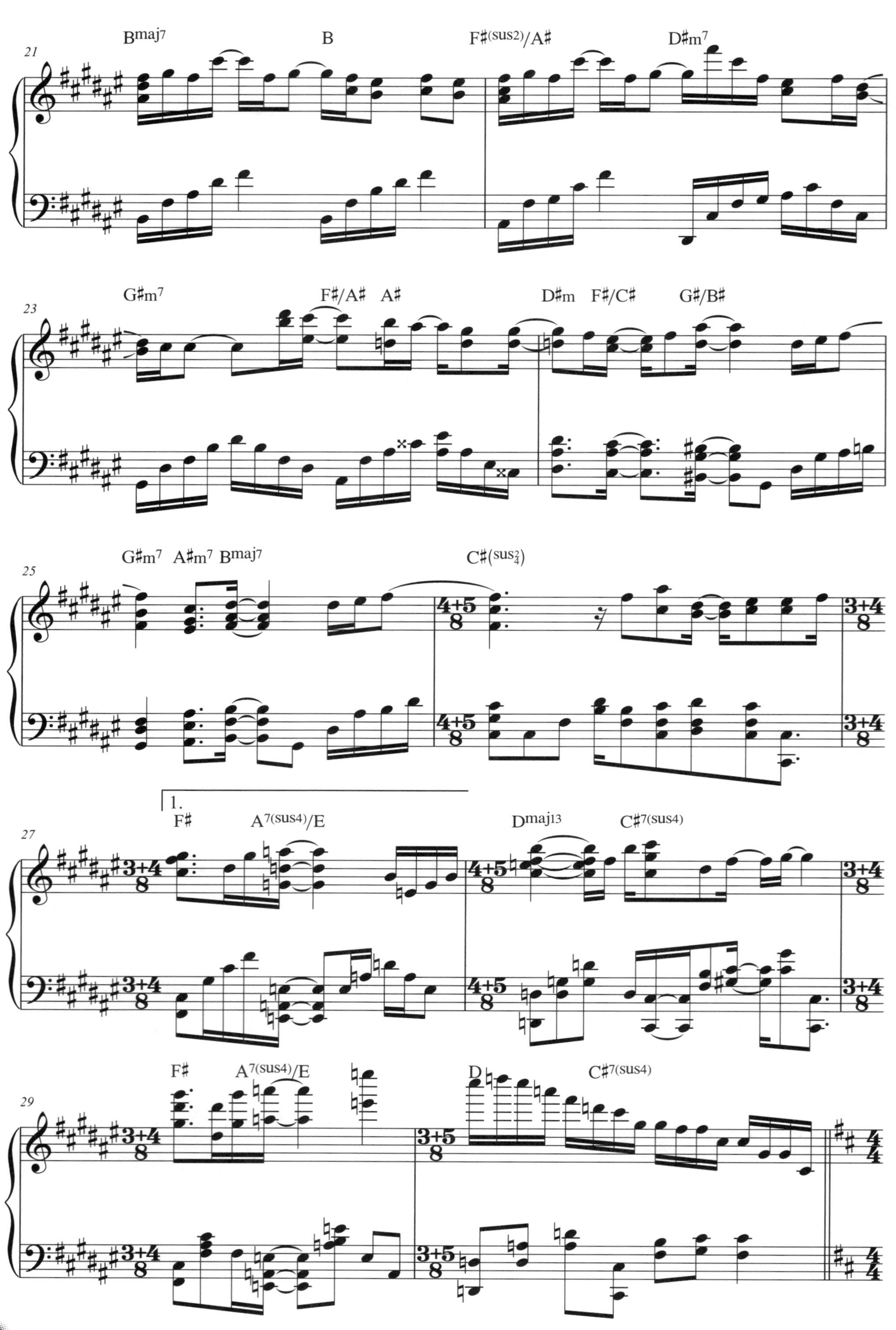
21
Bmaj7
B
F♯(sus2)/A♯
D♯m7
23
G♯m7
F♯/A♯ A♯
D♯m F♯/C♯ G♯/B♯
25
G♯m7 A♯m7 Bmaj7
C♯(sus2/4)
1.
27
F♯
A7(sus4)/E
Dmaj13
C♯7(sus4)
29
F♯
A7(sus4)/E
D
C♯7(sus4)

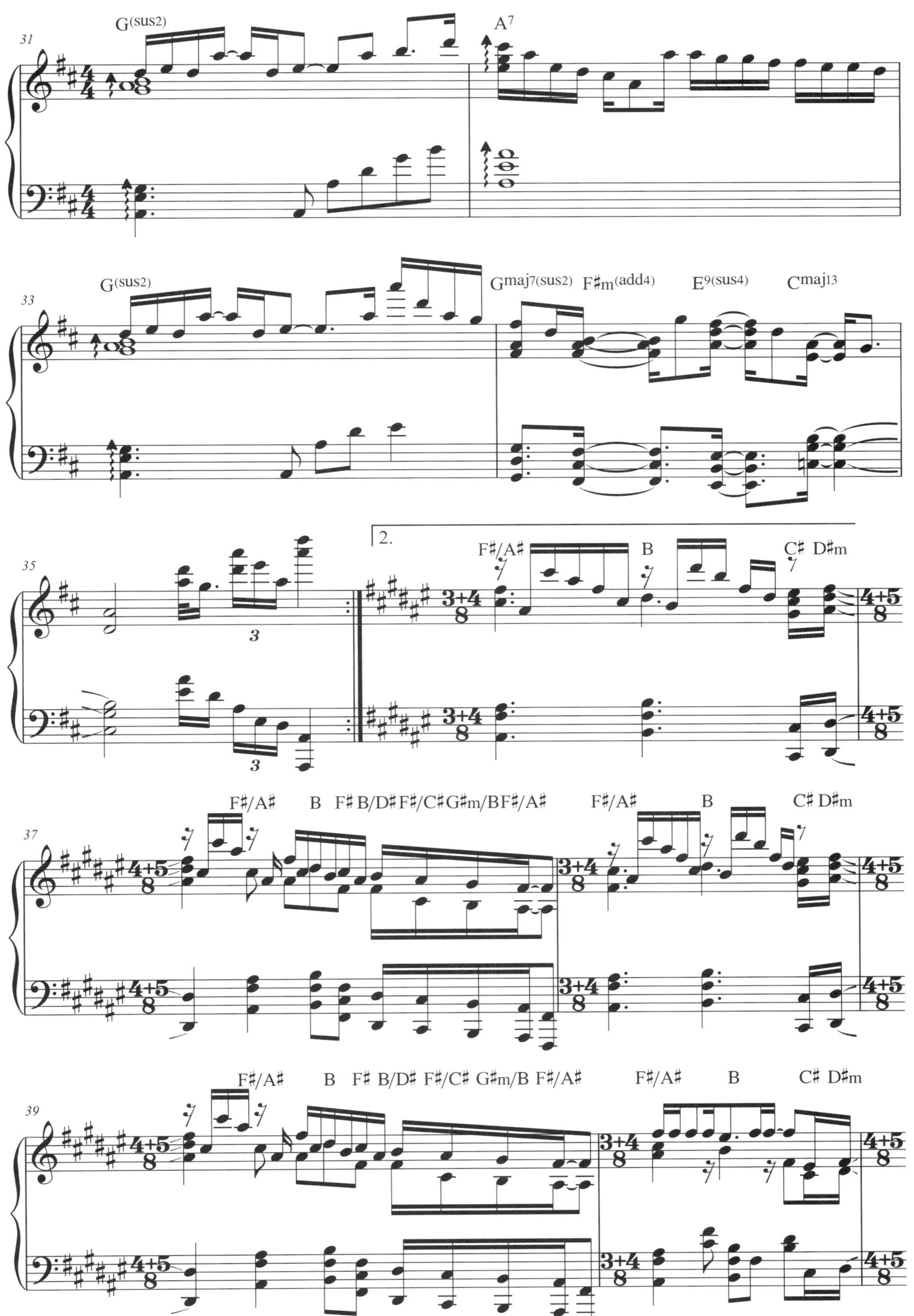
G(sus2)
A7
G(sus2)
Gmaj7(sus2) F♯m(add4) E9(sus4) Cmaj13
2.
F♯/A♯ B C♯ D♯m
F♯/A♯ B F♯ B/D♯ F♯/C♯ G♯m/B F♯/A♯ F♯/A♯ B C♯ D♯m
F♯/A♯ B F♯ B/D♯ F♯/C♯ G♯m/B F♯/A♯ F♯/A♯ B C♯ D♯m

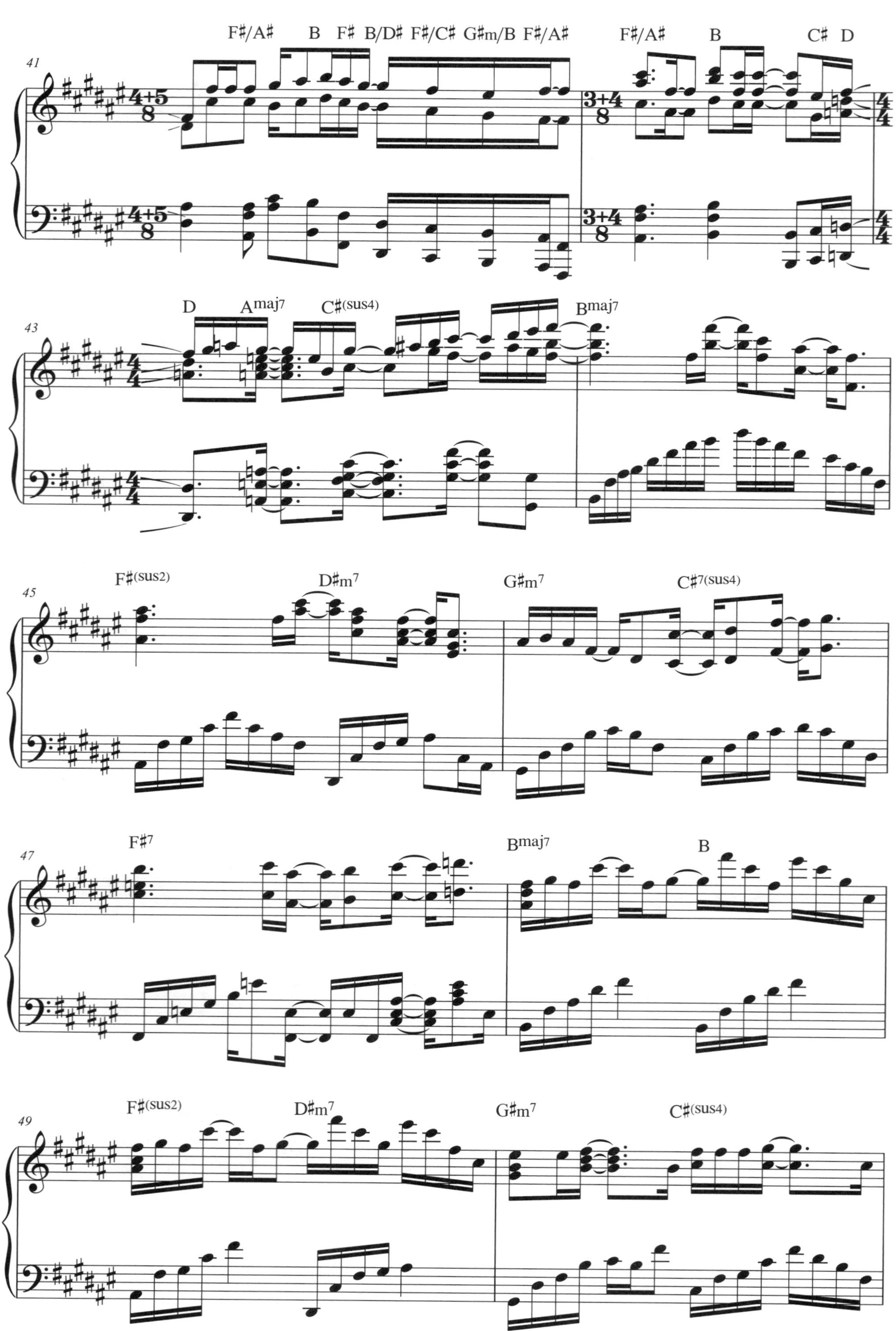
41
F♯/A♯ B F♯ B/D♯ F♯/C♯ G♯m/B F♯/A♯
F♯/A♯ B C♯ D
4+5/8
3+4/8
4/4
43
D Amaj7 C♯(sus4)
Bmaj7
45
F♯(sus2) D♯m7
G♯m7 C♯7(sus4)
47
F♯7
Bmaj7 B
49
F♯(sus2) D♯m7
G♯m7 C♯(sus4)

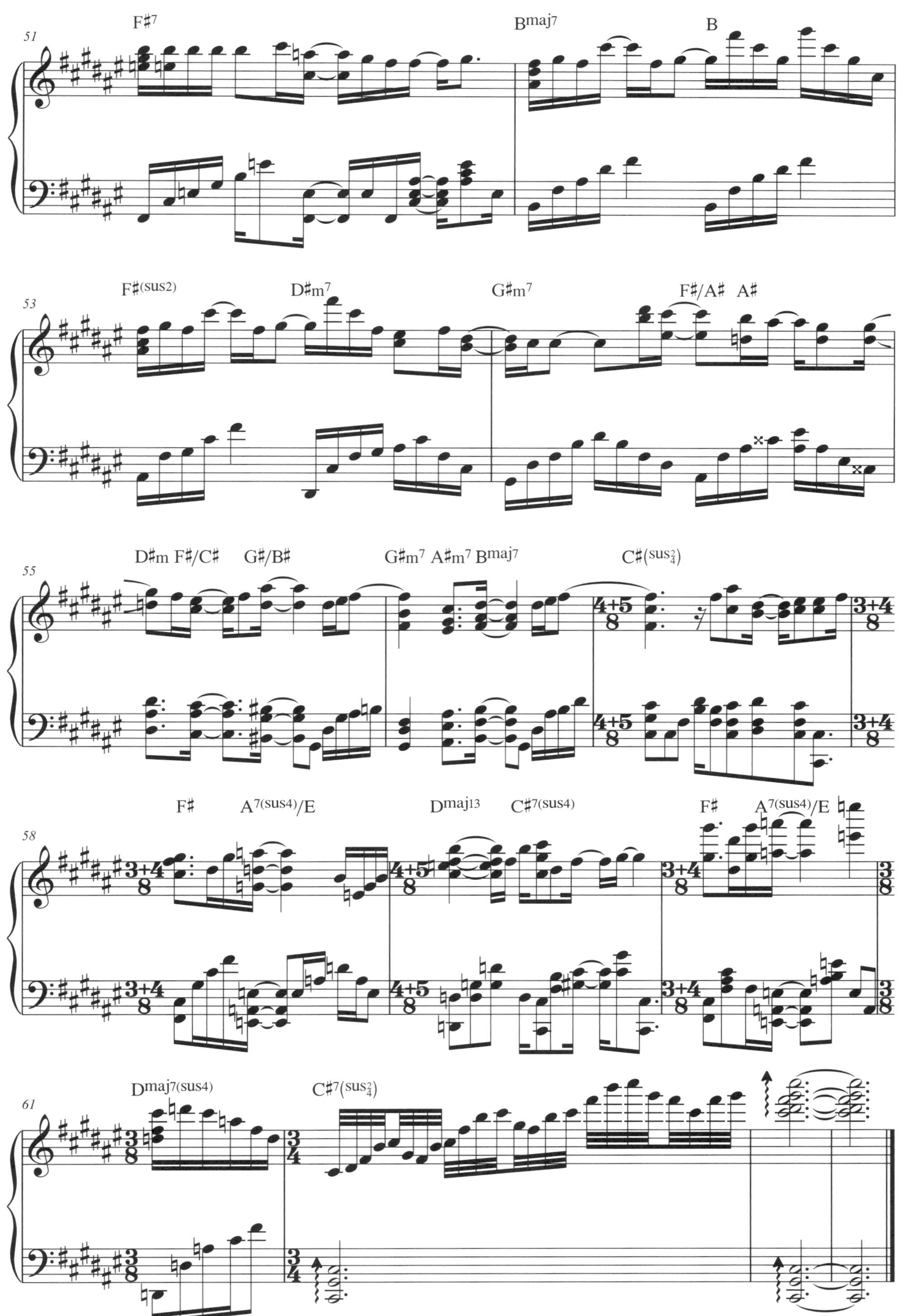
51
F♯7
Bmaj7
B
53
F♯(sus2)
D♯m7
G♯m7
F♯/A♯
A♯
55
D♯m
F♯/C♯
G♯/B♯
G♯m7
A♯m7
Bmaj7
C♯(sus2 4)
58
F♯
A7(sus4)/E
Dmaj13
C♯7(sus4)
F♯
A7(sus4)/E
61
Dmaj7(sus4)
C♯7(sus2 4)

《數碼寶貝》片頭曲

詞：千綿偉功 曲：千綿偉功 演唱：和田光司

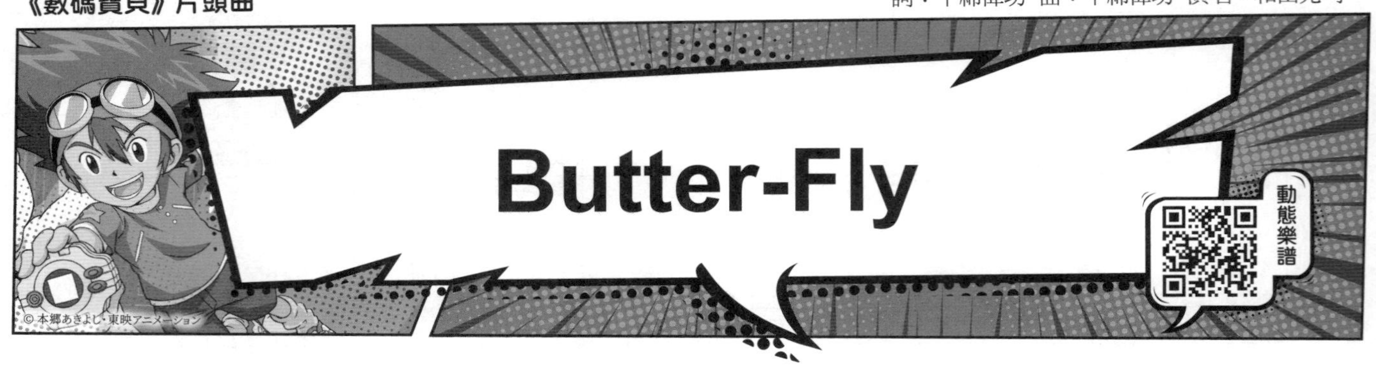

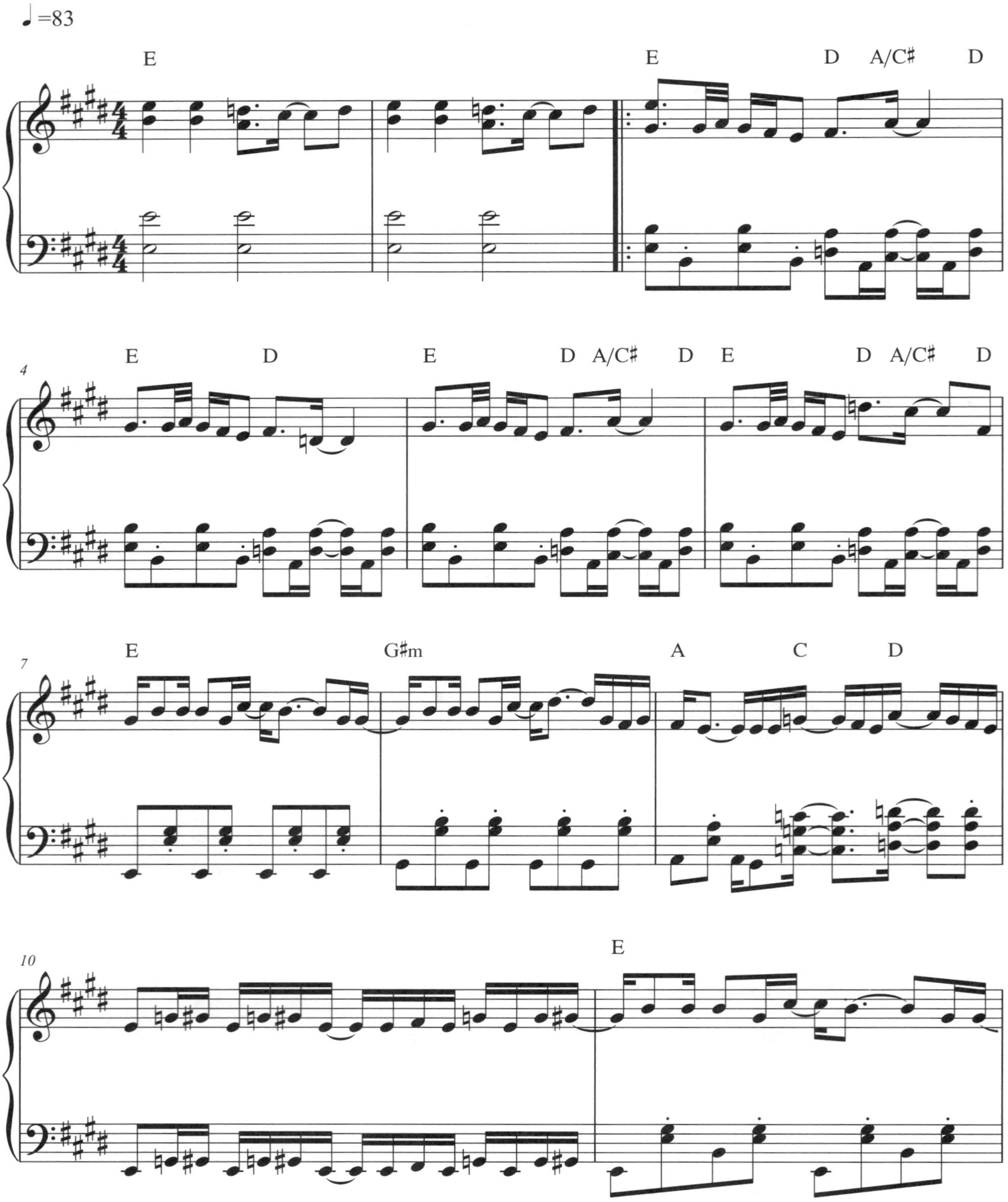

Butter-Fly

♩=83

E | E D A/C♯ D

4 E D | E D A/C♯ D | E D A/C♯ D

7 E | G♯m | A C D

10 | E

圖片出處：spice.eplus.jp/articles/116947

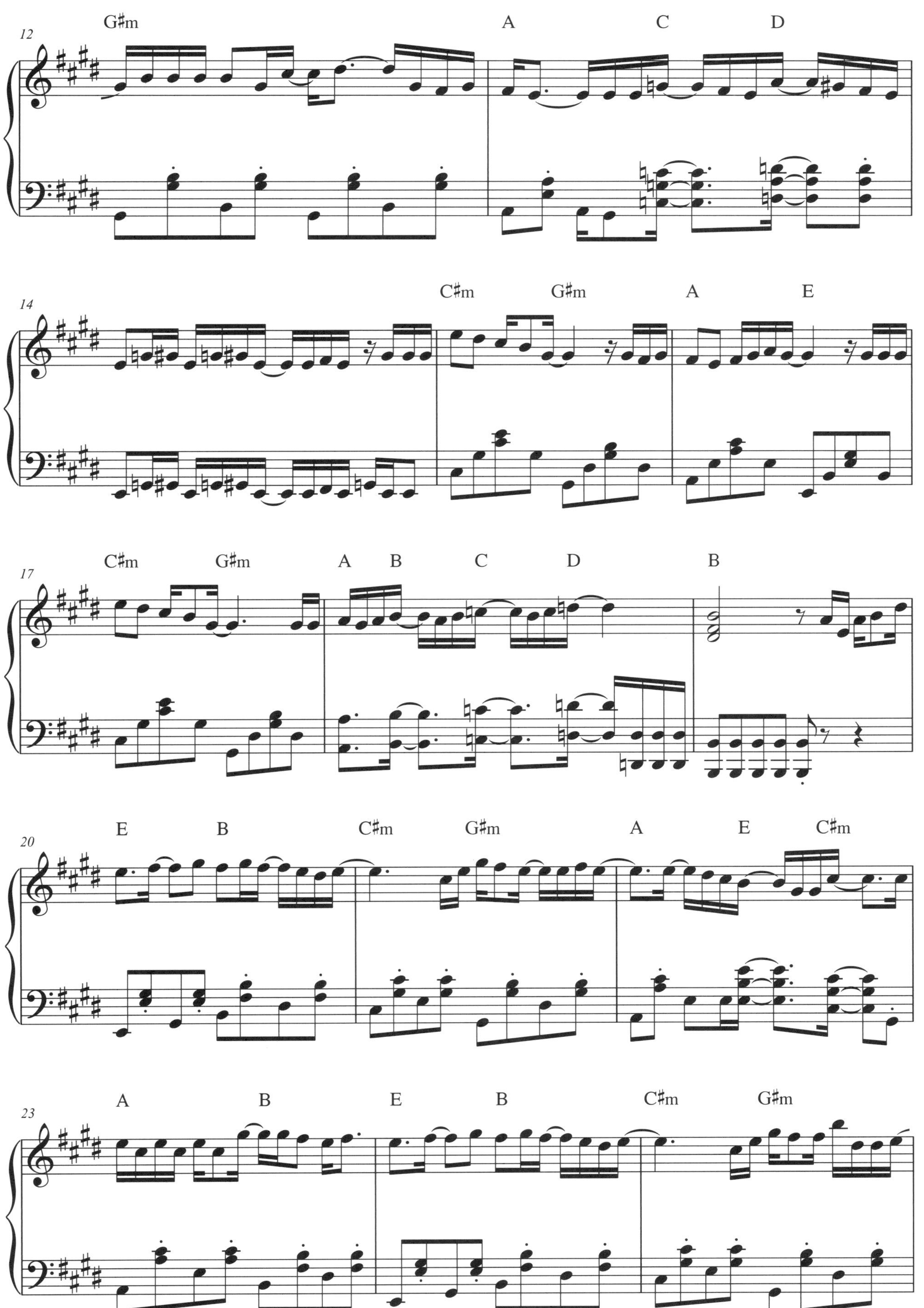
G♯m
A
C
D
12
14
C♯m
G♯m
A
E
17
C♯m
G♯m
A
B
C
D
B
20
E
B
C♯m
G♯m
A
E
C♯m
23
A
B
E
B
C♯m
G♯m

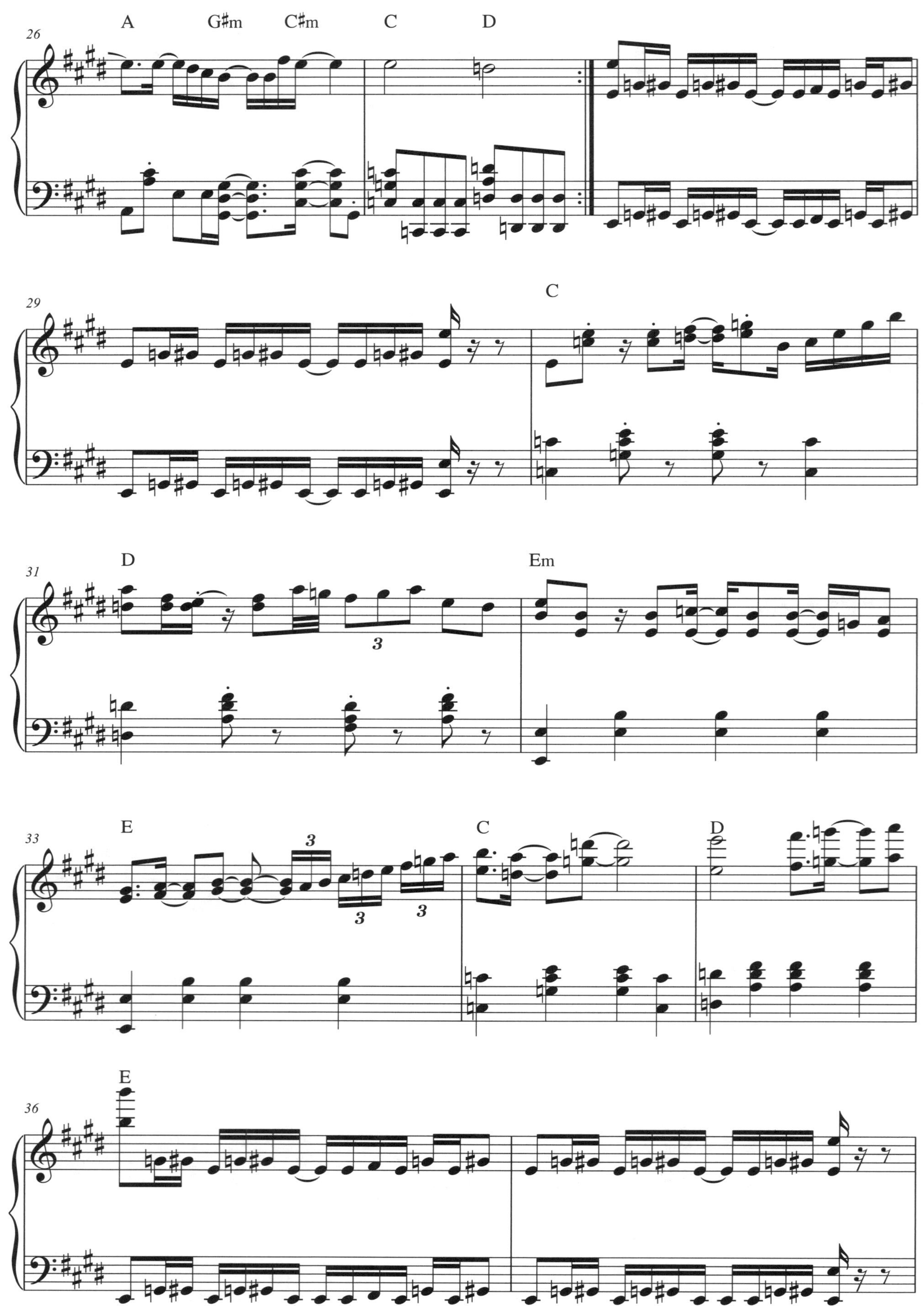
26
A
G♯m
C♯m
C
D
29
C
31
D
Em
33
E
C
D
36
E

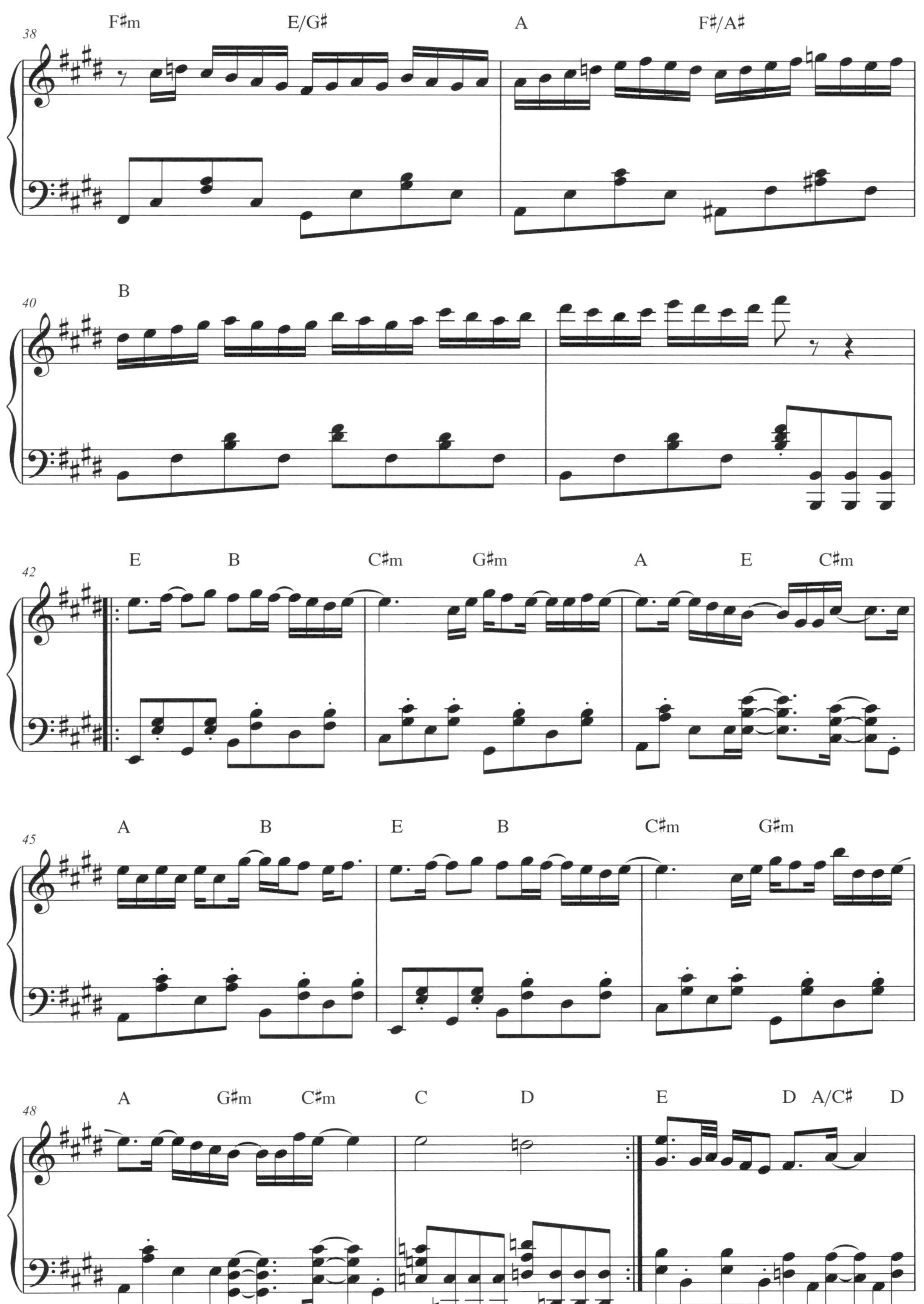
38
F♯m
E/G♯
A
F♯/A♯
40
B
42
E
B
C♯m
G♯m
A
E
C♯m
45
A
B
E
B
C♯m
G♯m
48
A
G♯m
C♯m
C
D
E
D
A/C♯
D

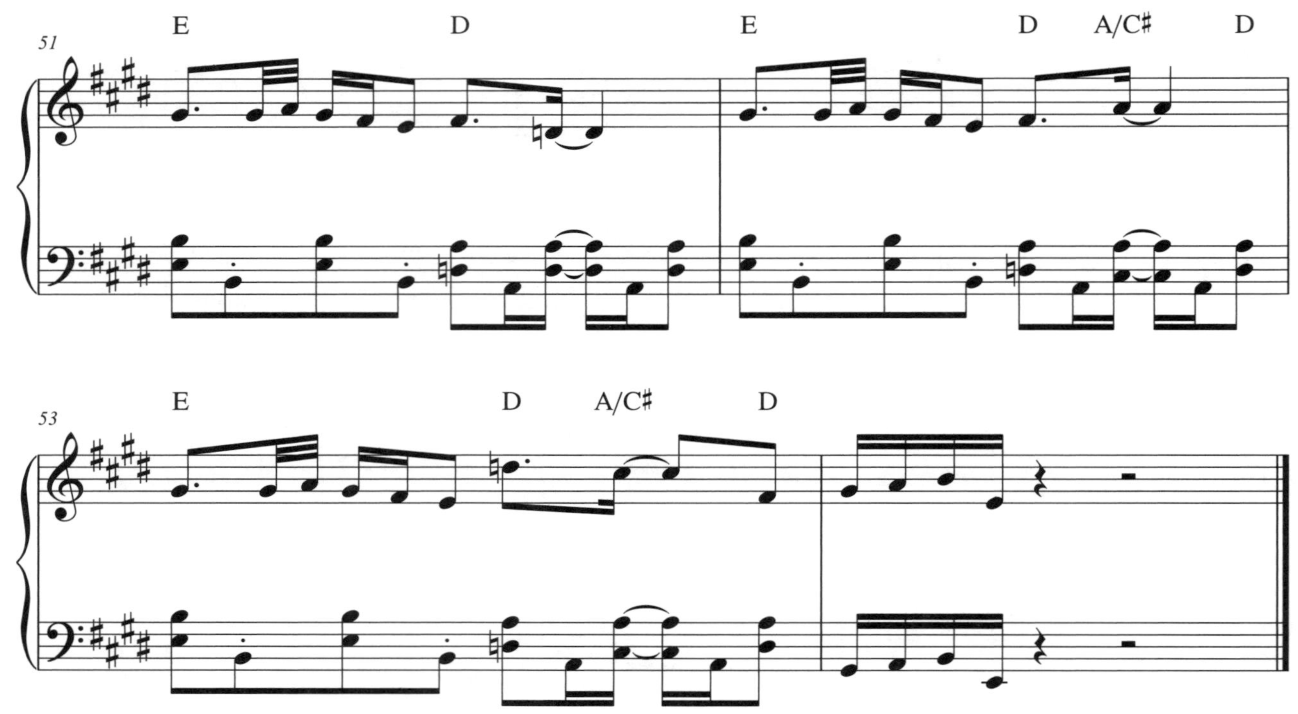
51
E
D
E
D
A/C♯
D
53
E
D
A/C♯
D

《小魔女DoReMi》片頭曲

詞：大森祥子 曲：池毅 演唱：MAHO堂

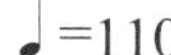

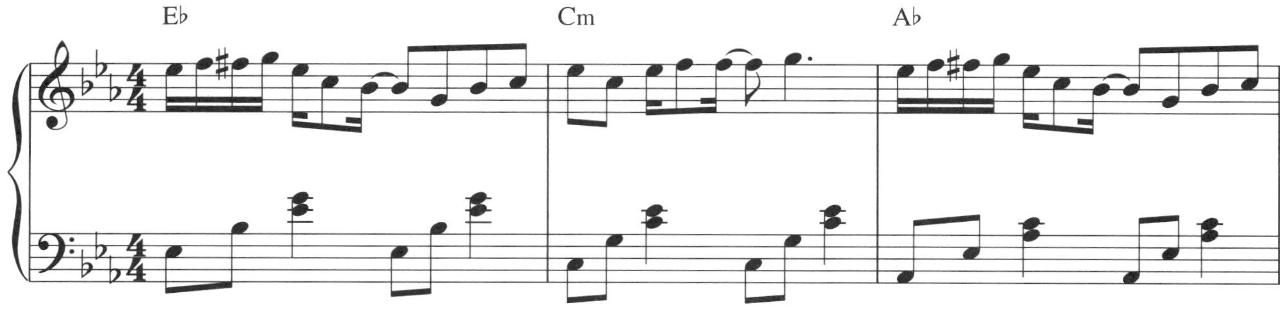

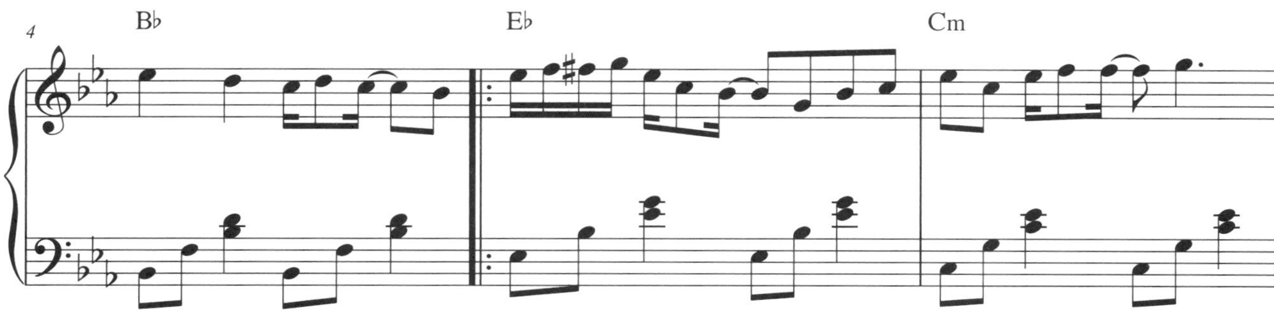

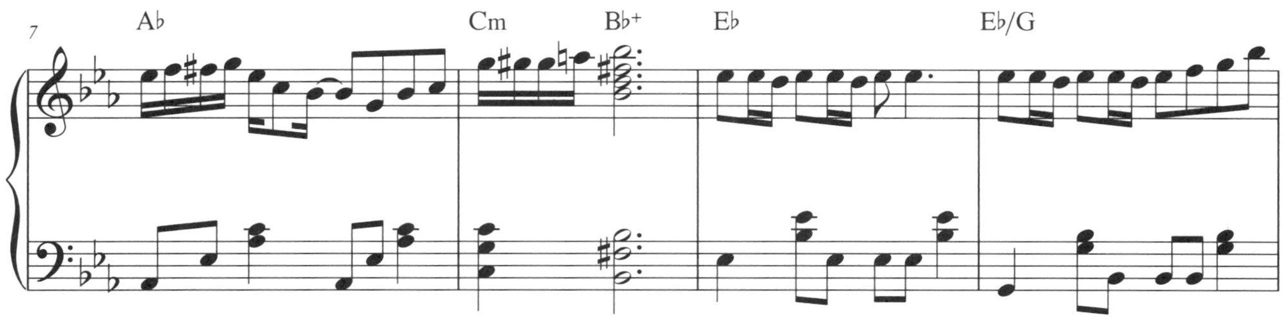

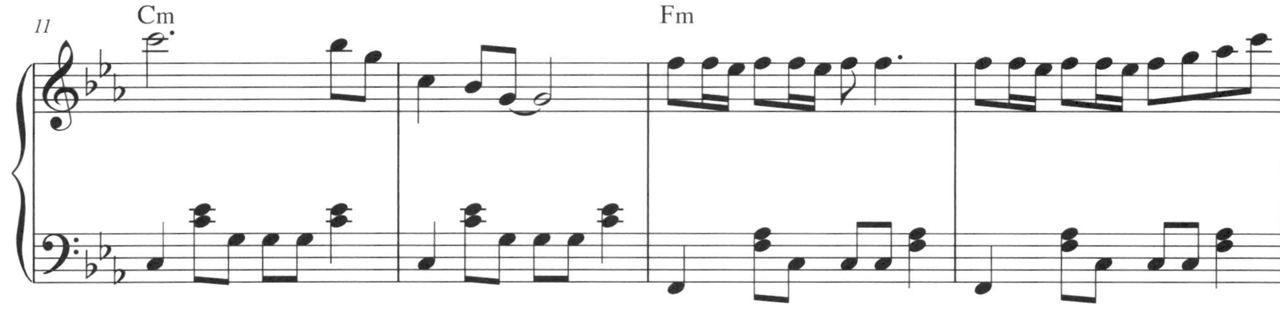

圖片出處：spice.eplus.jp/articles/232074

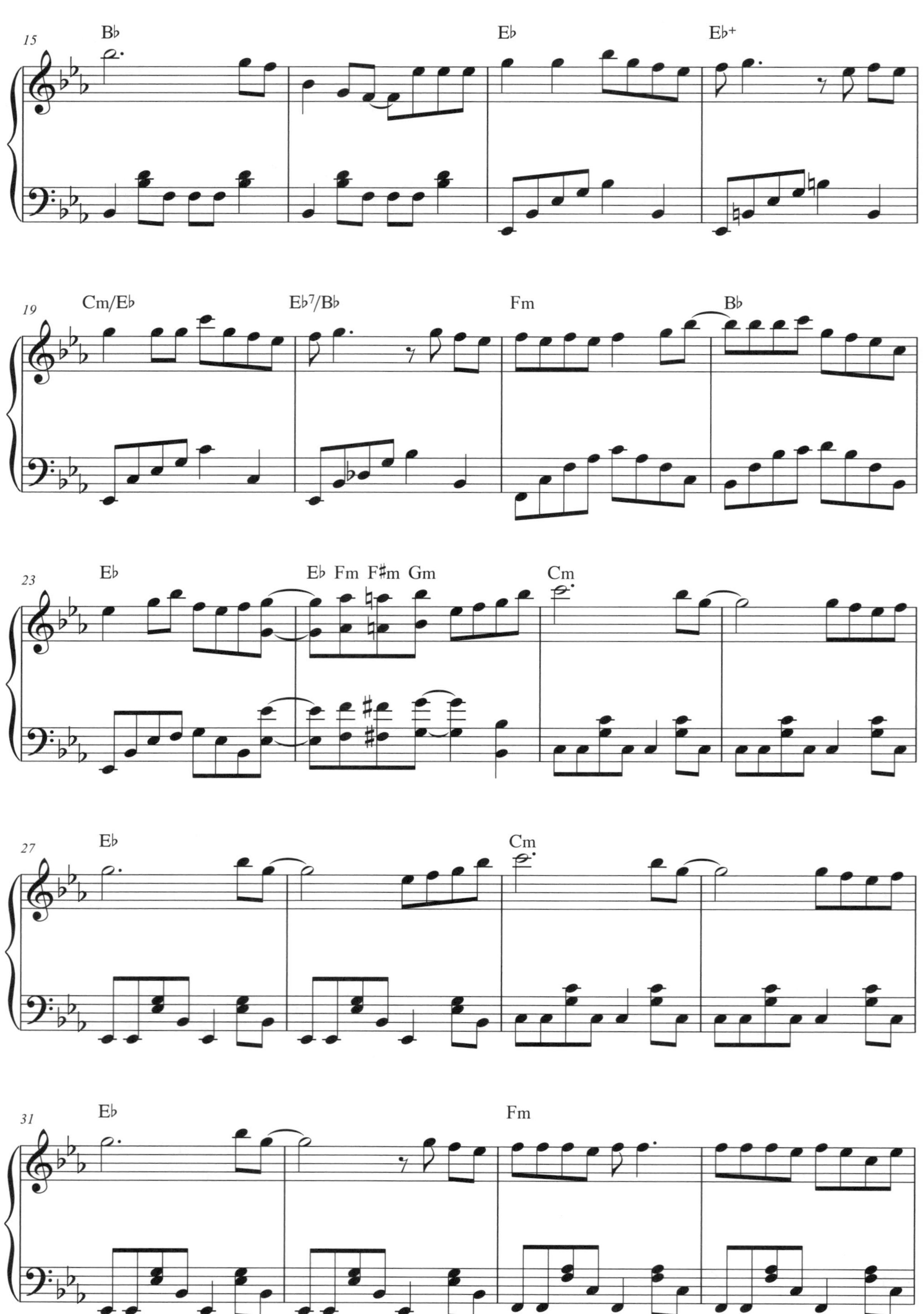
15
B♭
E♭
E♭+
19
Cm/E♭
E♭7/B♭
Fm
B♭
23
E♭
E♭ Fm F♯m Gm
Cm
27
E♭
Cm
31
E♭
Fm

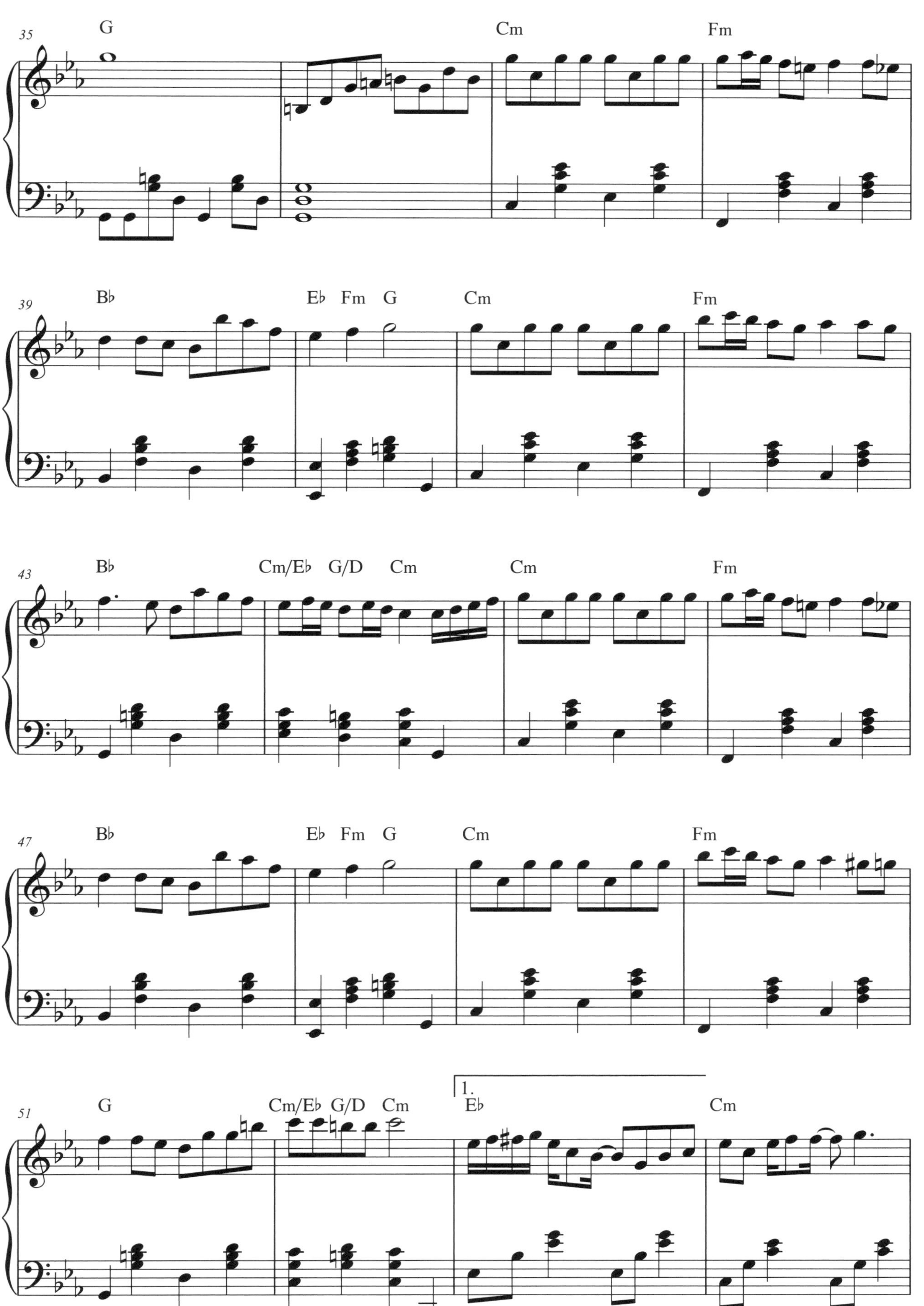
35
G
Cm
Fm
39
B♭
E♭ Fm G
Cm
Fm
43
B♭
Cm/E♭ G/D Cm
Cm
Fm
47
B♭
E♭ Fm G
Cm
Fm
51
G
Cm/E♭ G/D Cm
1.
E♭
Cm

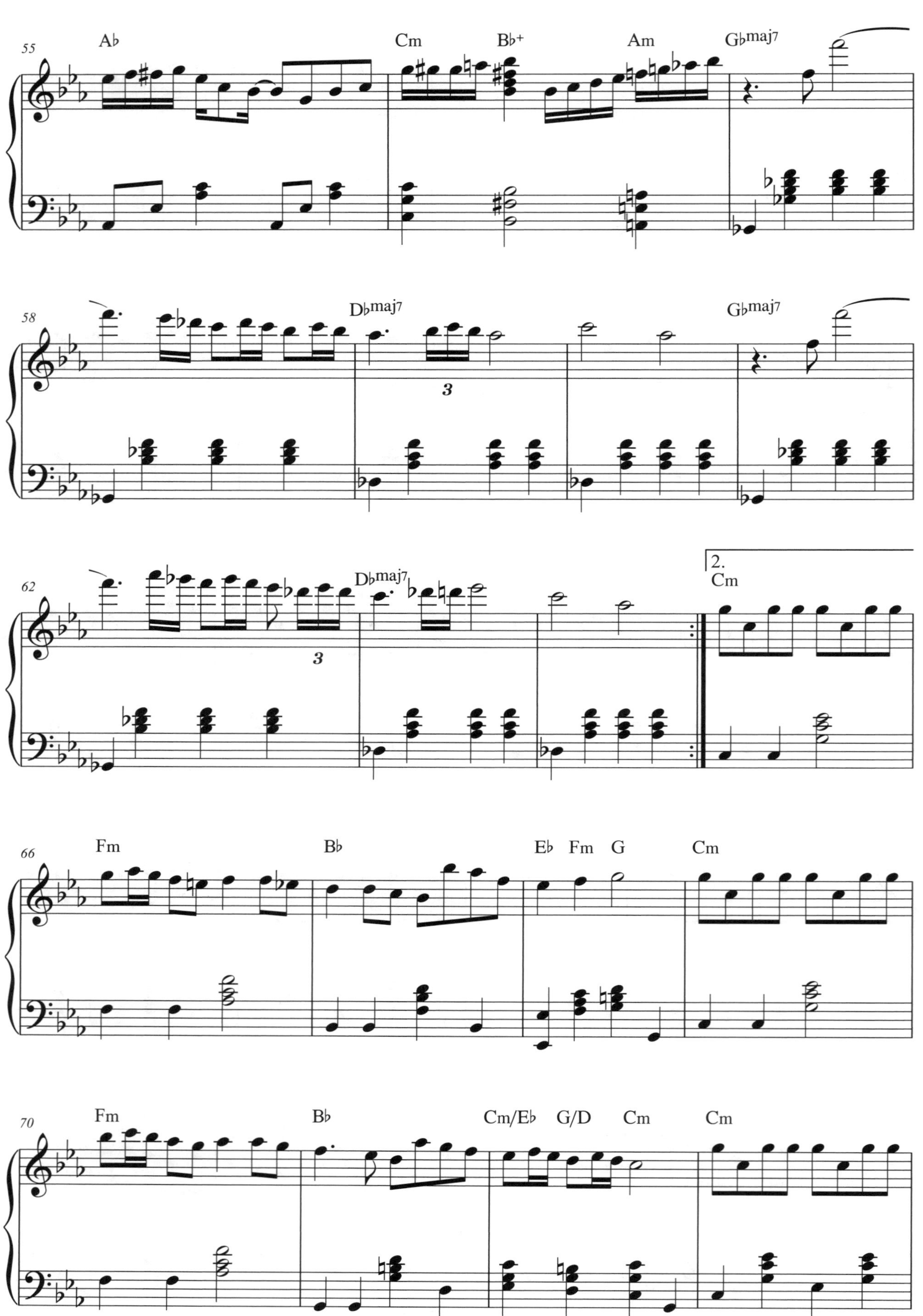

55
A♭
Cm
B♭+
Am
G♭maj7
58
D♭maj7
G♭maj7
3
62
D♭maj7
3
2.
Cm
66
Fm
B♭
E♭
Fm
G
Cm
70
Fm
B♭
Cm/E♭
G/D
Cm
Cm

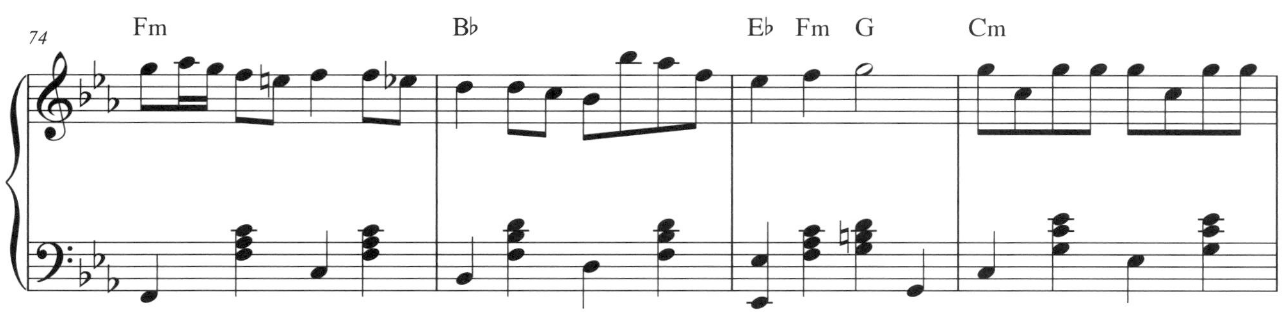
74
Fm
B♭
E♭ Fm G
Cm

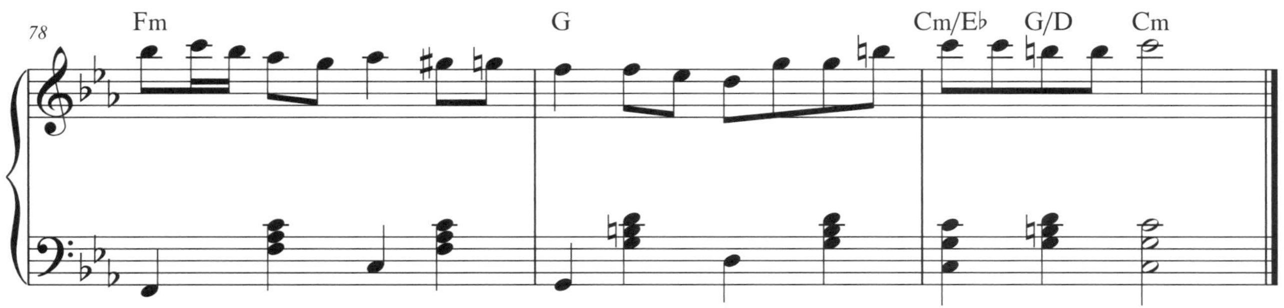
78
Fm
G
Cm/E♭ G/D Cm

《獵人》片頭曲

詞：HIRO、山田ひろし 曲：HIRO 演唱：Keno

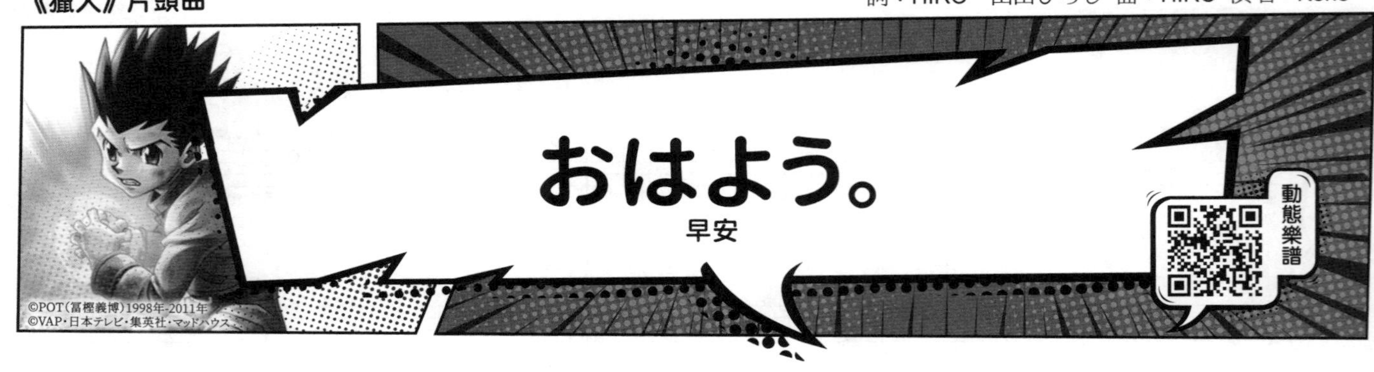

♩=107

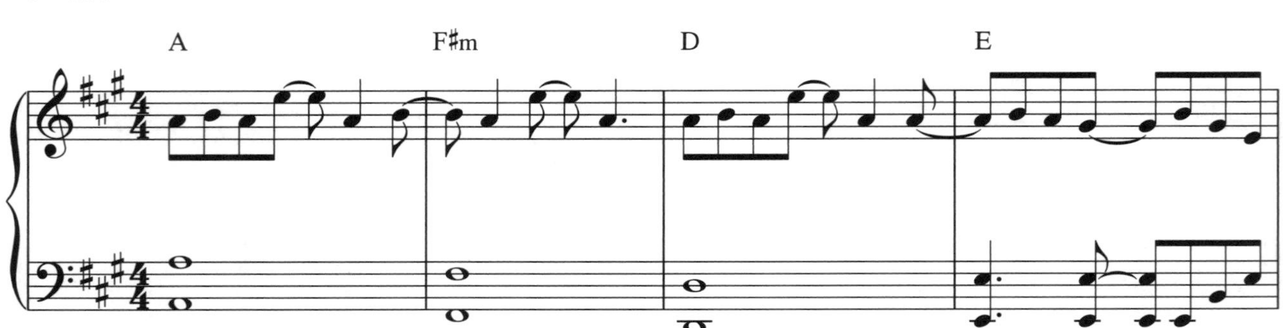

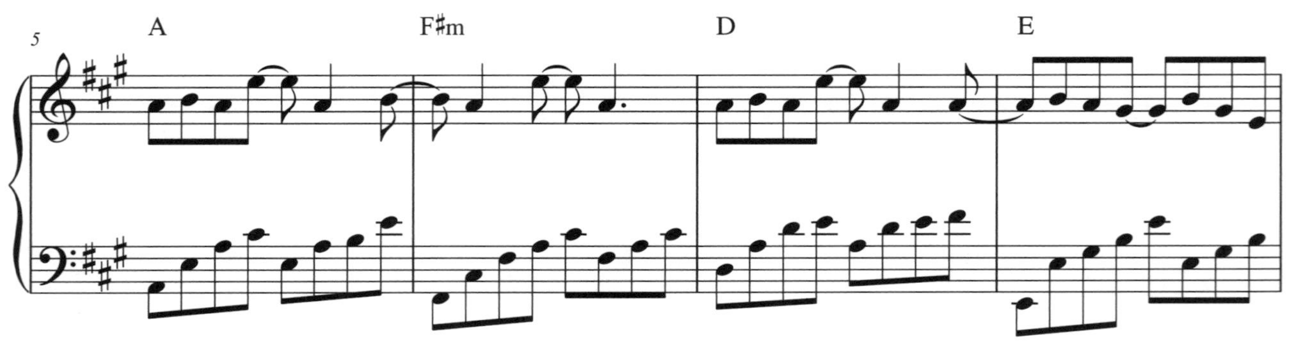

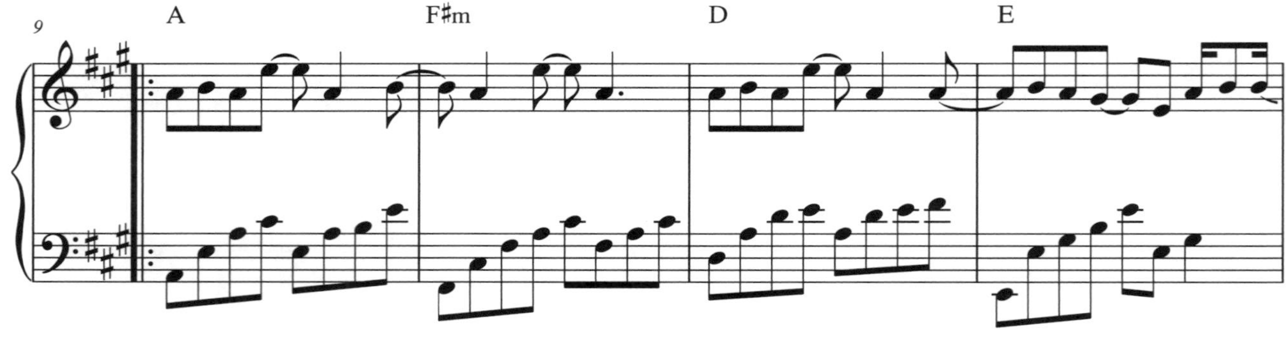

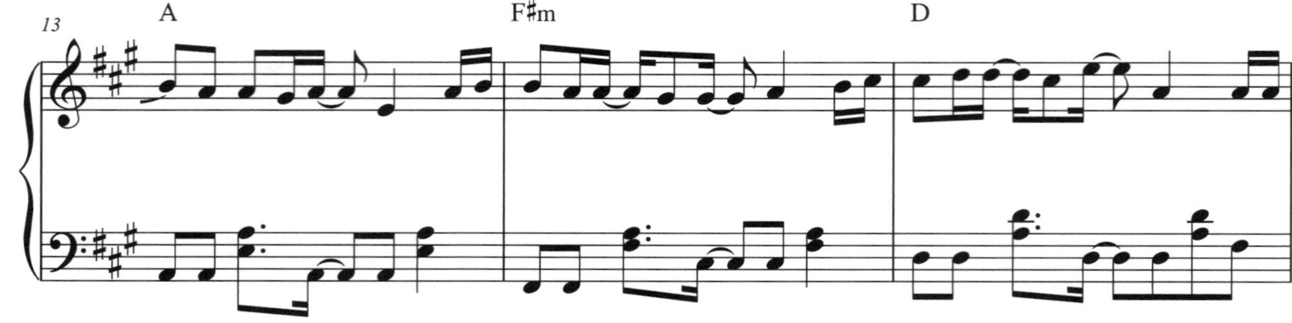

圖片出處：www.vap.co.jp/hxh-movie/index.html

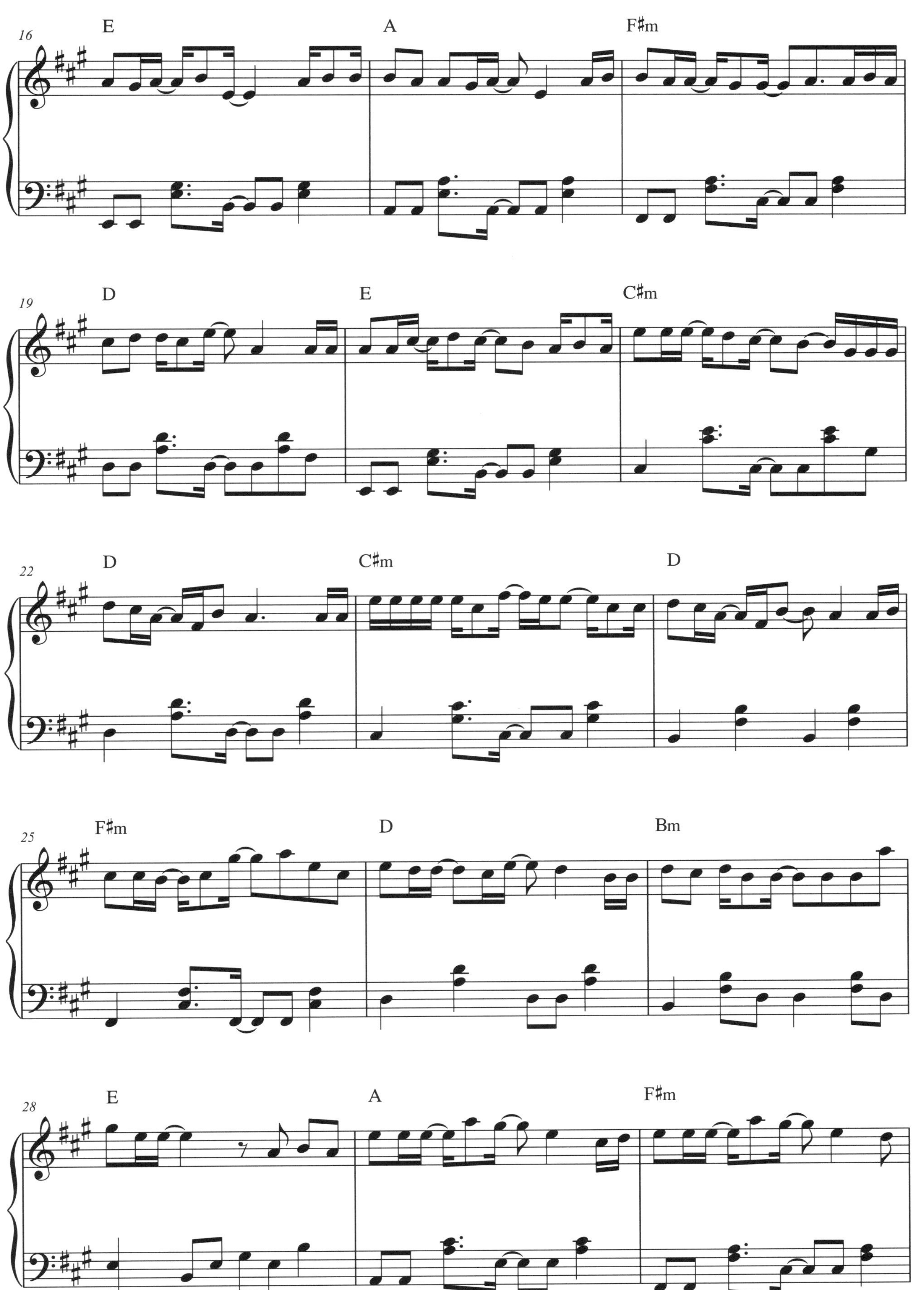
16
E
A
F♯m
19
D
E
C♯m
22
D
C♯m
D
25
F♯m
D
Bm
28
E
A
F♯m

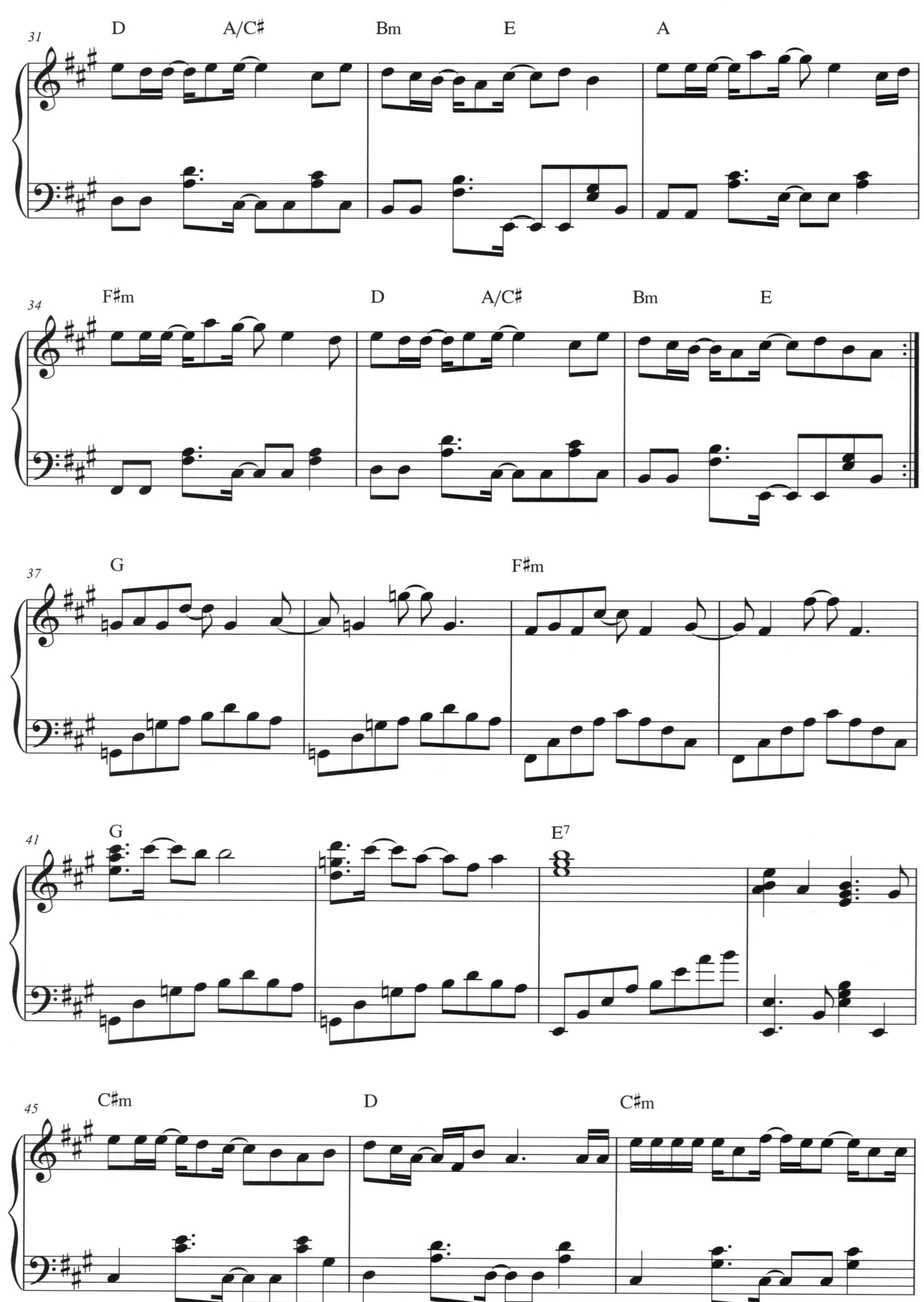
31
D
A/C♯
Bm
E
A
34
F♯m
D
A/C♯
Bm
E
37
G
F♯m
41
G
E7
45
C♯m
D
C♯m

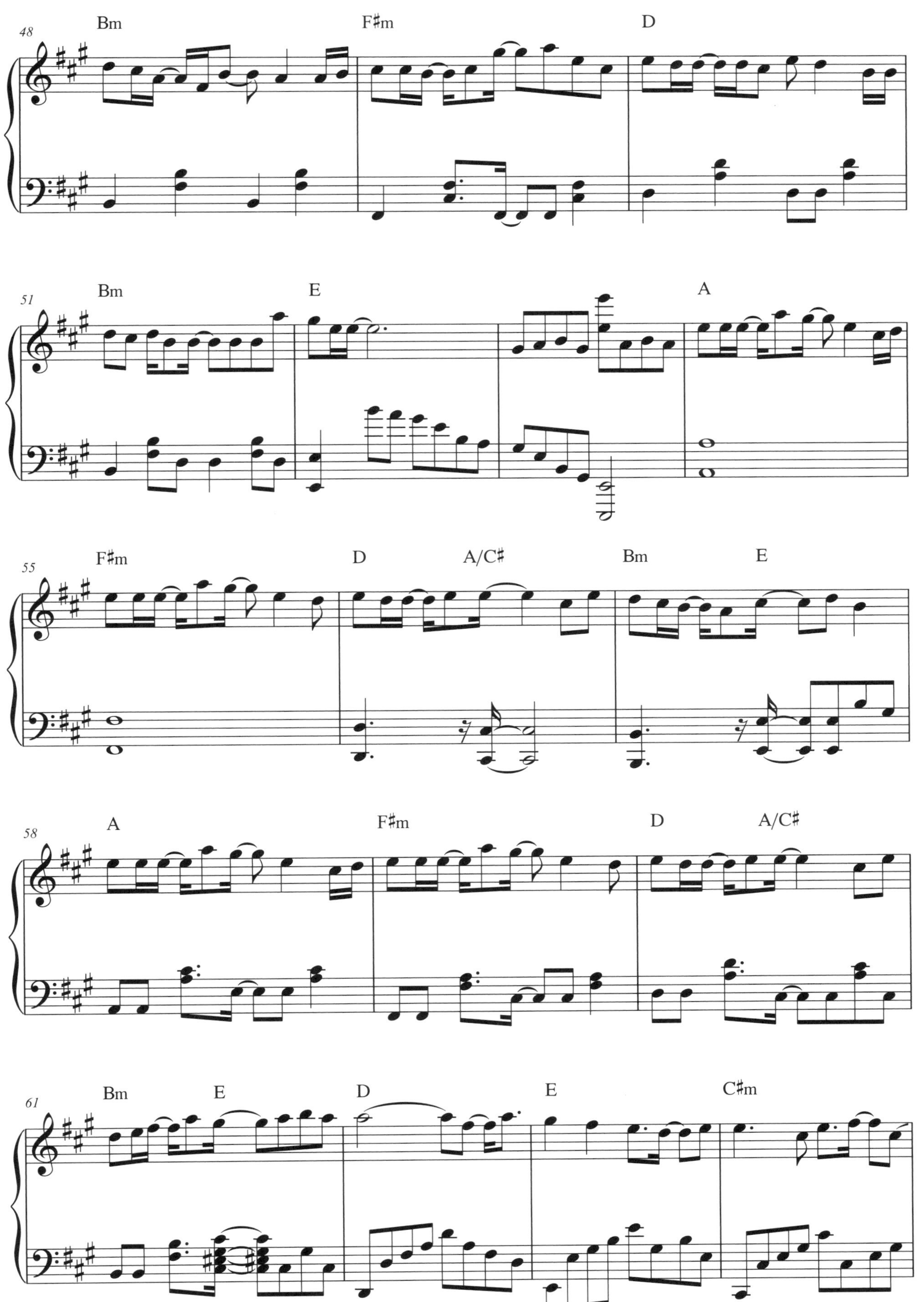
48
Bm
F♯m
D
51
Bm
E
A
55
F♯m
D
A/C♯
Bm
E
58
A
F♯m
D
A/C♯
61
Bm
E
D
E
C♯m

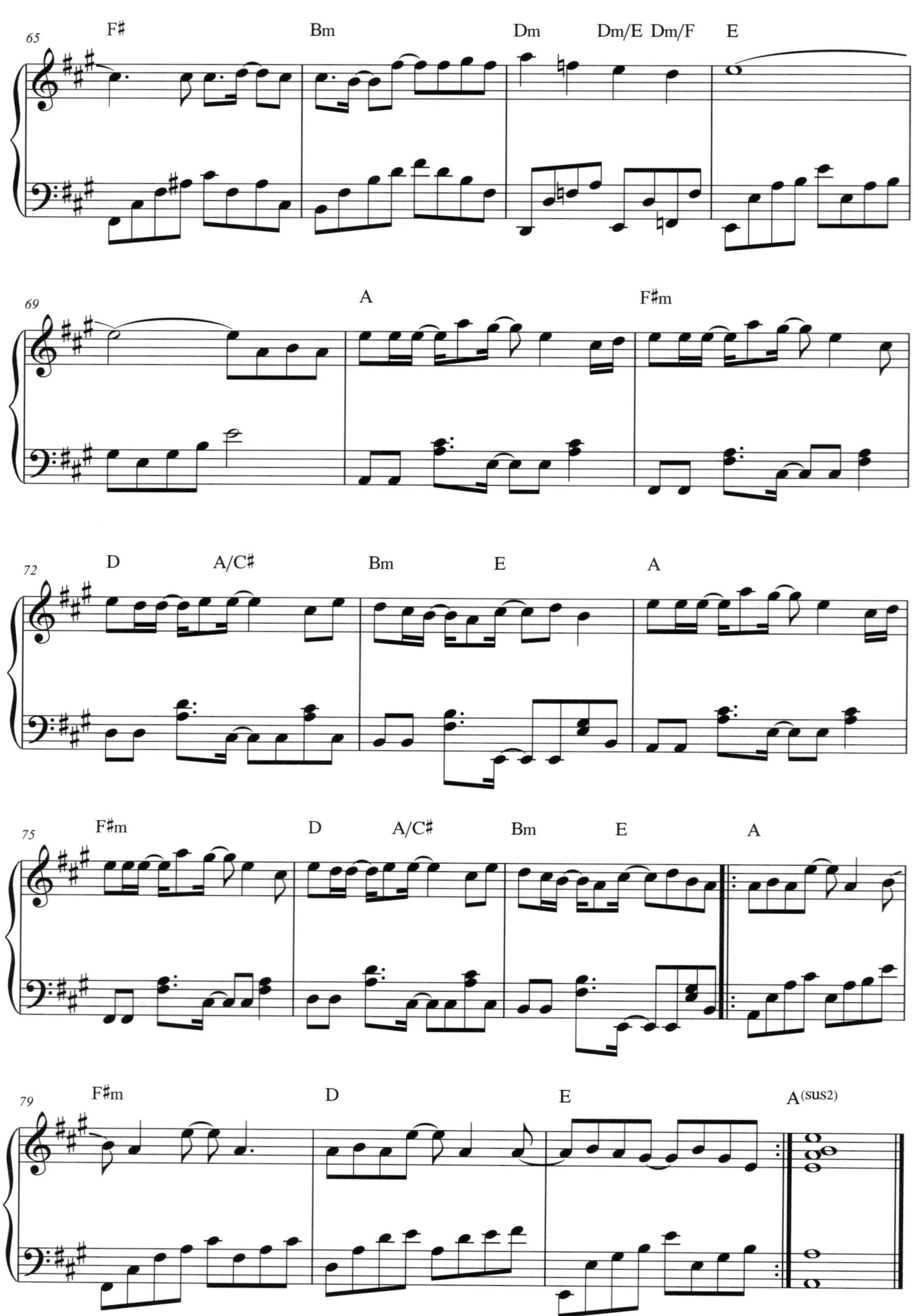
65
F♯
Bm
Dm
Dm/E Dm/F
E
69
A
F♯m
72
D
A/C♯
Bm
E
A
75
F♯m
D
A/C♯
Bm
E
A
79
F♯m
D
E
A(sus2)

詞：D.A.I 曲：D.A.I 演唱：大無限樂團

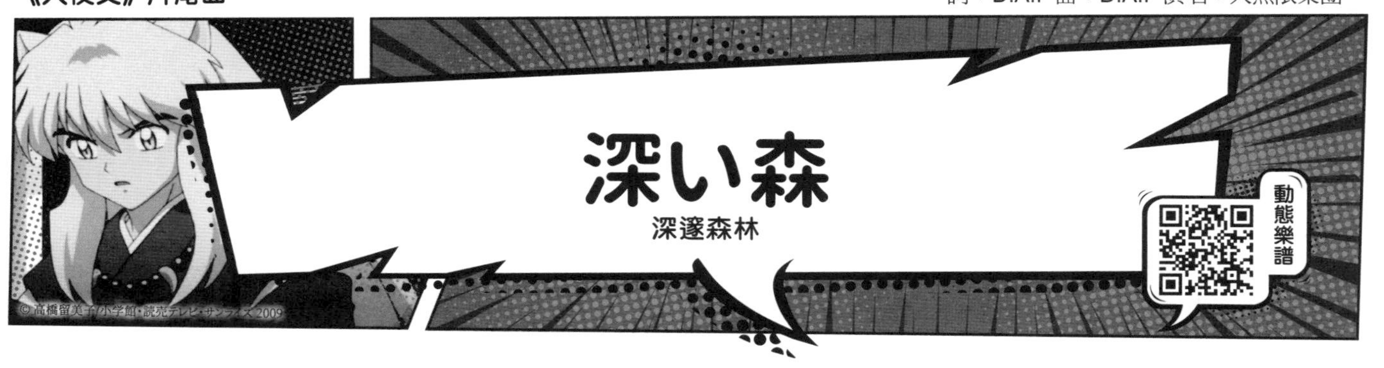

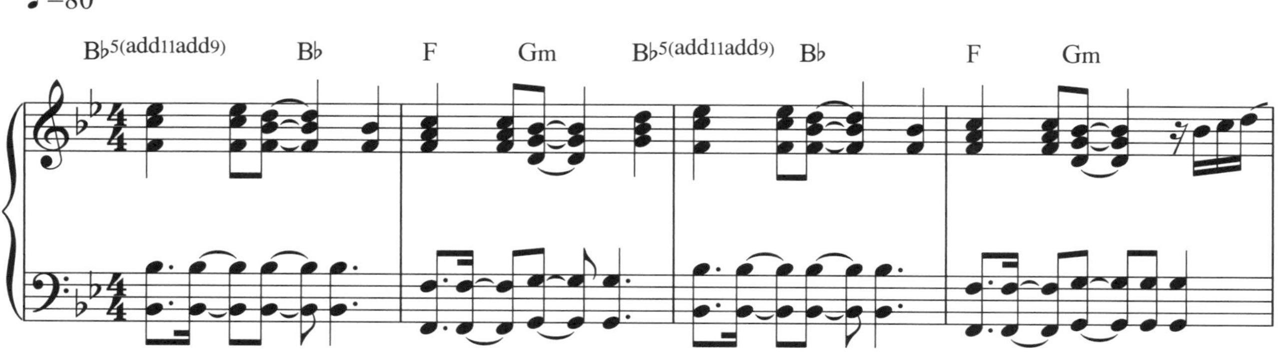

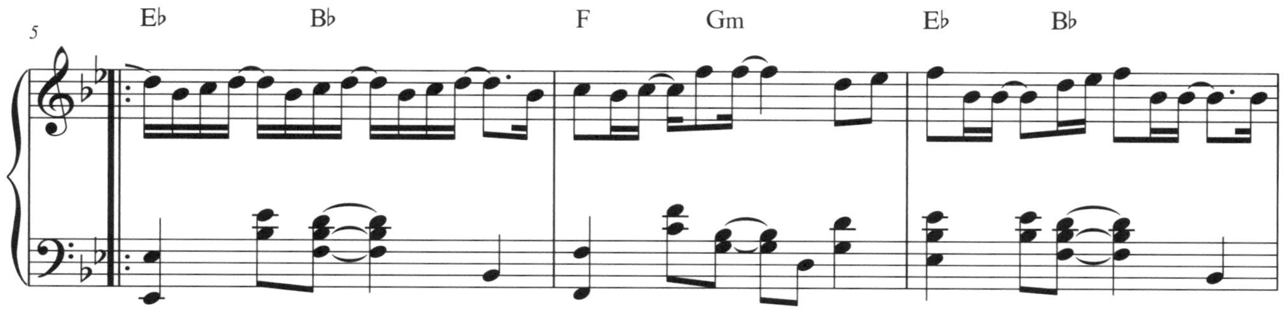

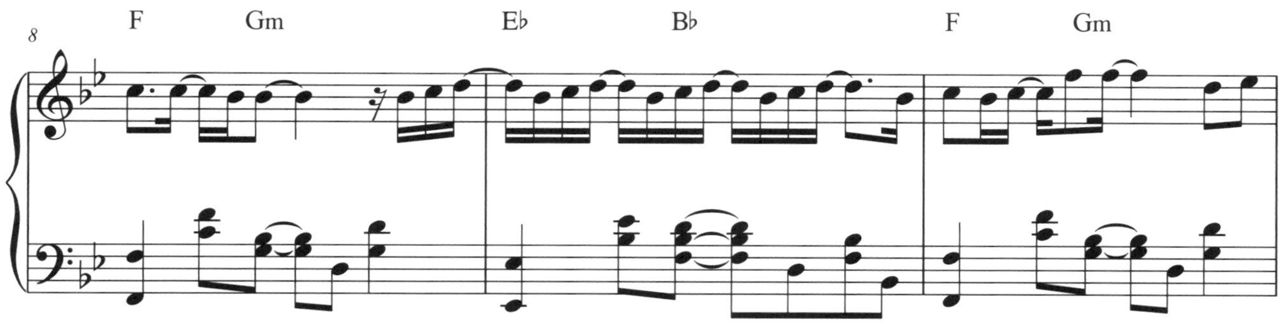

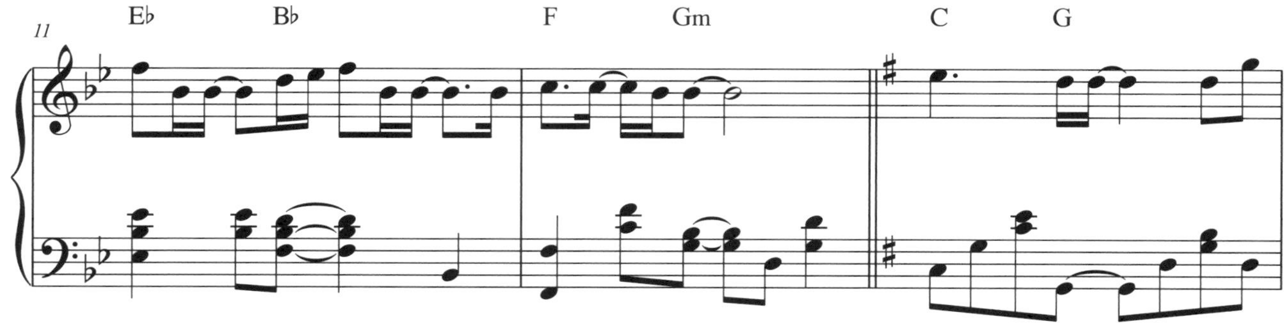

圖片出處：w.atwiki.jp/aniwotawiki/pages/45150.html

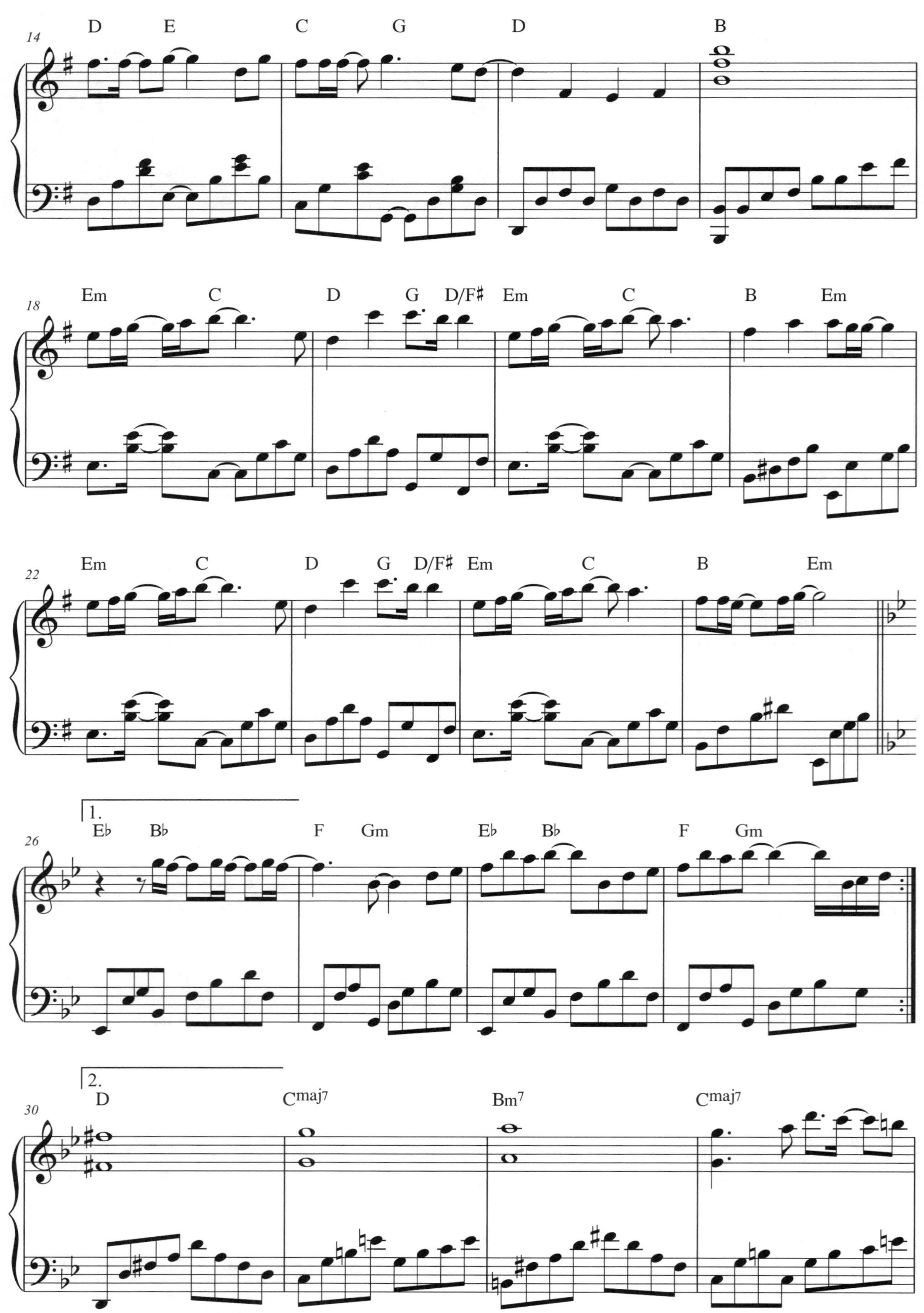
14
D E C G D B
18
Em C D G D/F♯ Em C B Em
22
Em C D G D/F♯ Em C B Em
1.
26
E♭ B♭ F Gm E♭ B♭ F Gm
2.
30
D Cmaj7 Bm7 Cmaj7

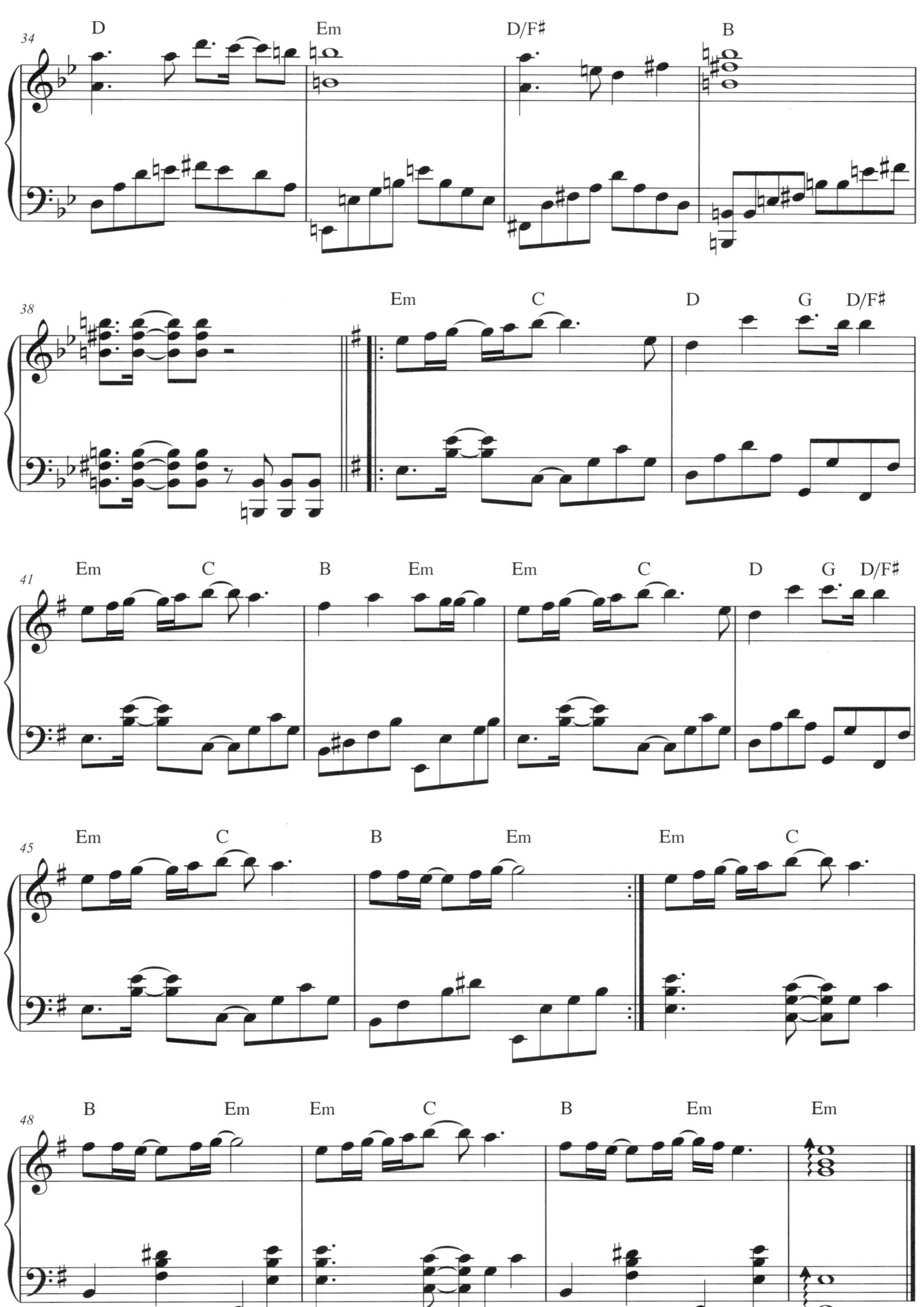
34
D
Em
D/F♯
B
38
Em
C
D
G
D/F♯
41
Em
C
B
Em
Em
C
D
G
D/F♯
45
Em
C
B
Em
Em
C
48
B
Em
Em
C
B
Em
Em

《航海王》片頭曲

詞：藤林聖子 曲：田中公平 演唱：北谷洋

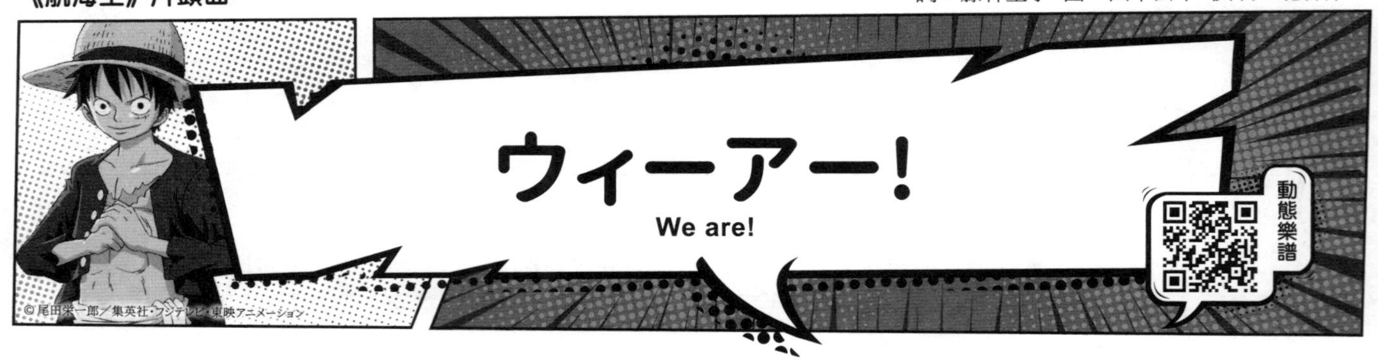

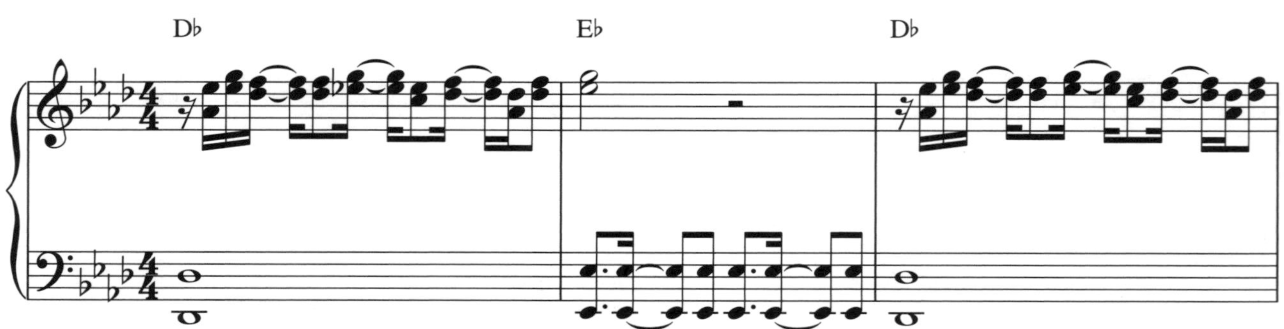

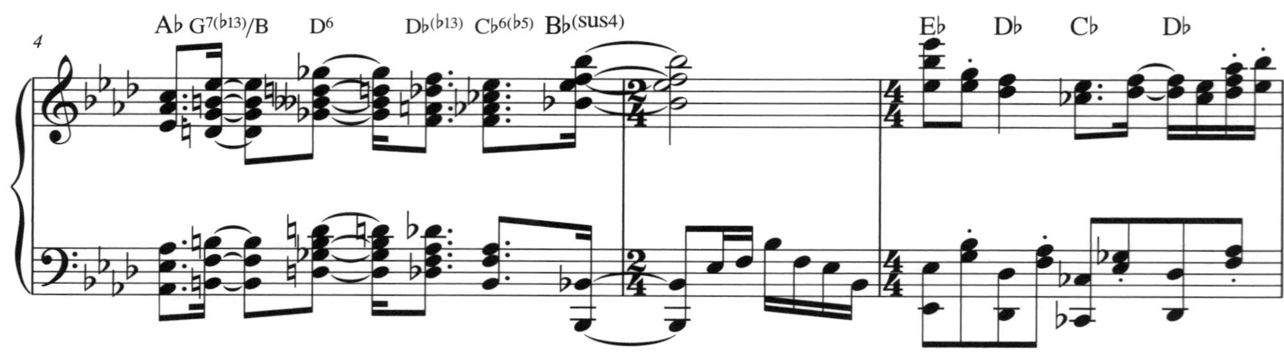

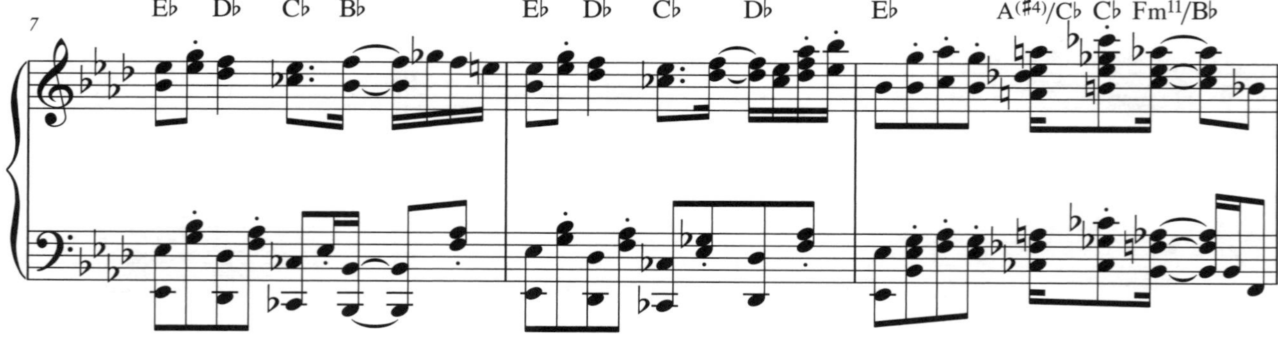

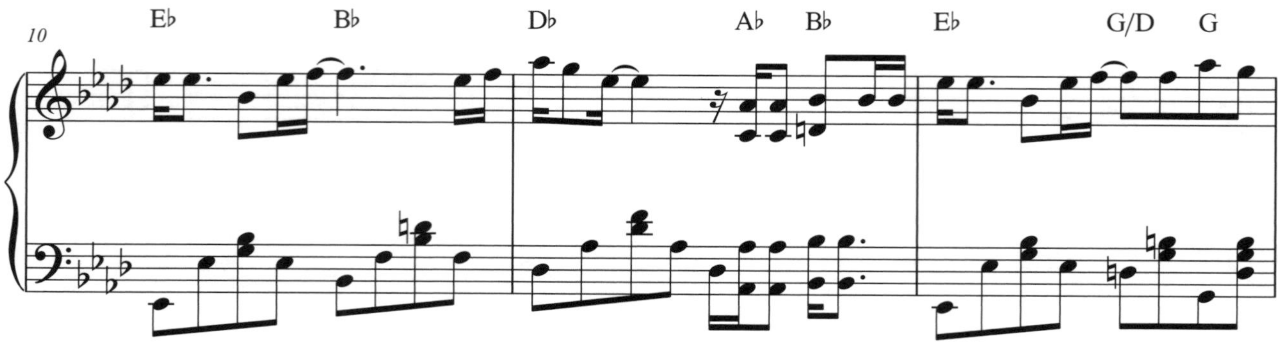

圖片出處：one-piece.com/log/character/detail/luffy.html

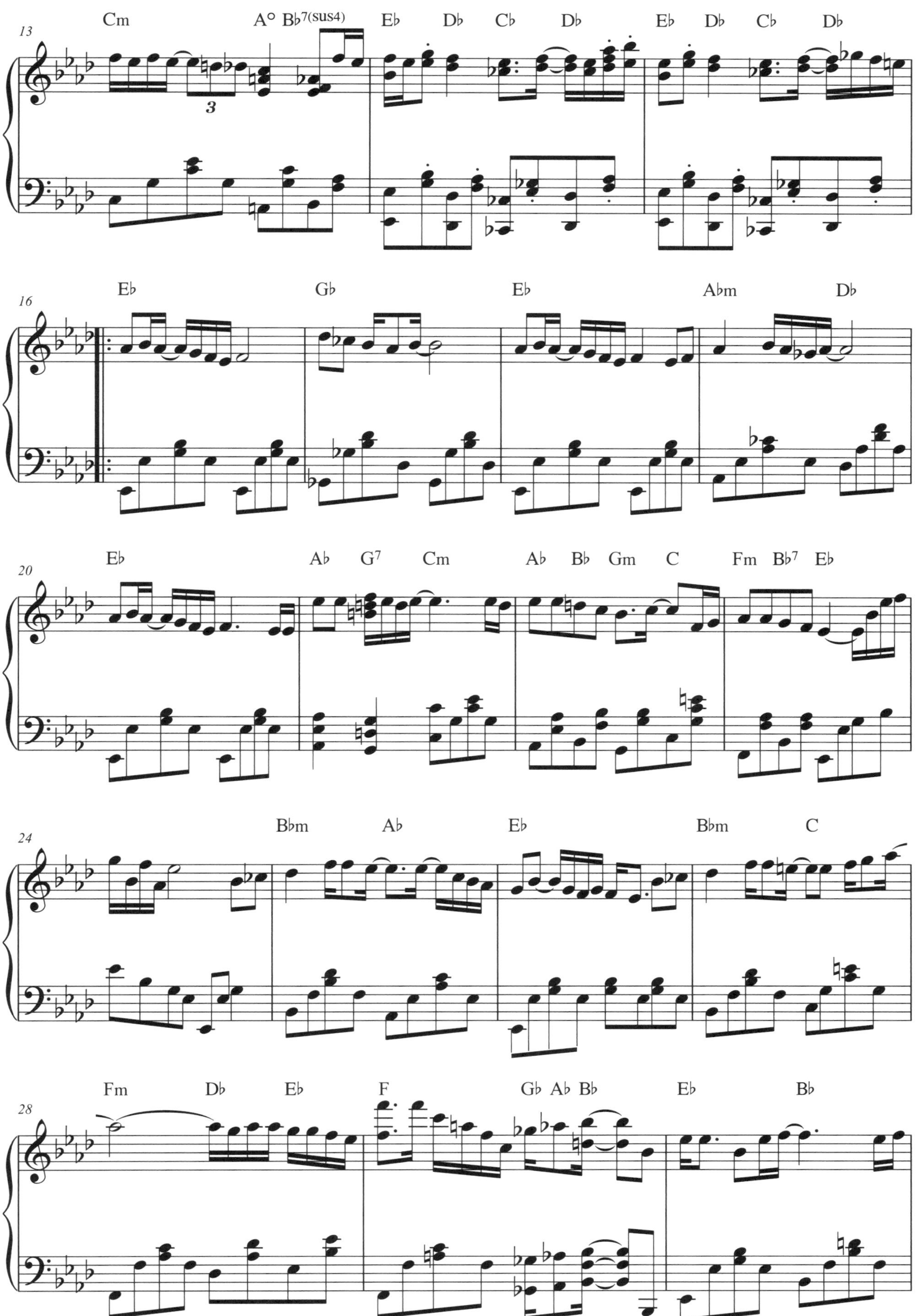
13
Cm A° B♭7(sus4) E♭ D♭ C♭ D♭ E♭ D♭ C♭ D♭
3
16
E♭ G♭ E♭ A♭m D♭
20
E♭ A♭ G7 Cm A♭ B♭ Gm C Fm B♭7 E♭
24
B♭m A♭ E♭ B♭m C
28
Fm D♭ E♭ F G♭ A♭ B♭ E♭ B♭

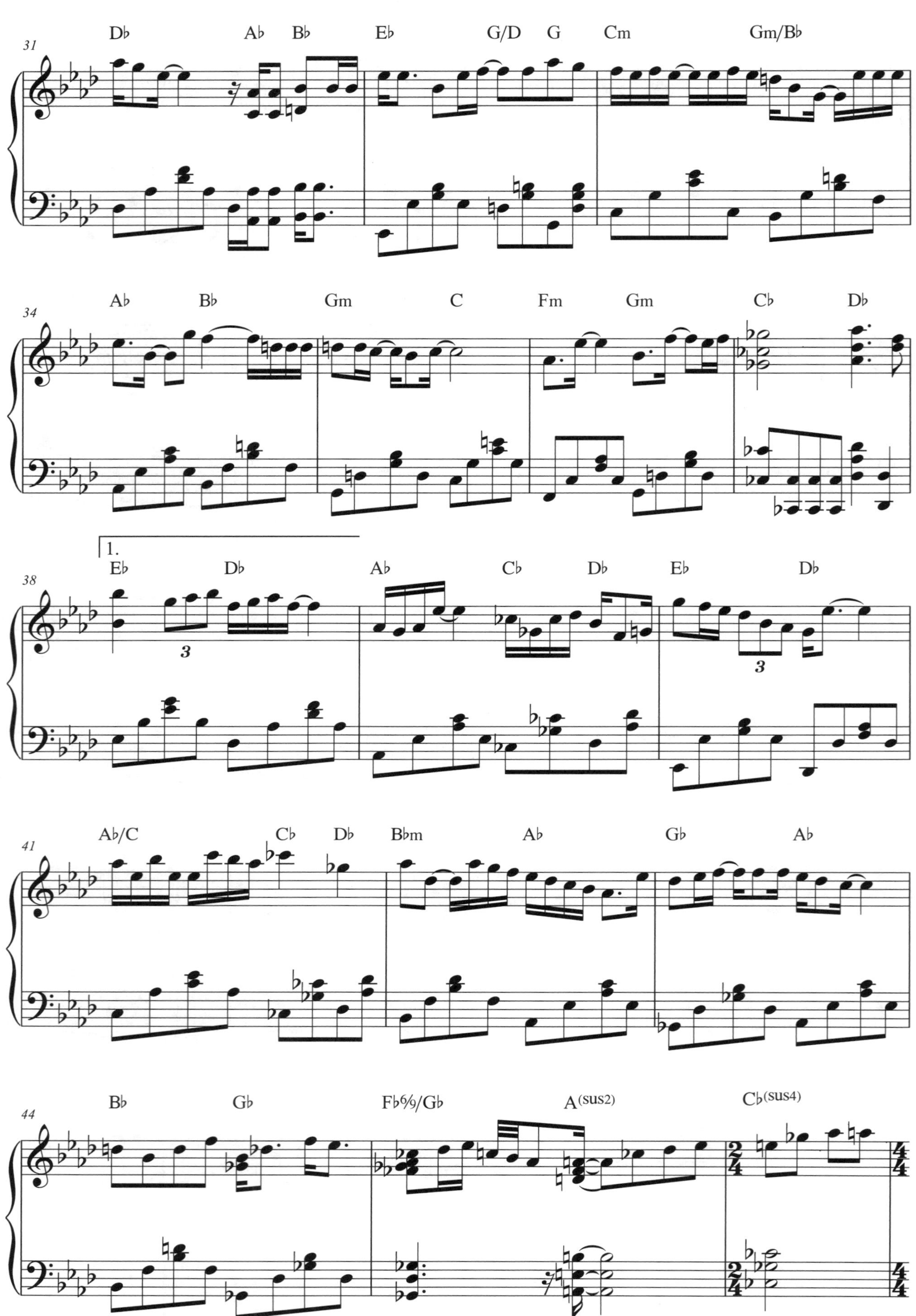
31
D♭ A♭ B♭ E♭ G/D G Cm Gm/B♭
34
A♭ B♭ Gm C Fm Gm C♭ D♭
1.
38
E♭ D♭ A♭ C♭ D♭ E♭ D♭
41
A♭/C C♭ D♭ B♭m A♭ G♭ A♭
44
B♭ G♭ F♭6/9/G♭ A(sus2) C♭(sus4)

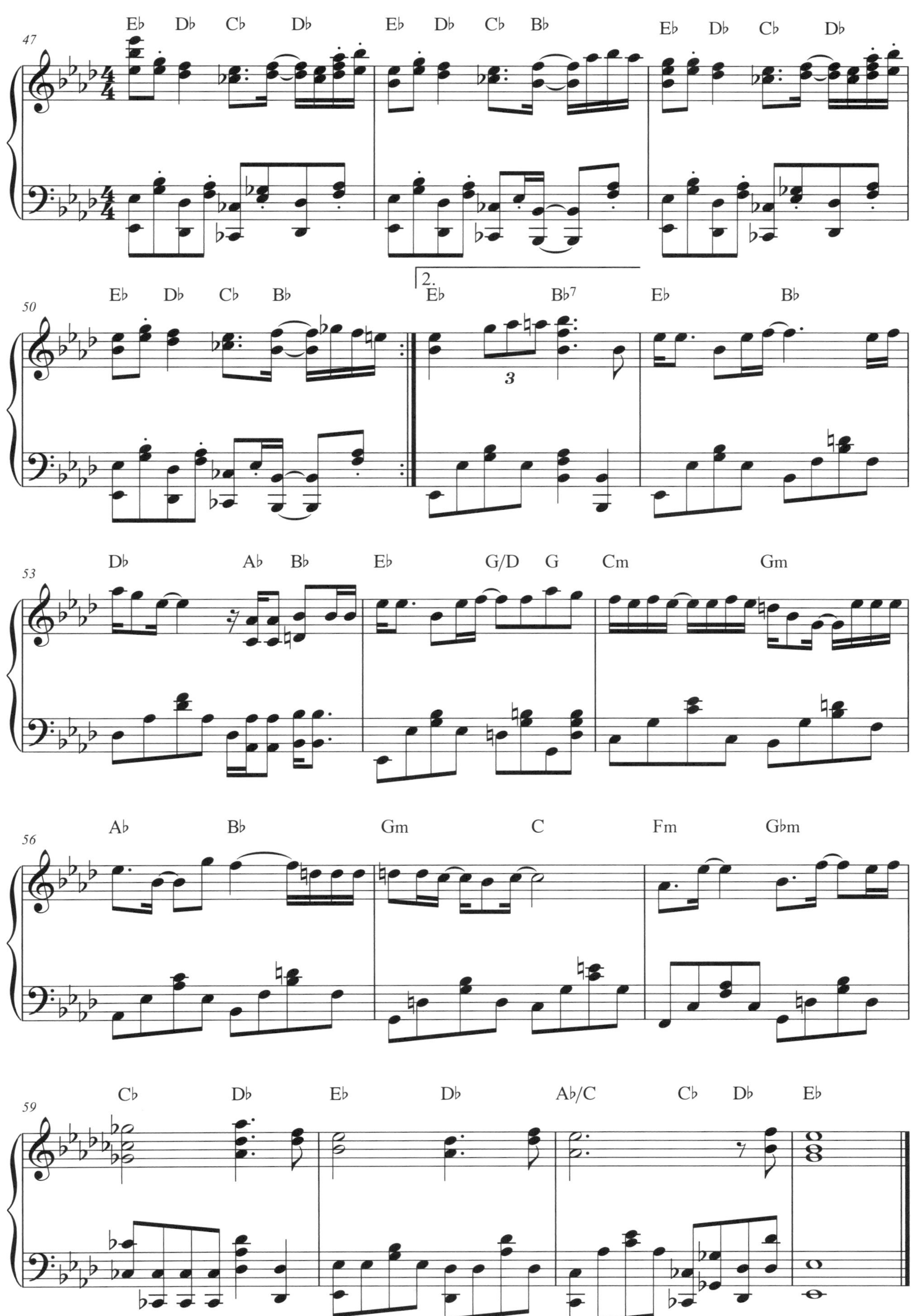
47
E♭ D♭ C♭ D♭ E♭ D♭ C♭ B♭ E♭ D♭ C♭ D♭
50
E♭ D♭ C♭ B♭
2.
E♭ B♭7 E♭ B♭
53
D♭ A♭ B♭ E♭ G/D G Cm Gm
56
A♭ B♭ Gm C Fm G♭m
59
C♭ D♭ E♭ D♭ A♭/C C♭ D♭ E♭

《棋靈王》片頭曲

詞：松室麻衣 曲：BOUNCEBACK 演唱：dream

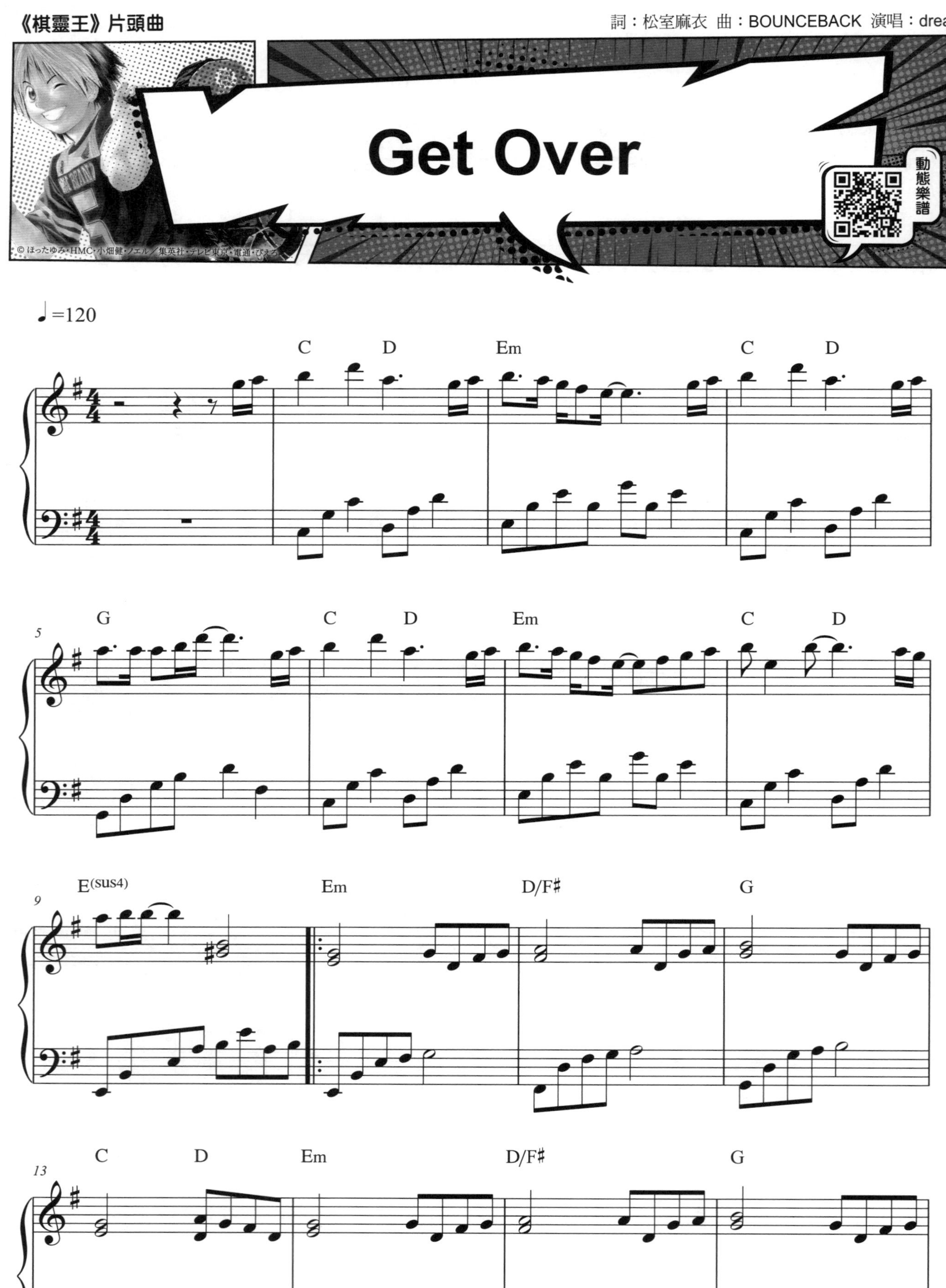

圖片出處：books.shueisha.co.jp

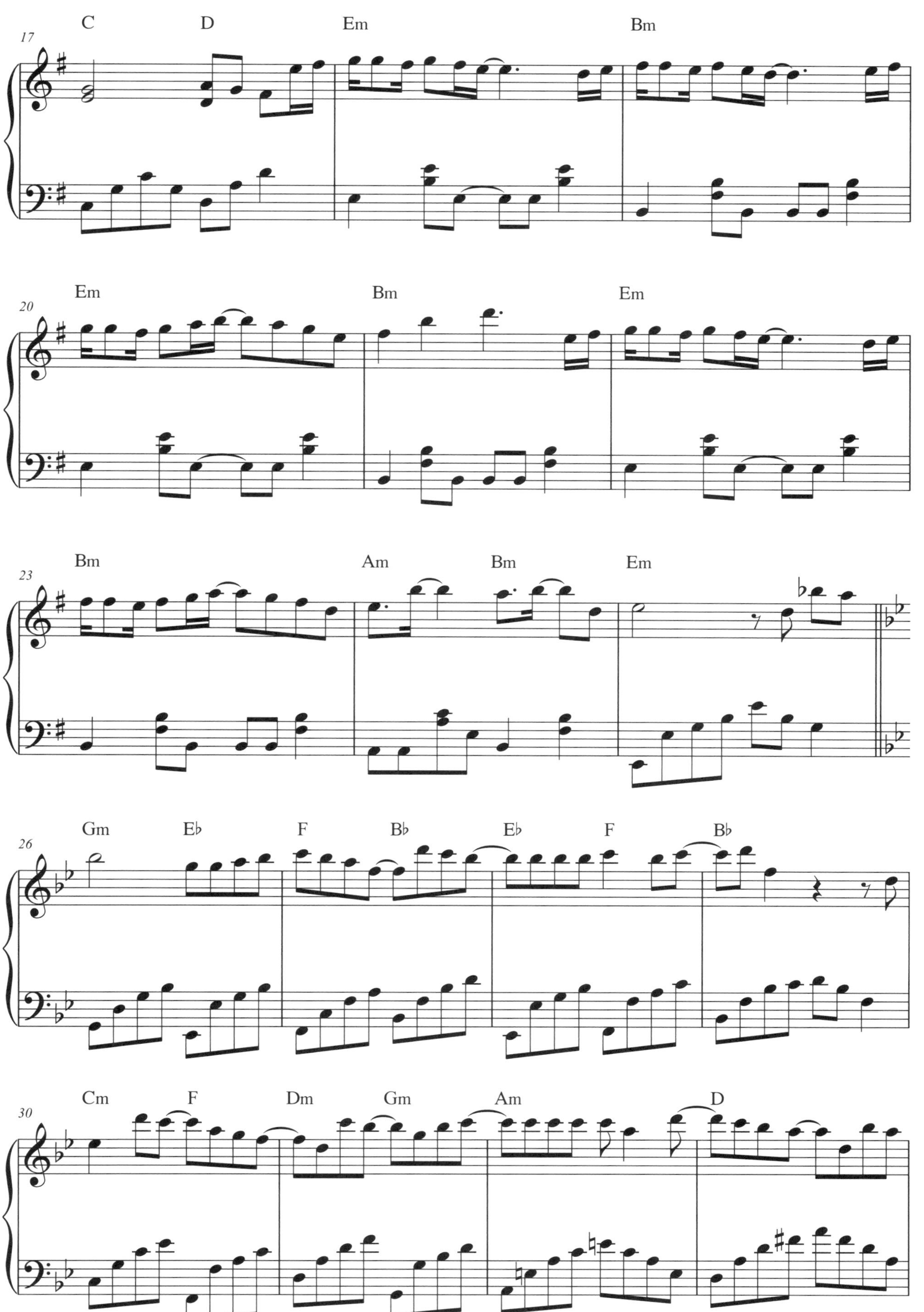
17
C
D
Em
Bm
20
Em
Bm
Em
23
Bm
Am
Bm
Em
26
Gm
E♭
F
B♭
E♭
F
B♭
30
Cm
F
Dm
Gm
Am
D

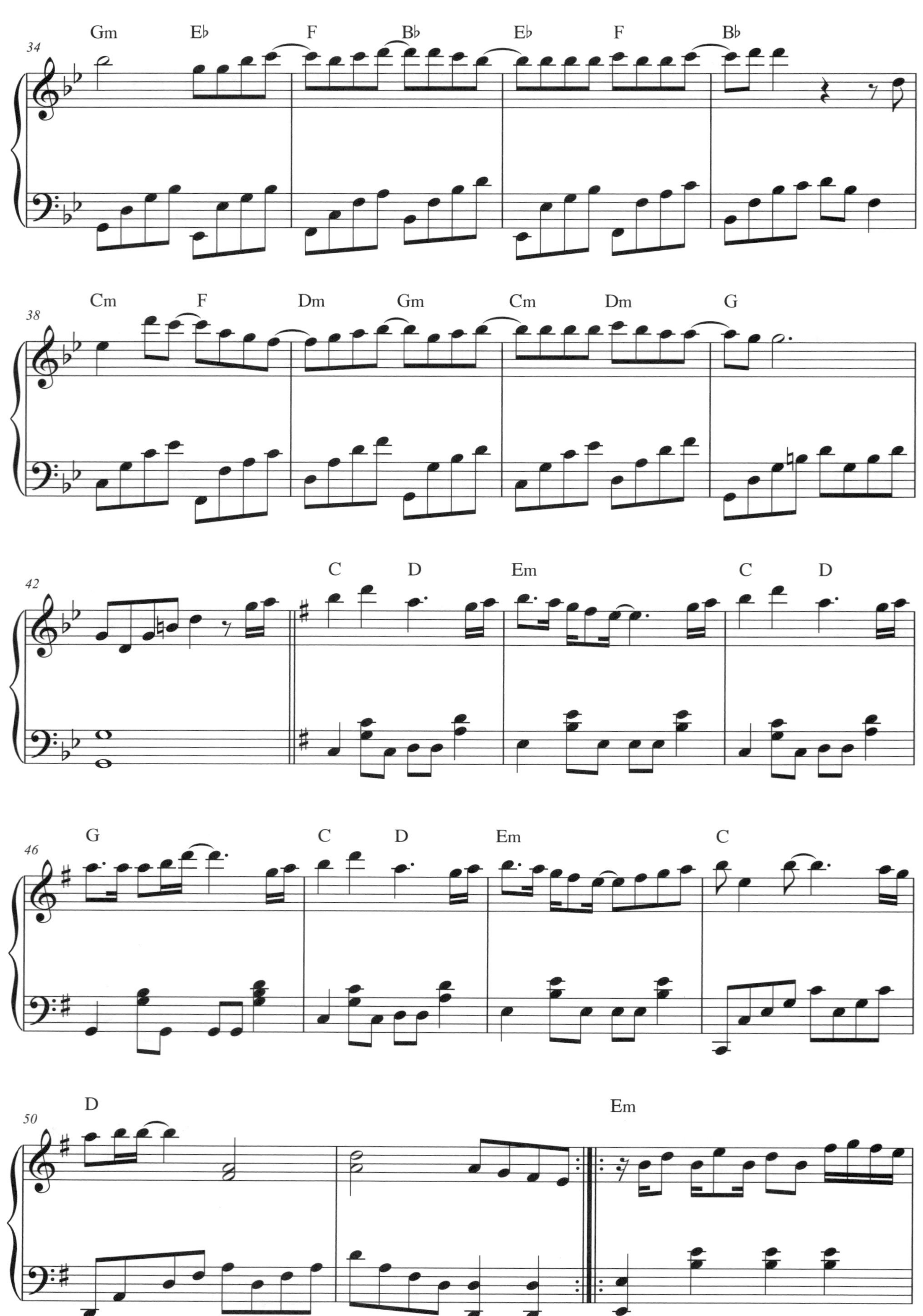
34
Gm E♭ F B♭ E♭ F B♭
38
Cm F Dm Gm Cm Dm G
42
C D Em C D
46
G C D Em C
50
D Em

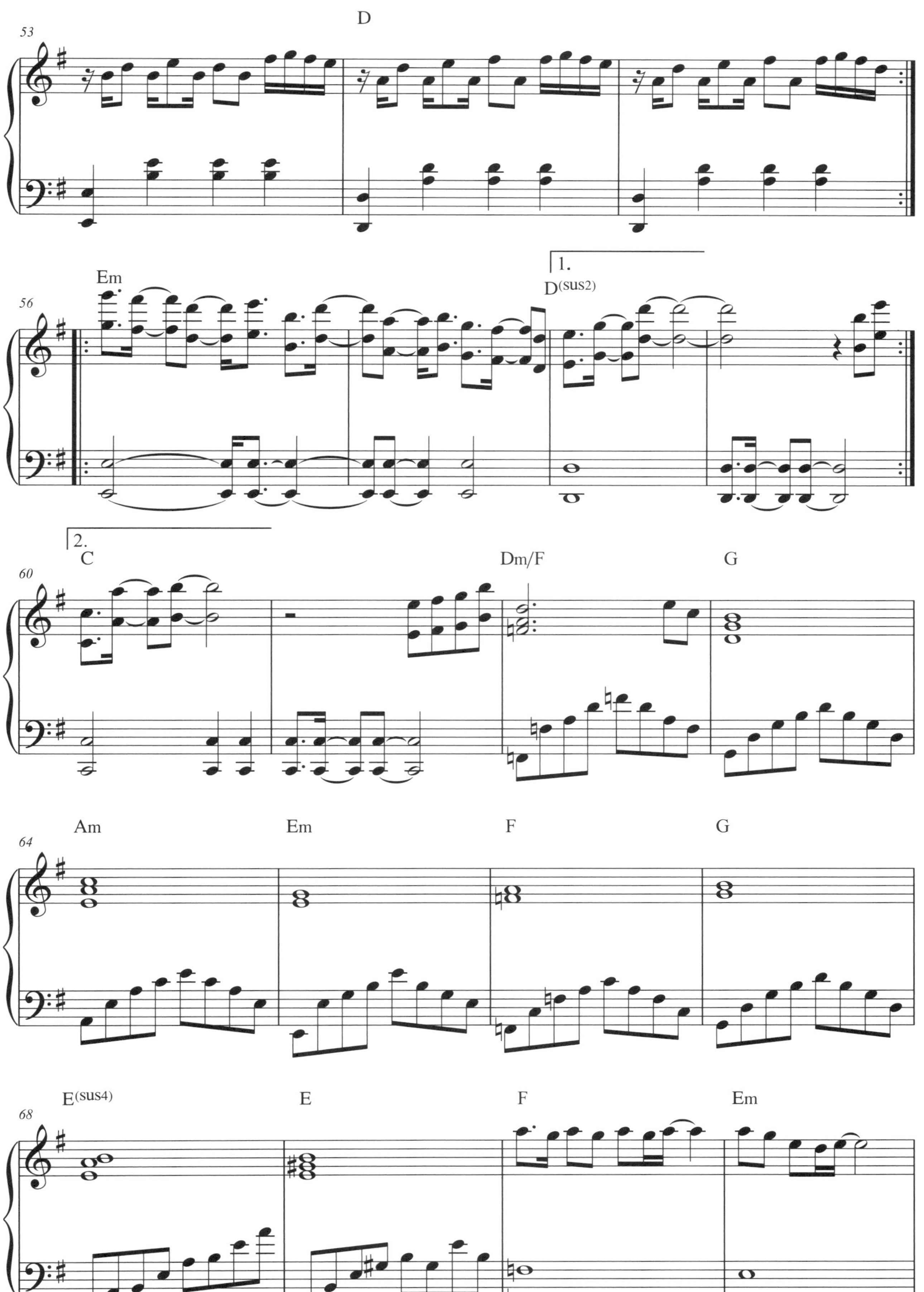
53
D
56
Em
1.
D(sus2)
2.
60
C
Dm/F
G
64
Am
Em
F
G
68
E(sus4)
E
F
Em

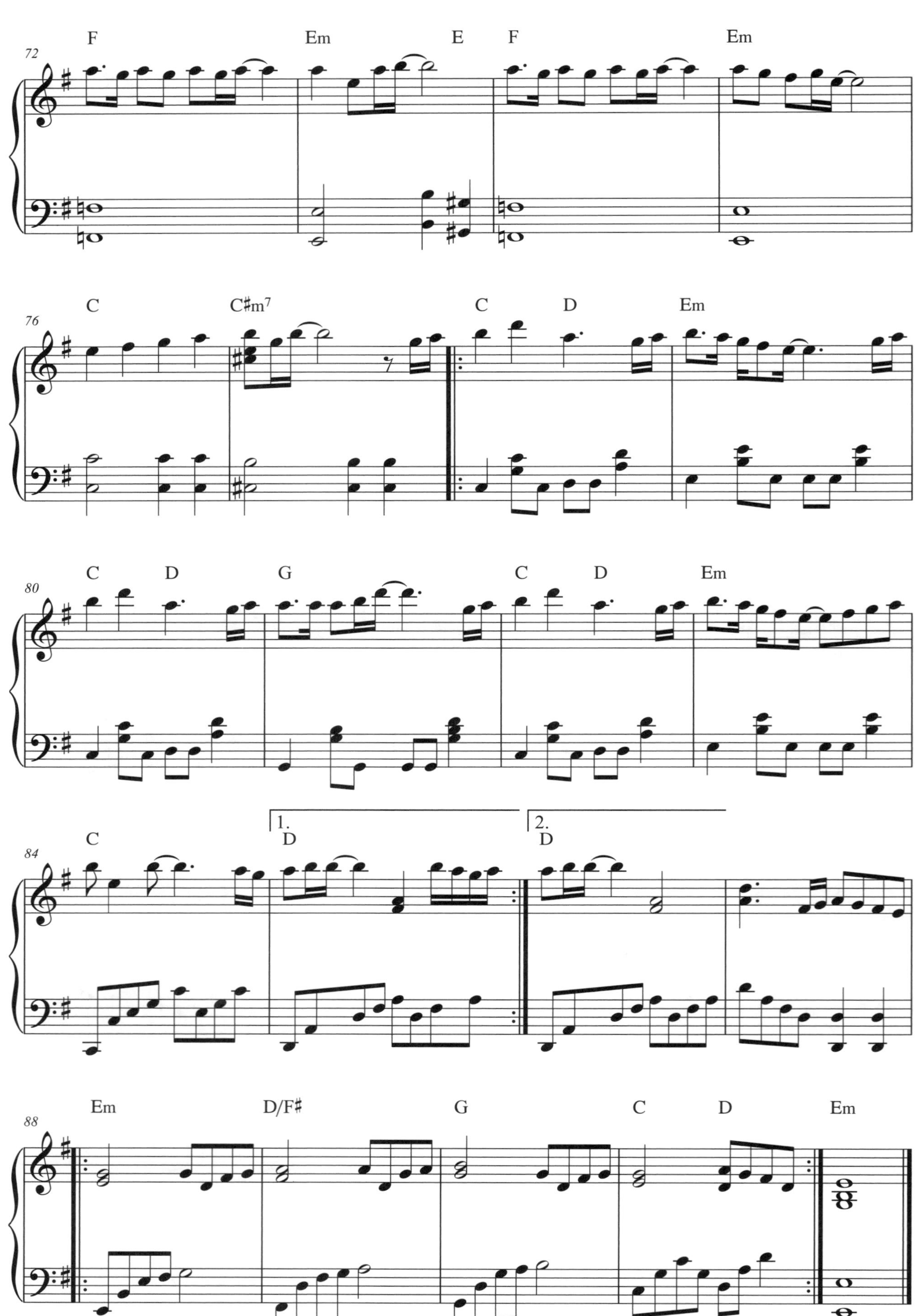
72
F
Em
E
F
Em
76
C
C♯m7
C
D
Em
80
C
D
G
C
D
Em
84
C
1.
D
2.
D
88
Em
D/F♯
G
C
D
Em

《火影忍者疾風傳》片頭曲

詞：水野良樹 曲：江口亮 演唱：生物股長

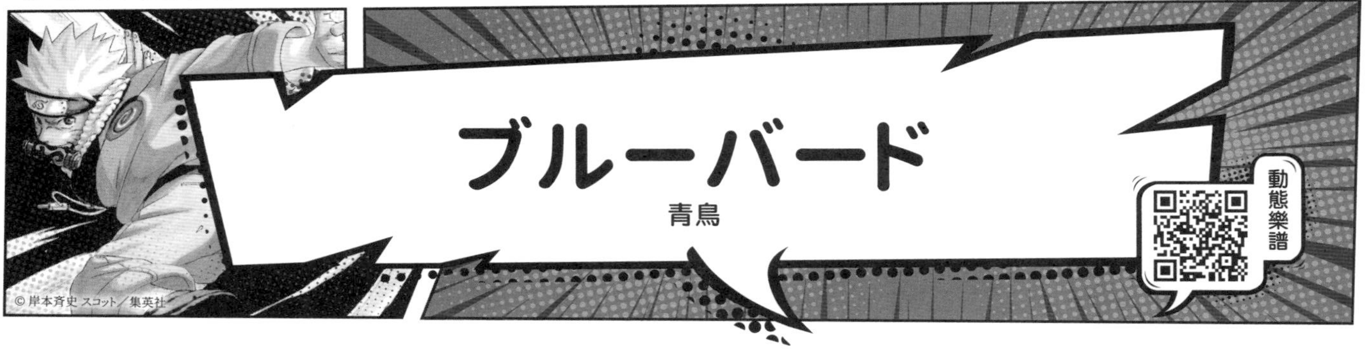

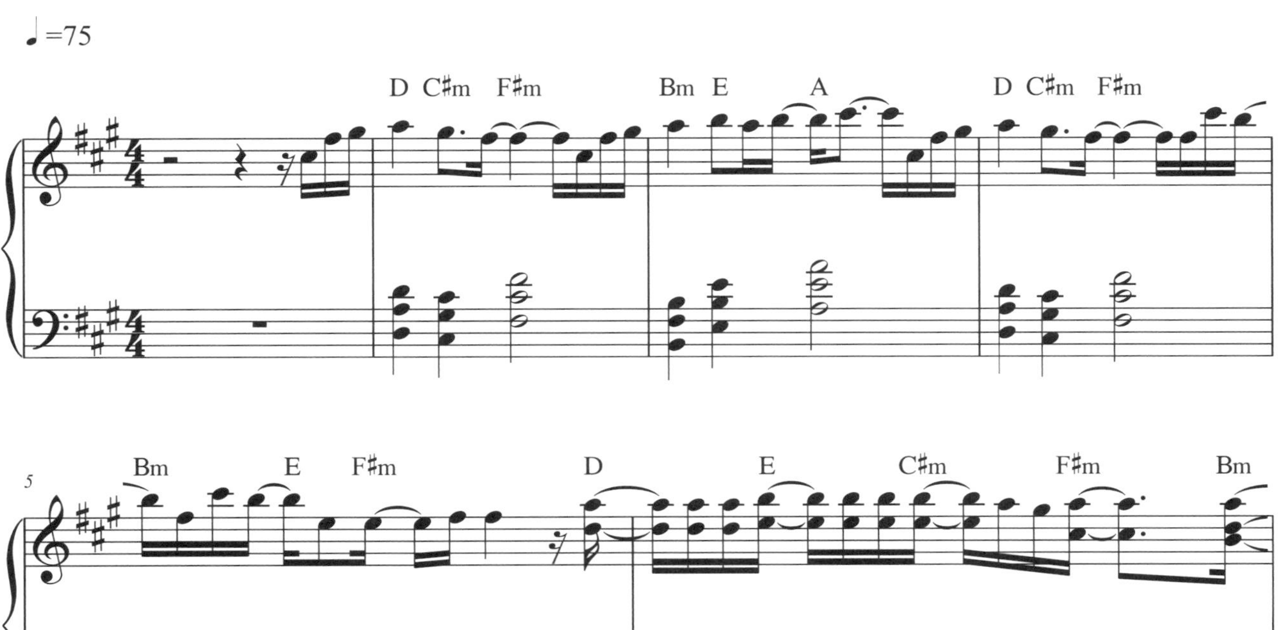

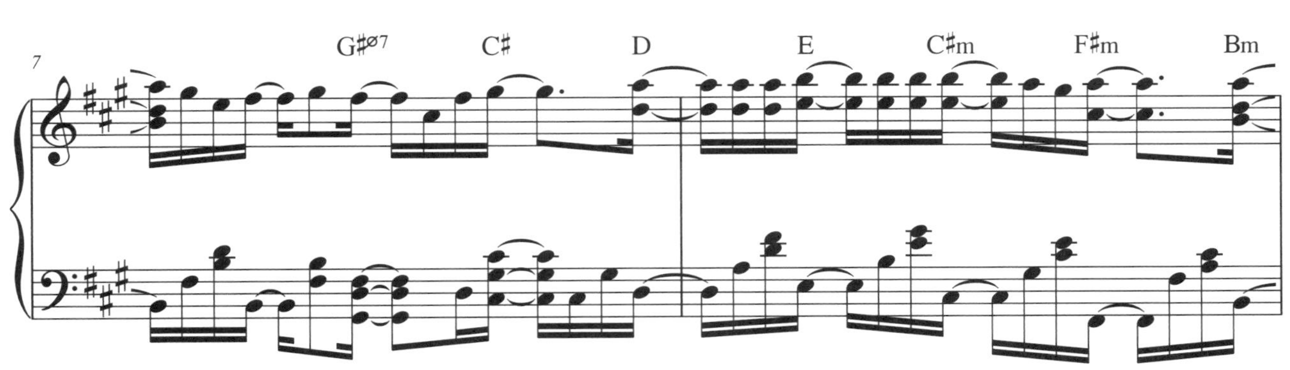

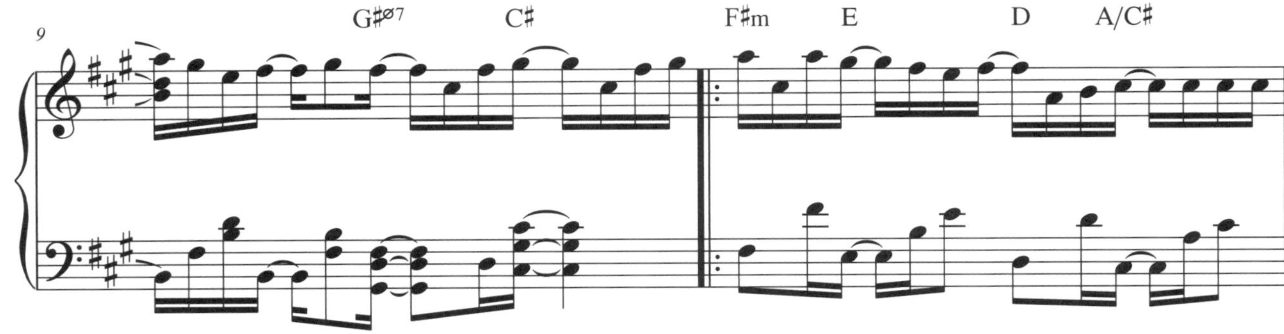

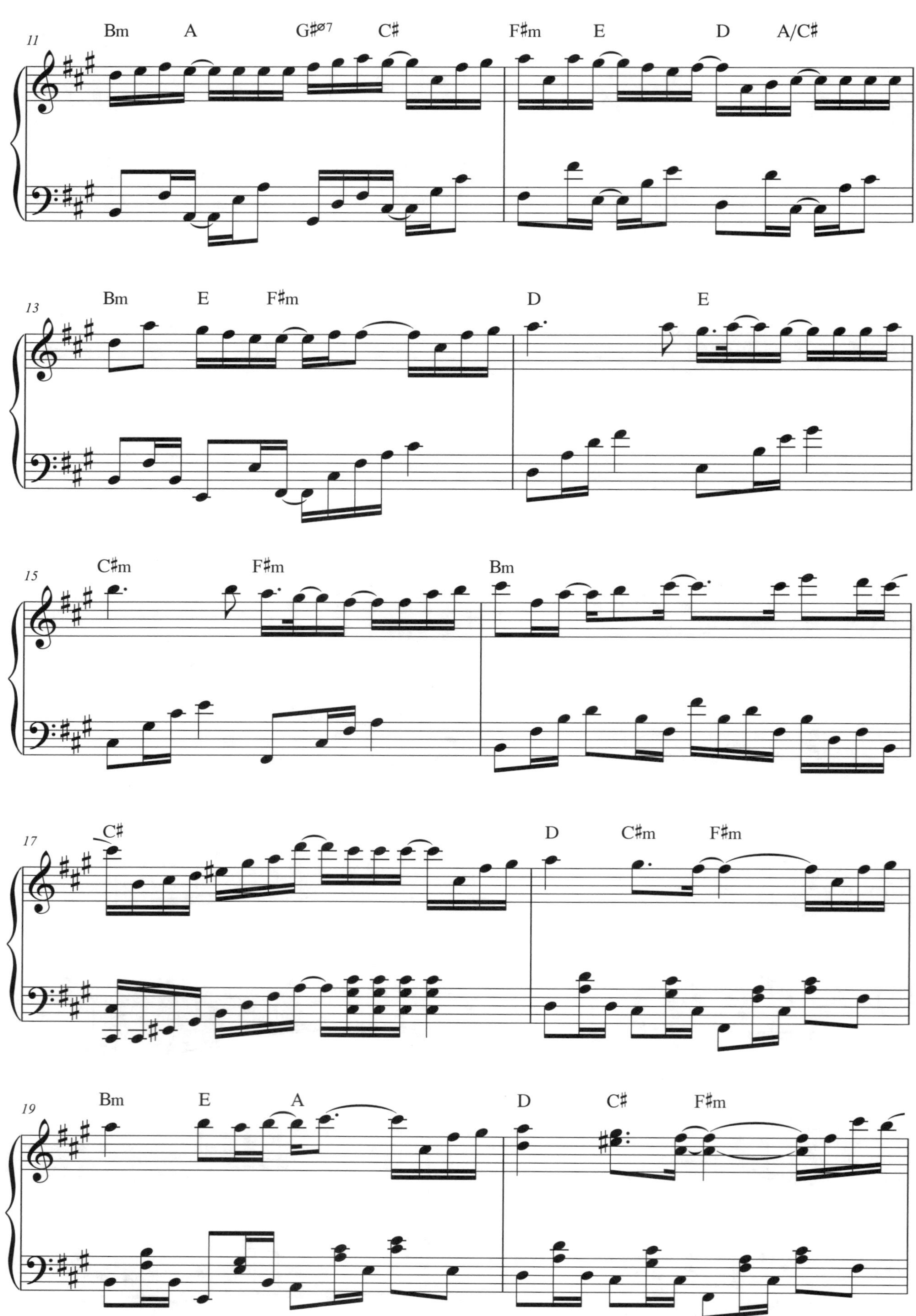
11
Bm
A
G♯ø7
C♯
F♯m
E
D
A/C♯
13
Bm
E
F♯m
D
E
15
C♯m
F♯m
Bm
17
C♯
D
C♯m
F♯m
19
Bm
E
A
D
C♯
F♯m

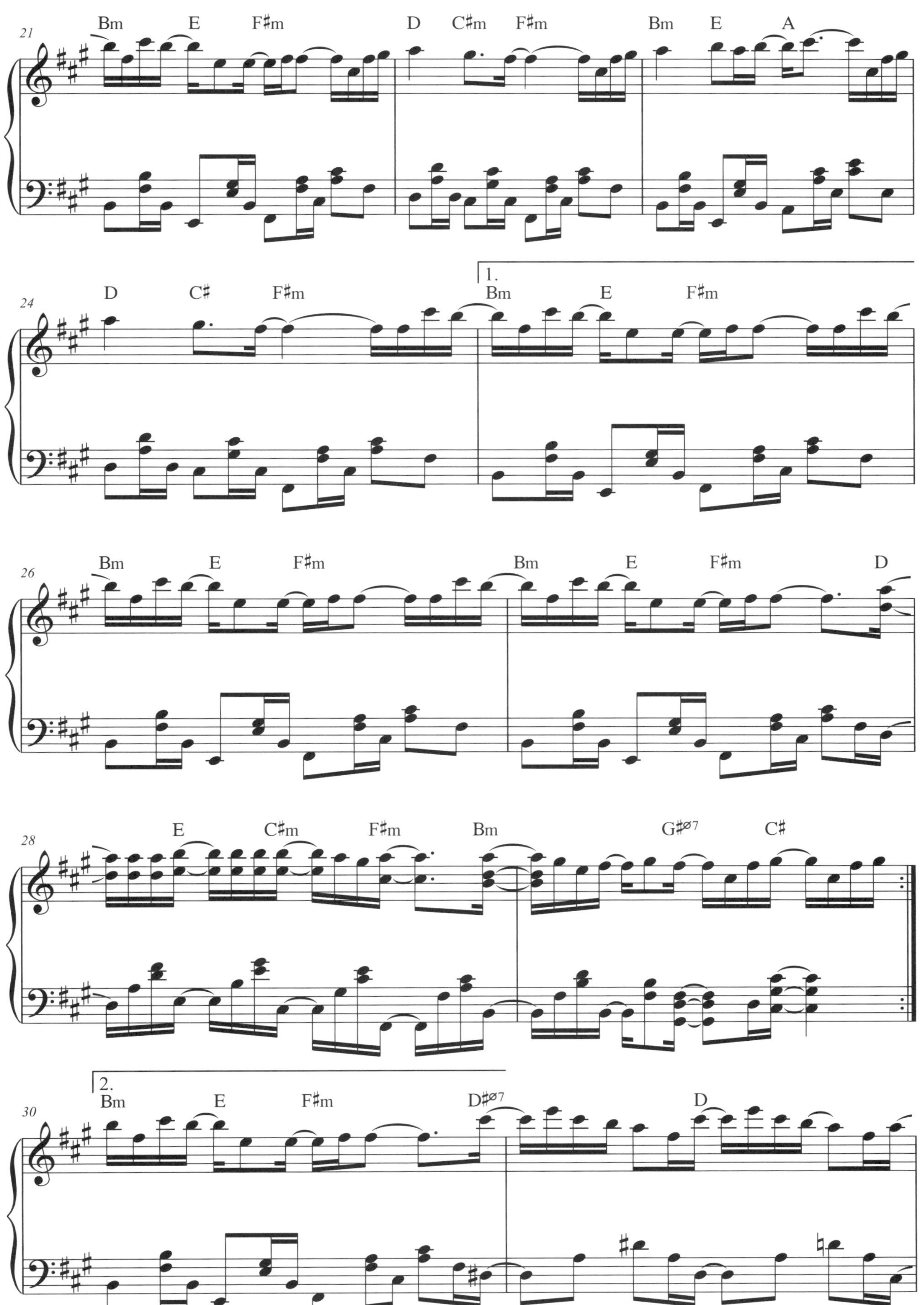
21
Bm
E
F♯m
D
C♯m
F♯m
Bm
E
A
24
D
C♯
F♯m
1.
Bm
E
F♯m
26
Bm
E
F♯m
Bm
E
F♯m
D
28
E
C♯m
F♯m
Bm
G♯ø7
C♯
2.
30
Bm
E
F♯m
D♯ø7
D

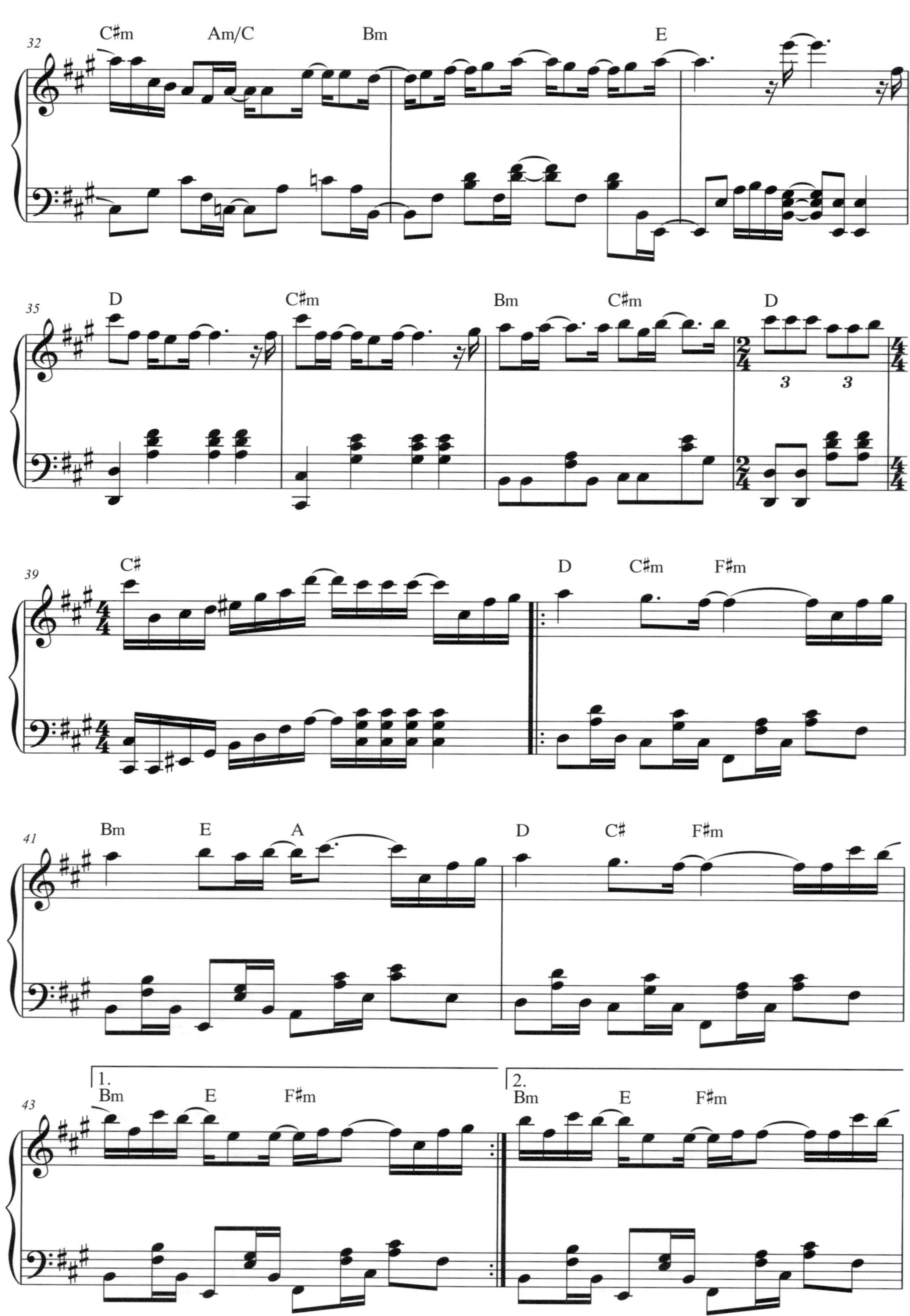
32
C♯m
Am/C
Bm
E
35
D
C♯m
Bm
C♯m
D
39
C♯
D
C♯m
F♯m
41
Bm
E
A
D
C♯
F♯m
43
1.
Bm
E
F♯m
2.
Bm
E
F♯m

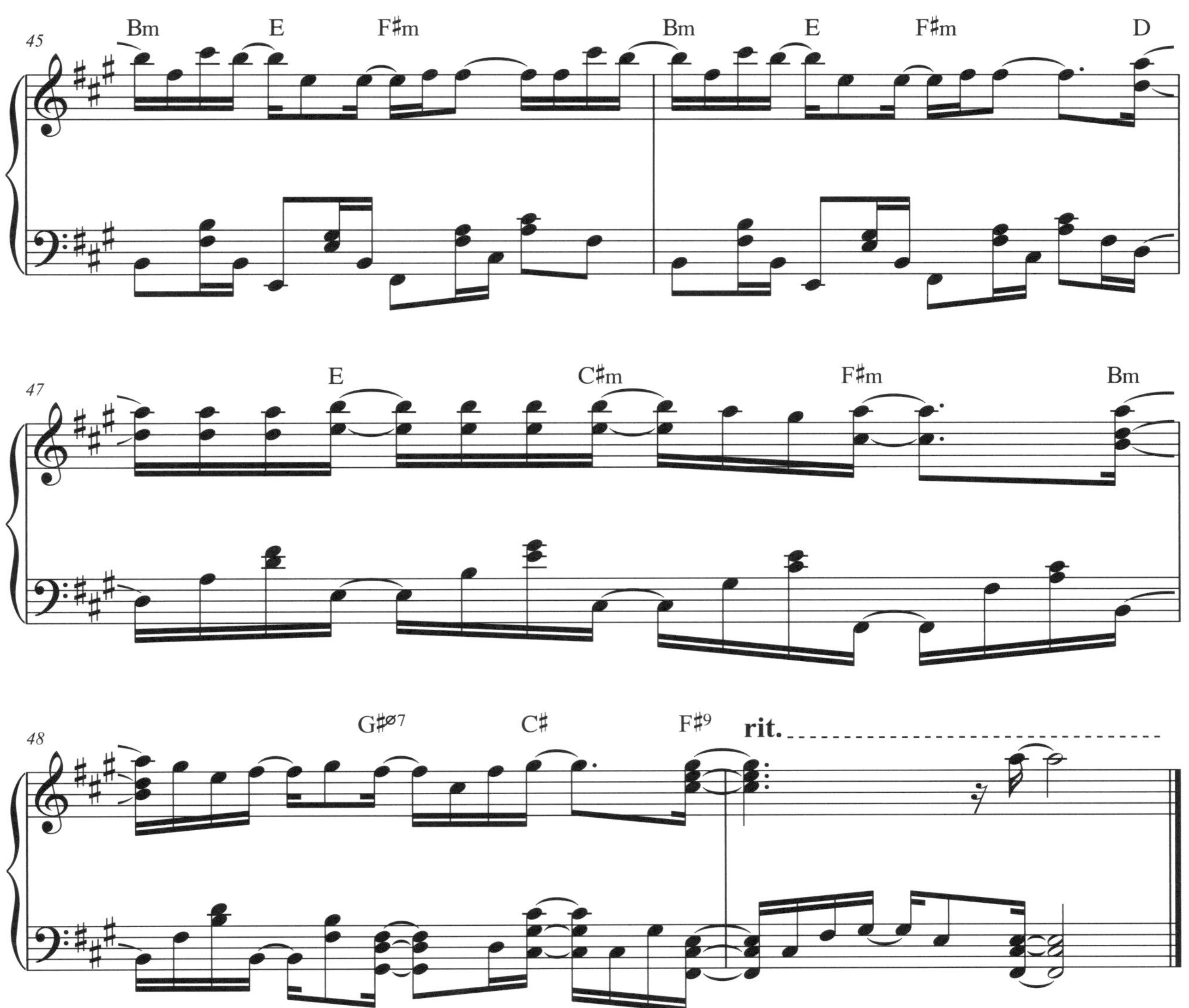
45
Bm
E
F♯m
Bm
E
F♯m
D
47
E
C♯m
F♯m
Bm
48
G♯ø7
C♯
F♯9
rit.

《鋼之鍊金術師 FULLMETAL ALCHEMIST》片頭曲

詞：YUI 曲：YUI 演唱：YUI

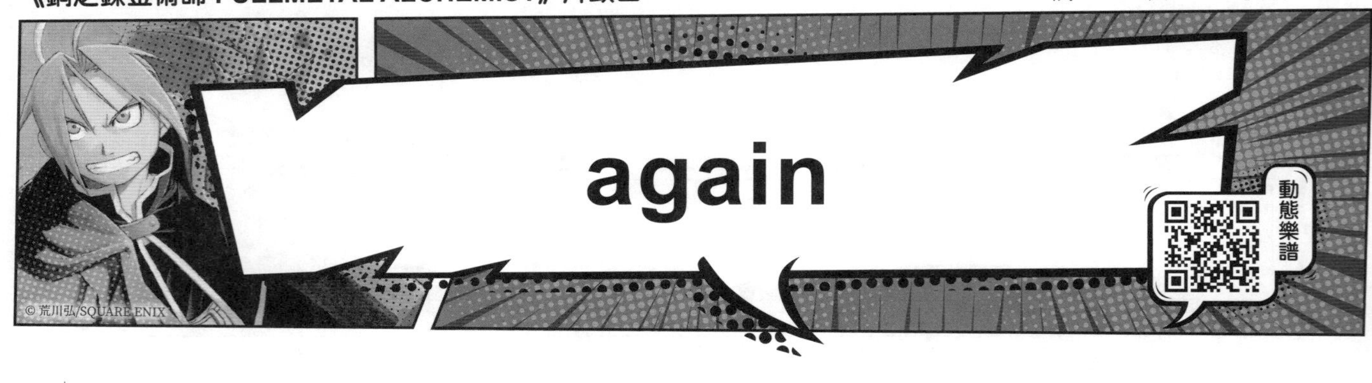

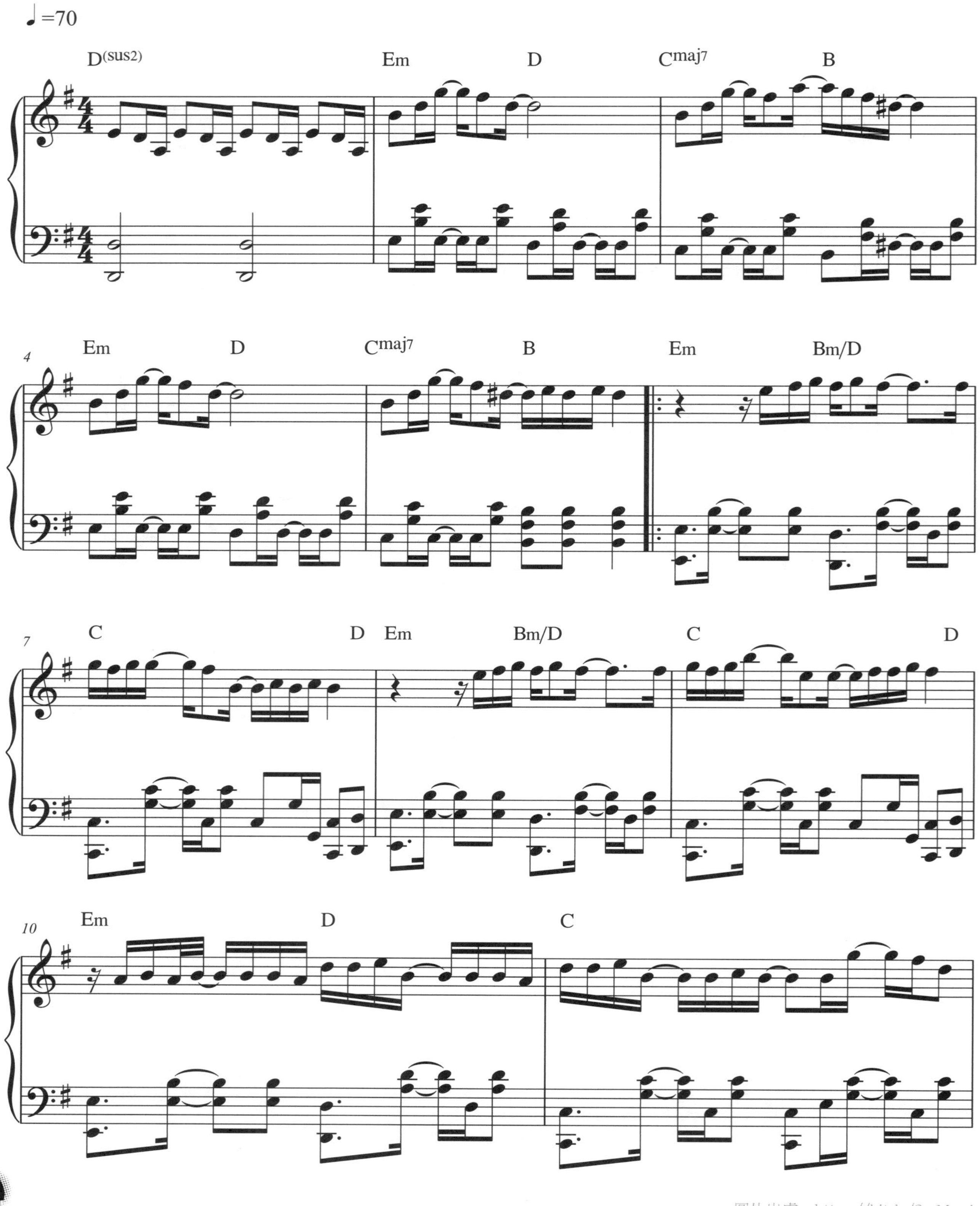

♩=70

D(sus2) Em D Cmaj7 B

4 Em D Cmaj7 B Em Bm/D

7 C D Em Bm/D C D

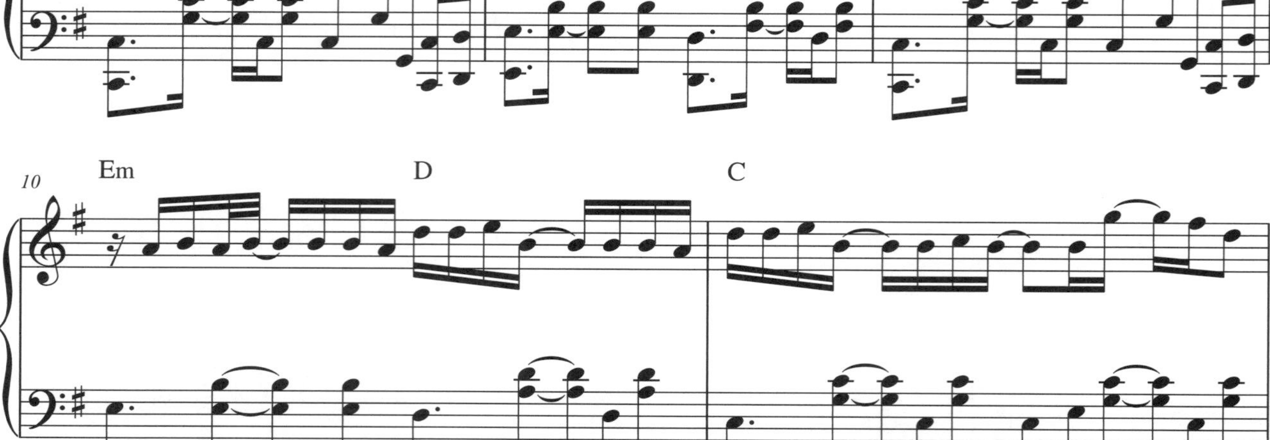

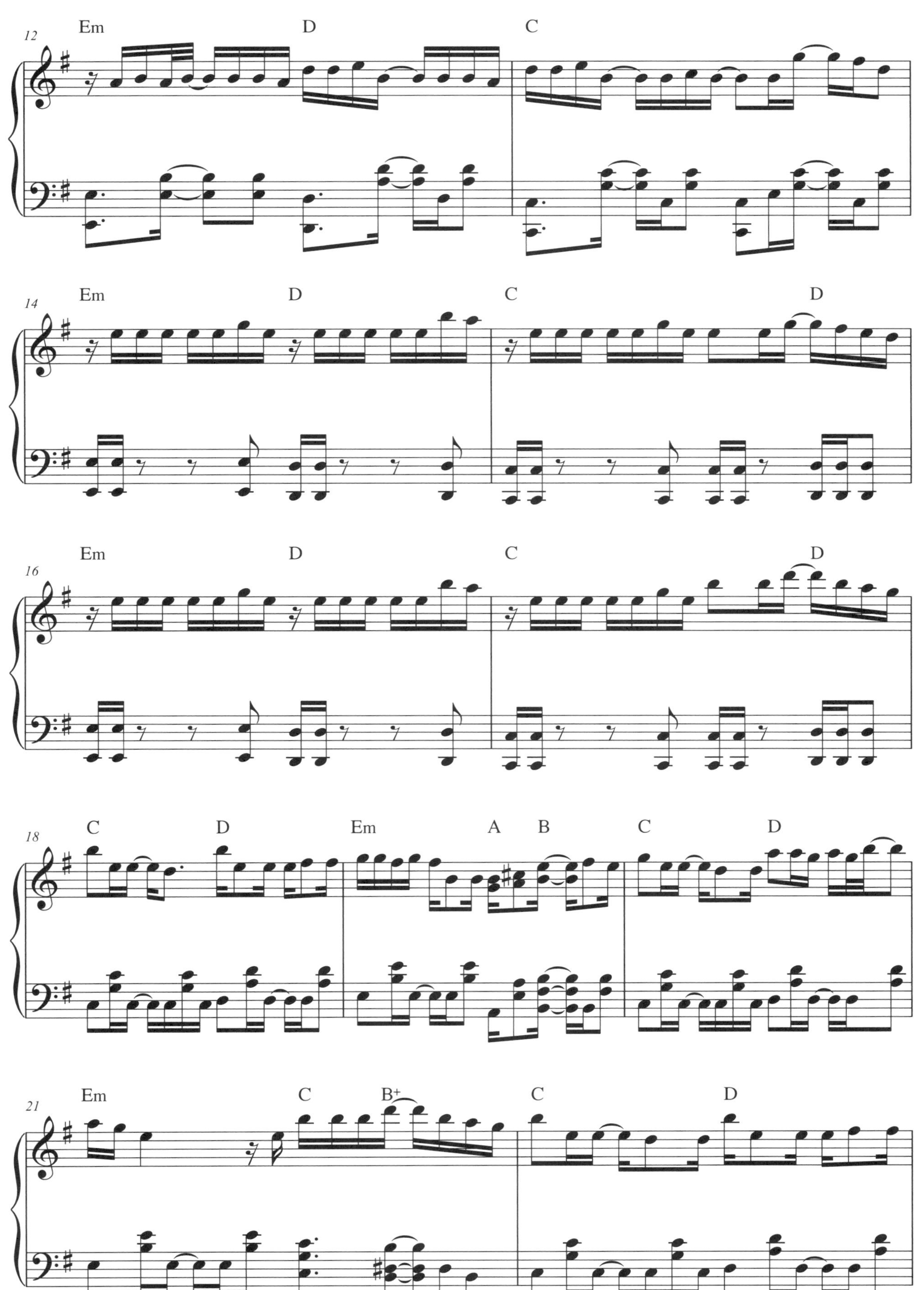
12
Em
D
C
14
Em
D
C
D
16
Em
D
C
D
18
C
D
Em
A
B
C
D
21
Em
C
B+
C
D

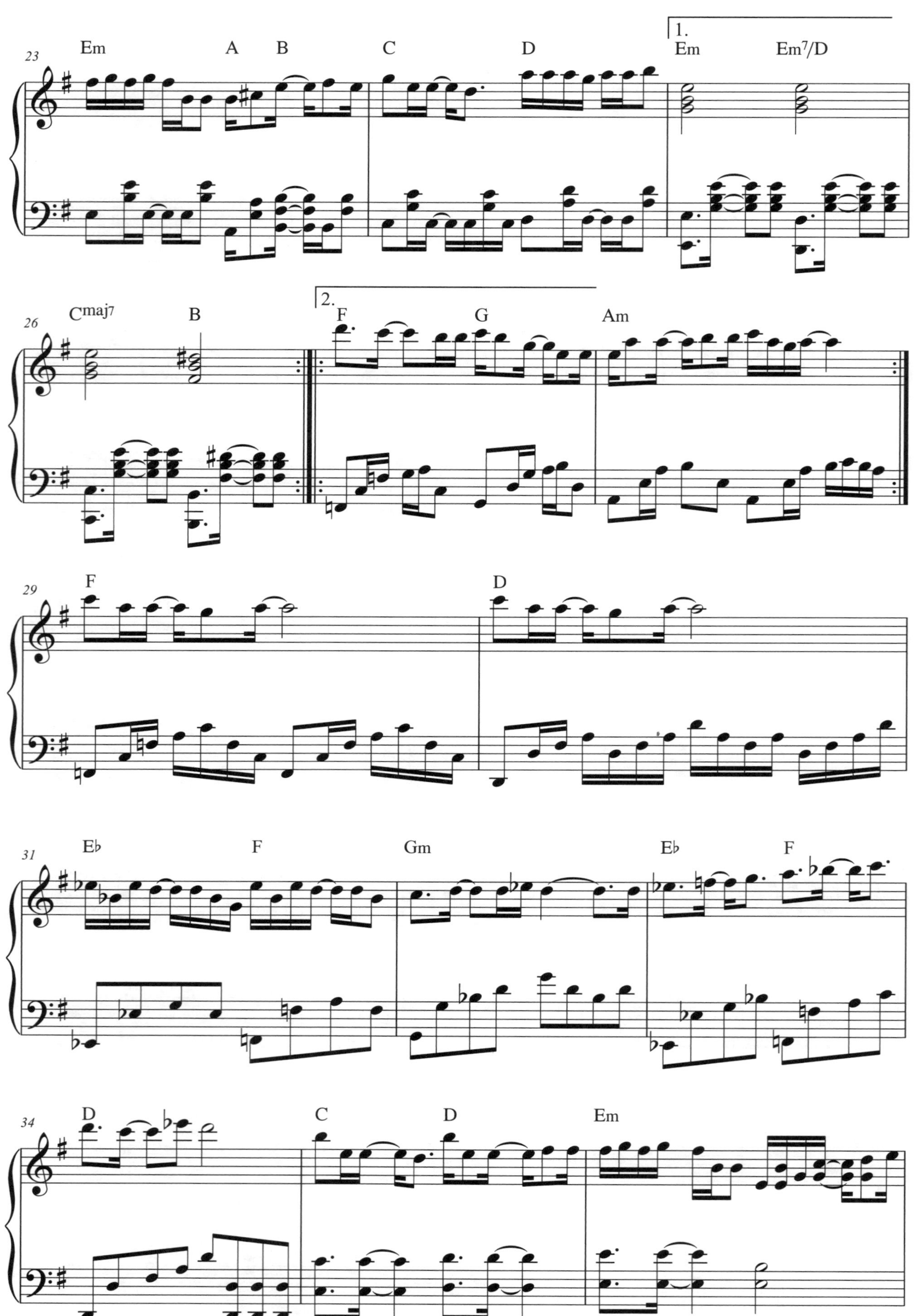
23
Em
A
B
C
D
1.
Em
Em7/D
26
Cmaj7
B
2.
F
G
Am
29
F
D
31
Eb
F
Gm
Eb
F
34
D
C
D
Em

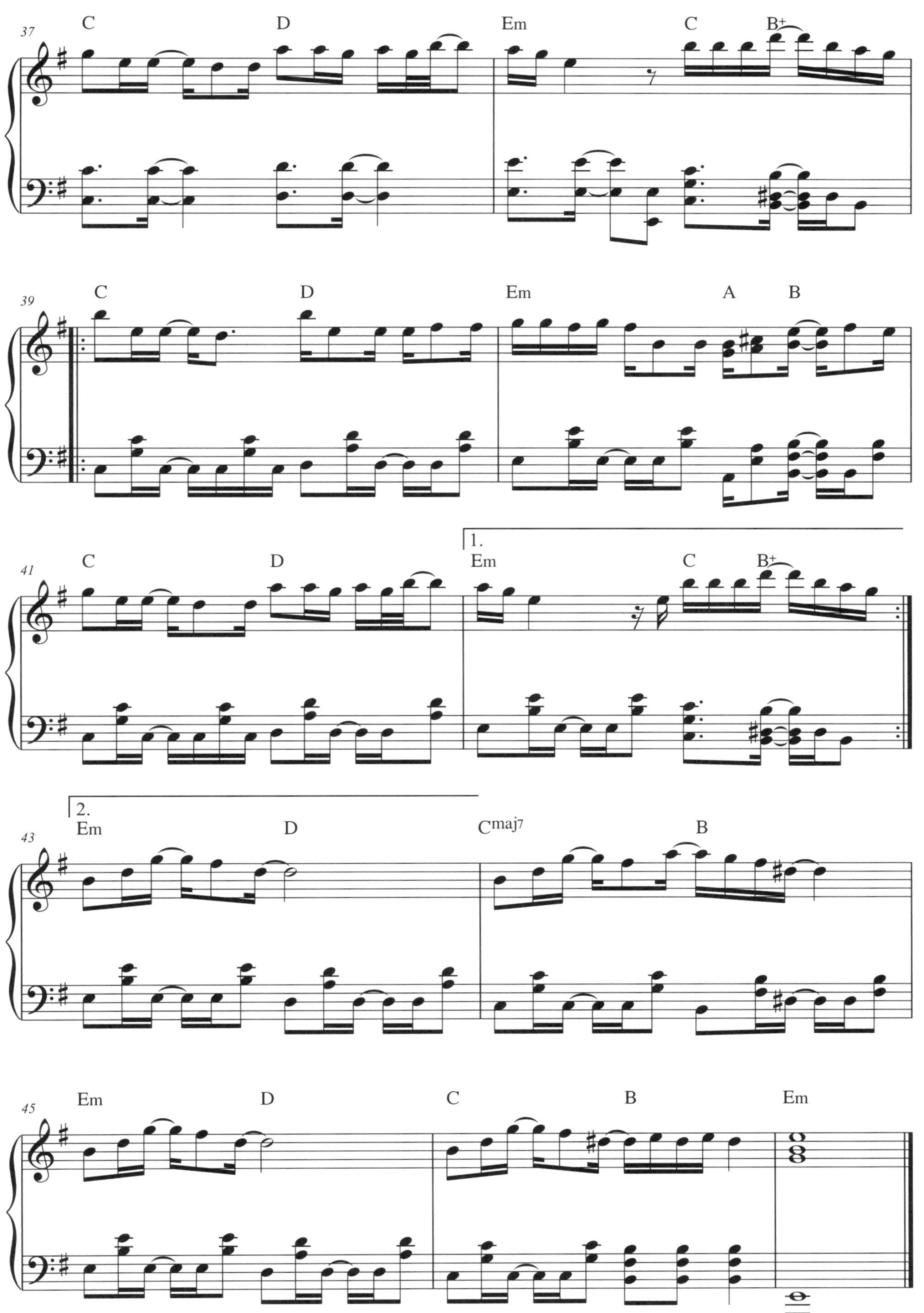
37
C
D
Em
C
B+
39
C
D
Em
A
B
41
C
D
1.
Em
C
B+
2.
43
Em
D
Cmaj7
B
45
Em
D
C
B
Em

《刀劍神域》片頭曲

詞：渡邊翔 曲：渡邊翔 演唱：LiSA

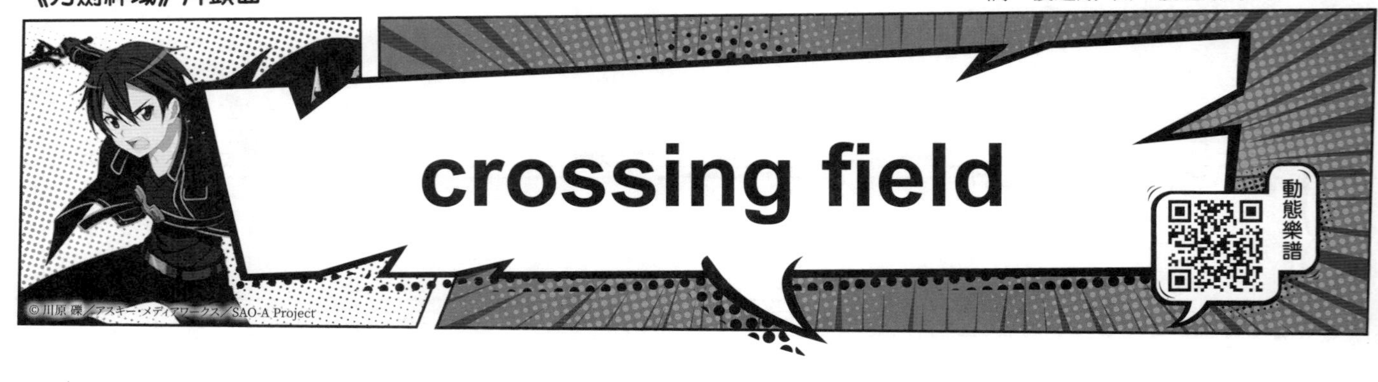

♩=90

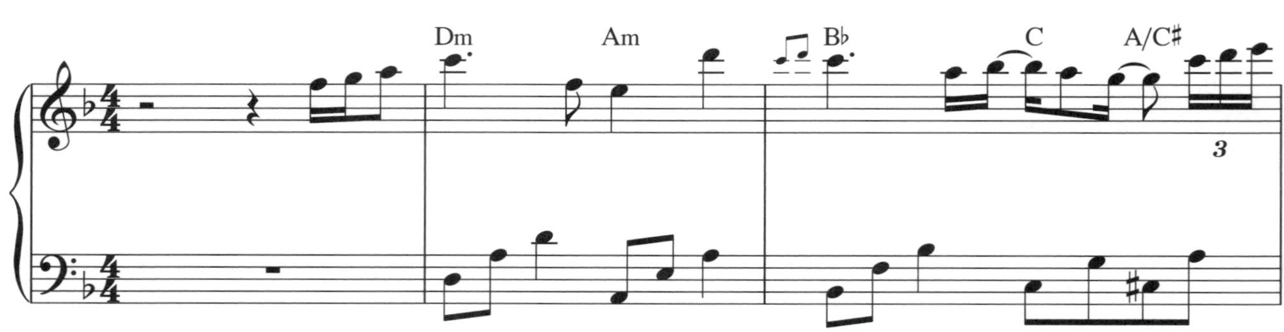

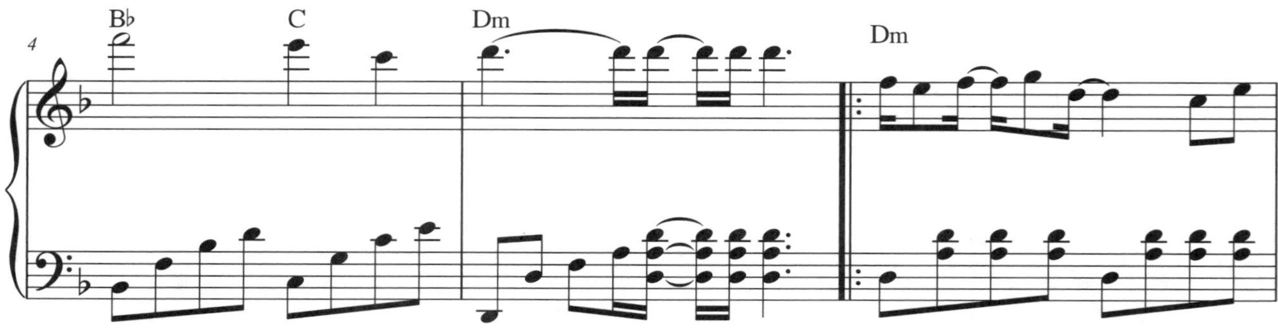

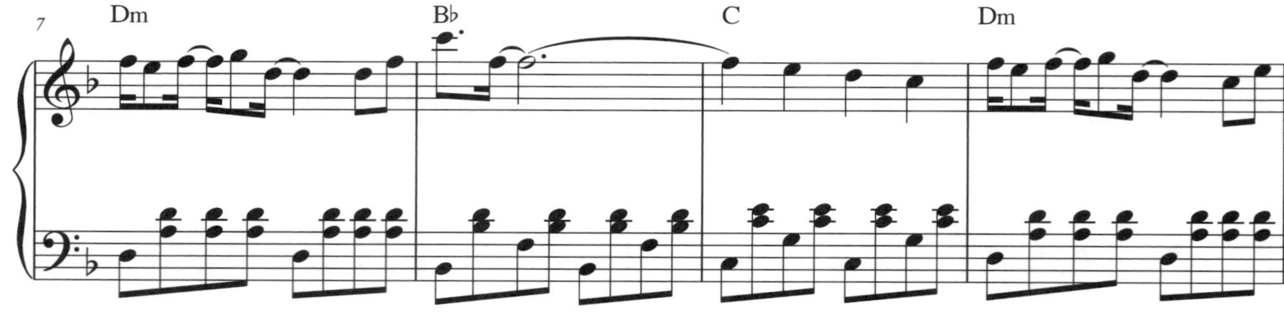

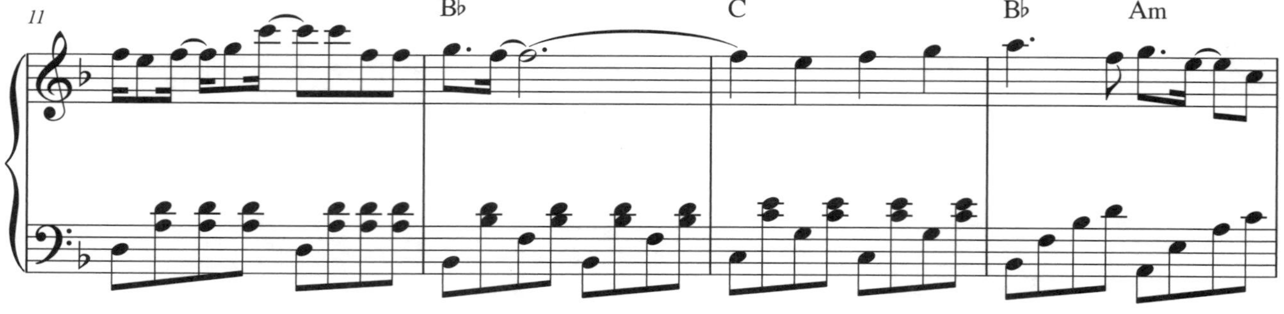

圖片出處：w.atwiki.jp/talesofdic/pages/12116.html

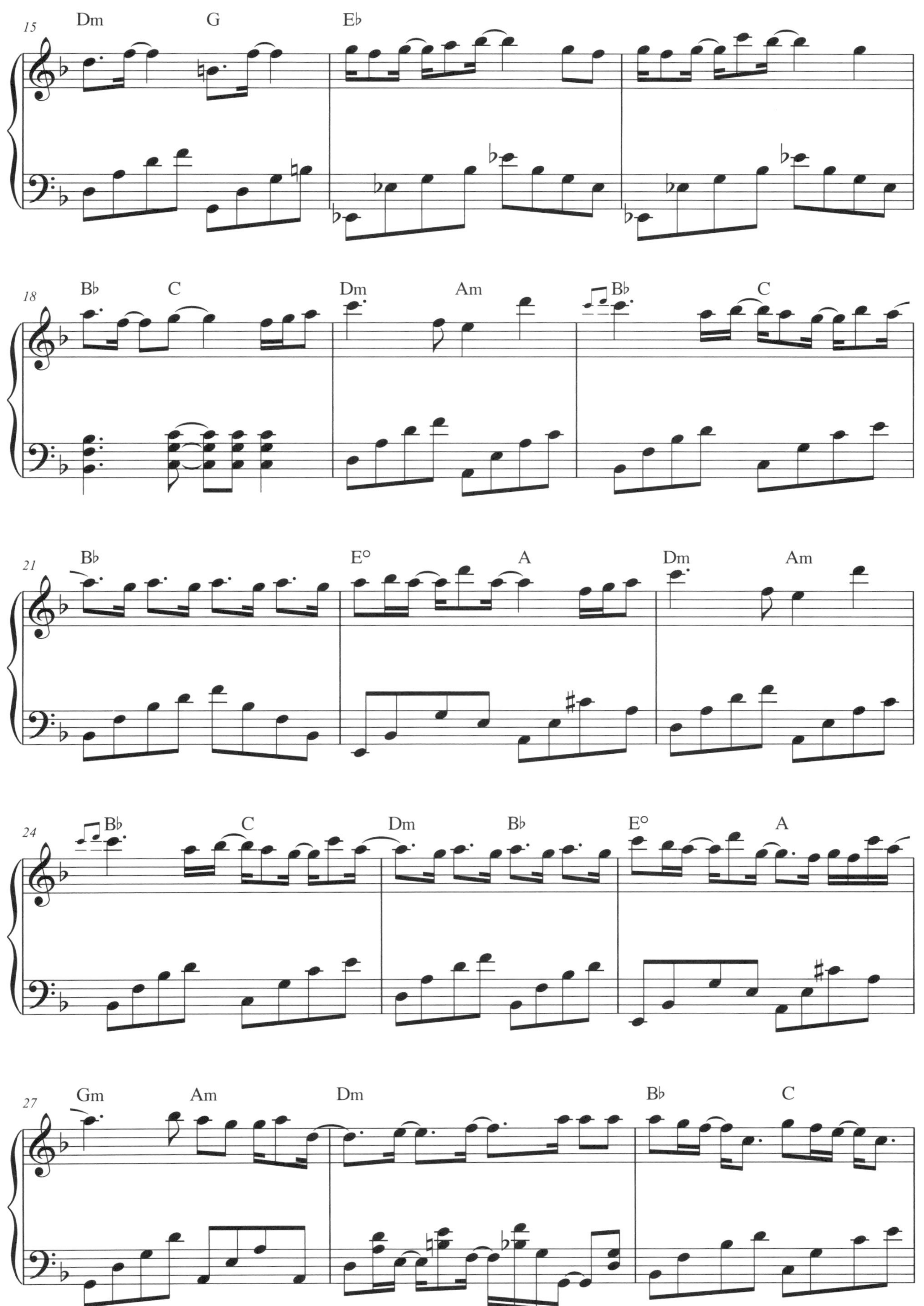
15
Dm
G
E♭
18
B♭
C
Dm
Am
B♭
C
21
B♭
E°
A
Dm
Am
24
B♭
C
Dm
B♭
E°
A
27
Gm
Am
Dm
B♭
C

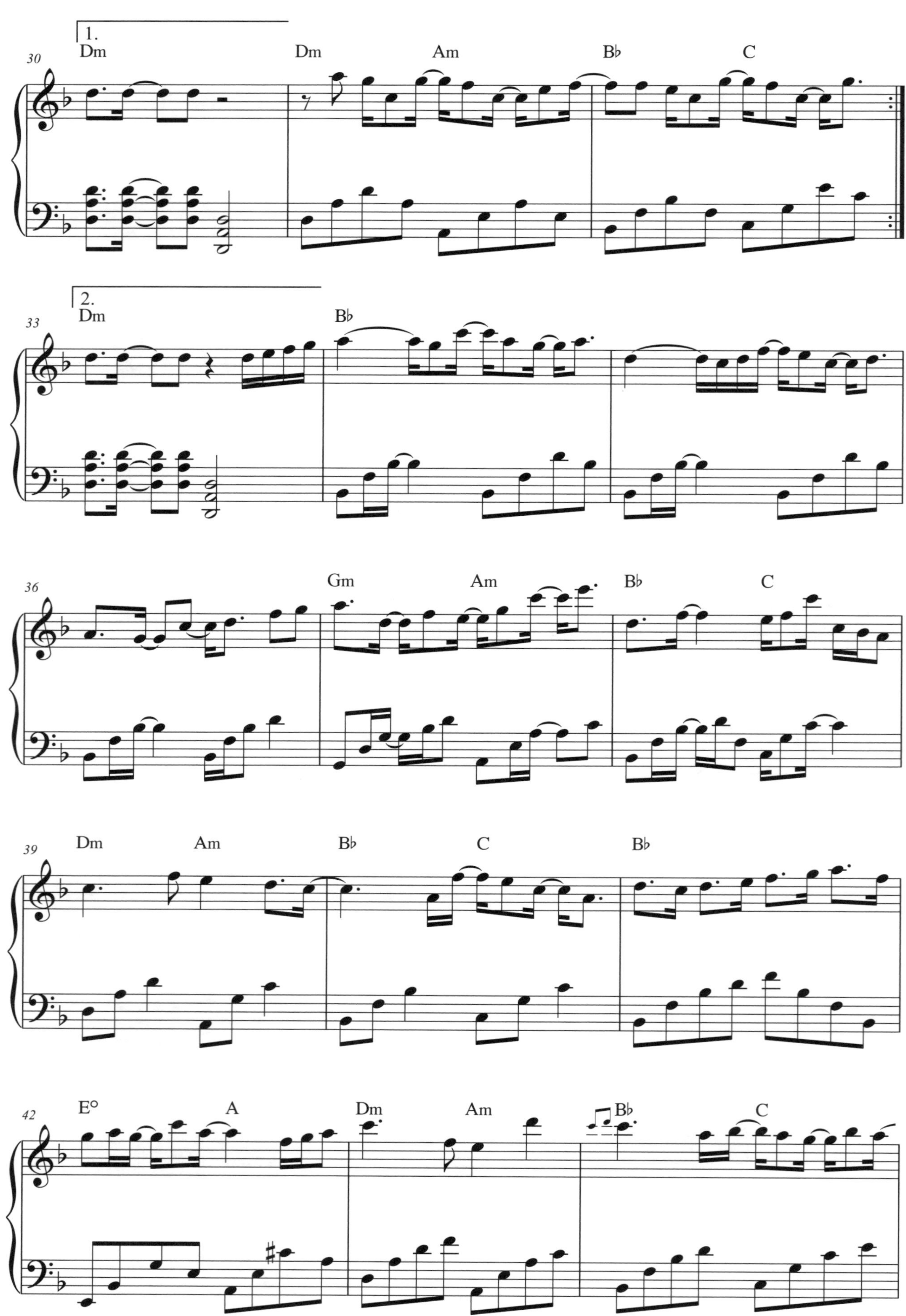
1.
30
Dm
Dm
Am
B♭
C
2.
33
Dm
B♭
36
Gm
Am
B♭
C
39
Dm
Am
B♭
C
B♭
42
E°
A
Dm
Am
B♭
C

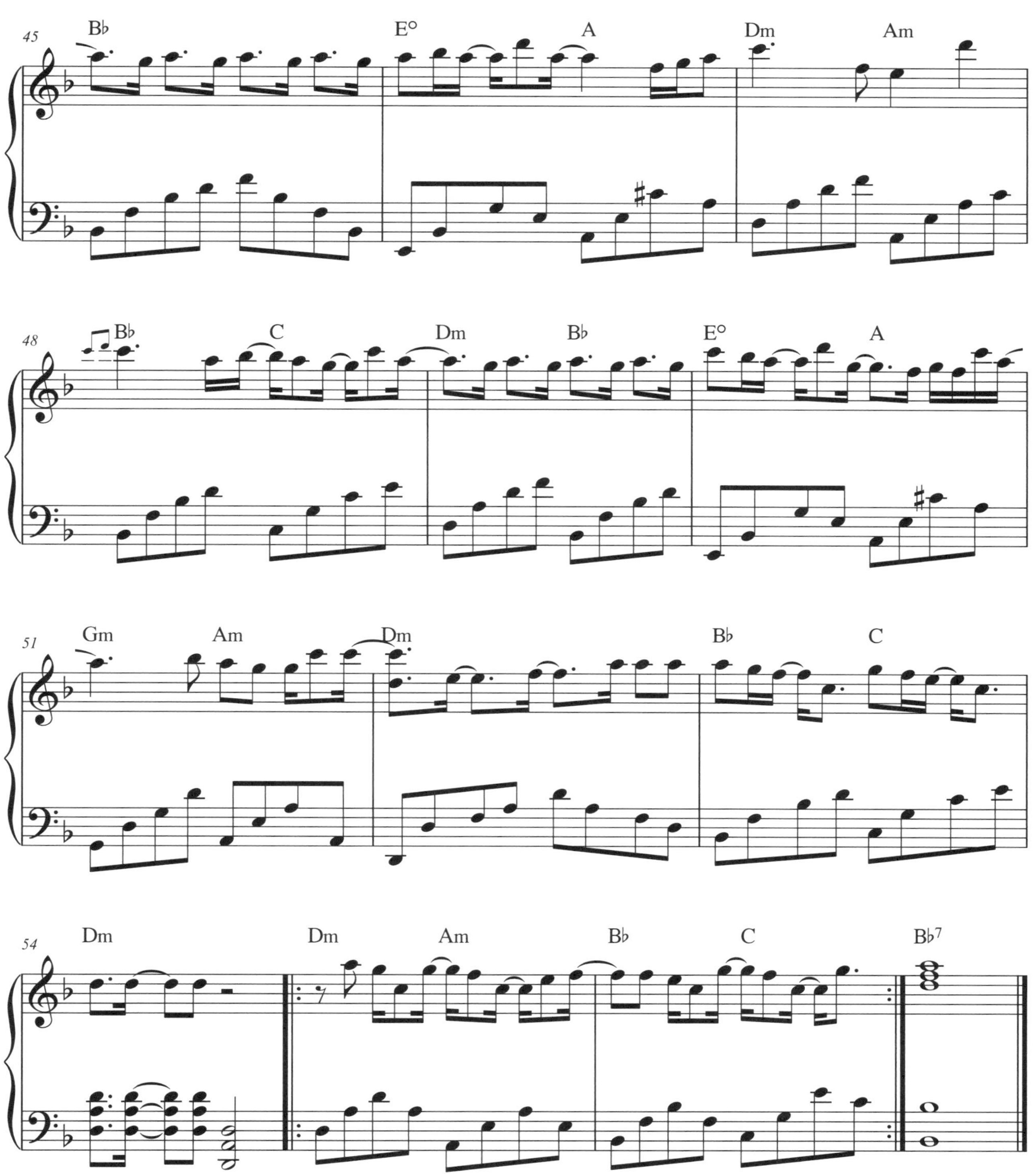
45
B♭
E°
A
Dm
Am
48
B♭
C
Dm
B♭
E°
A
51
Gm
Am
Dm
B♭
C
54
Dm
Dm
Am
B♭
C
B♭7

《夏目友人帳 伍》片尾曲

詞：aimerrhythm 曲：玉井健二、釣俊輔 演唱：Aimer

茜さす

茜光

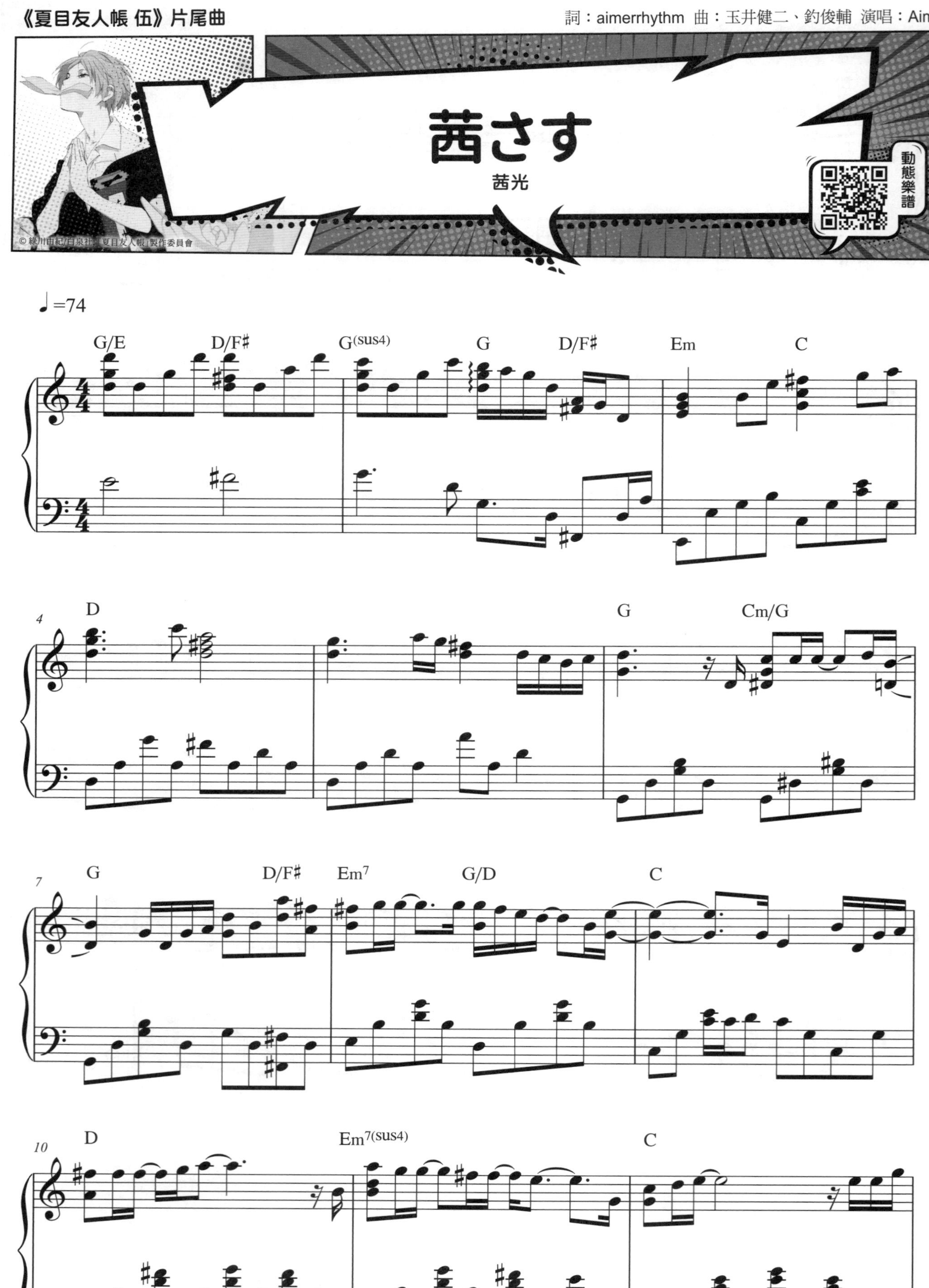

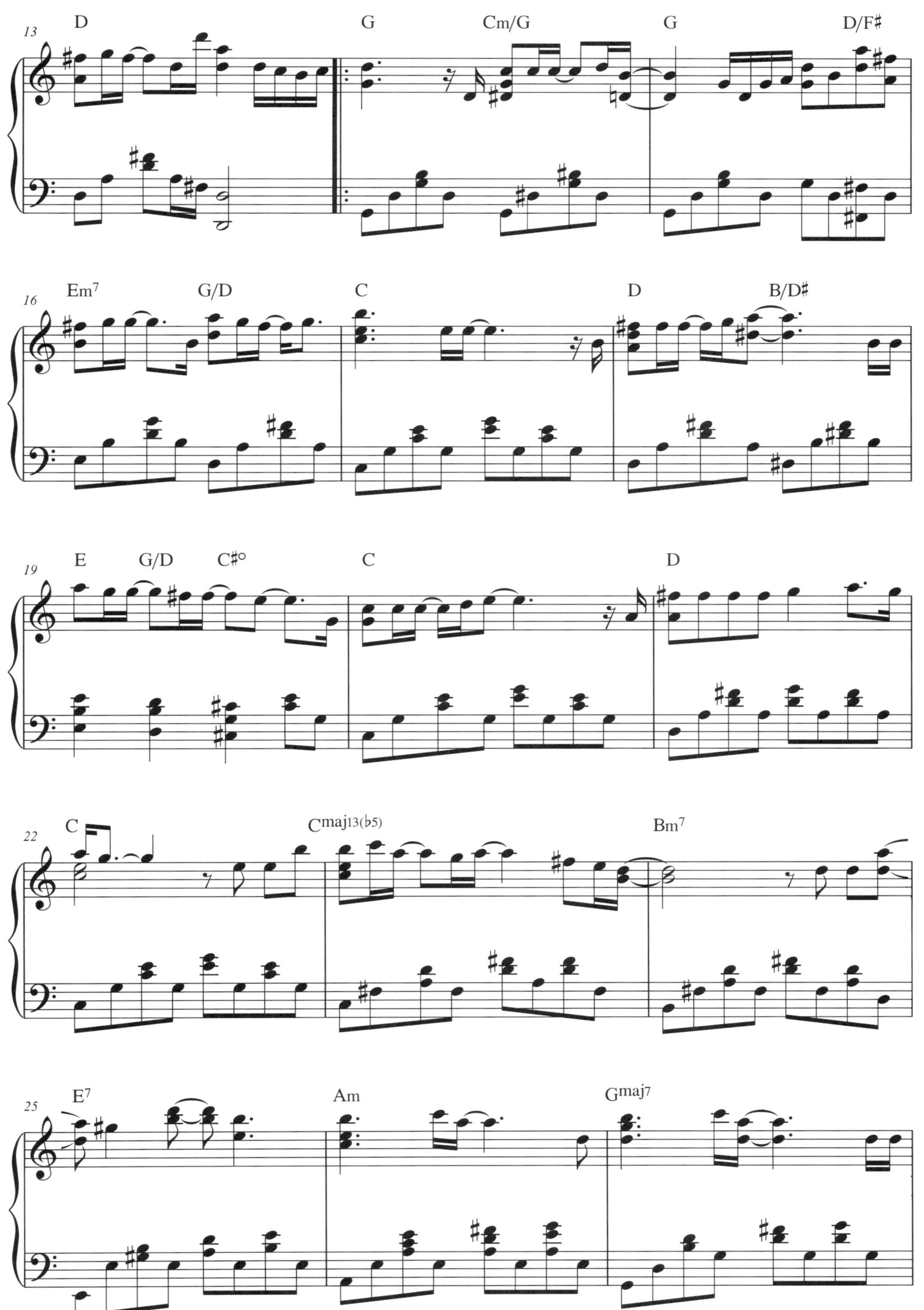
13
D
G
Cm/G
G
D/F♯
16
Em7
G/D
C
D
B/D♯
19
E
G/D
C♯°
C
D
22
C
Cmaj13(♭5)
Bm7
25
E7
Am
Gmaj7

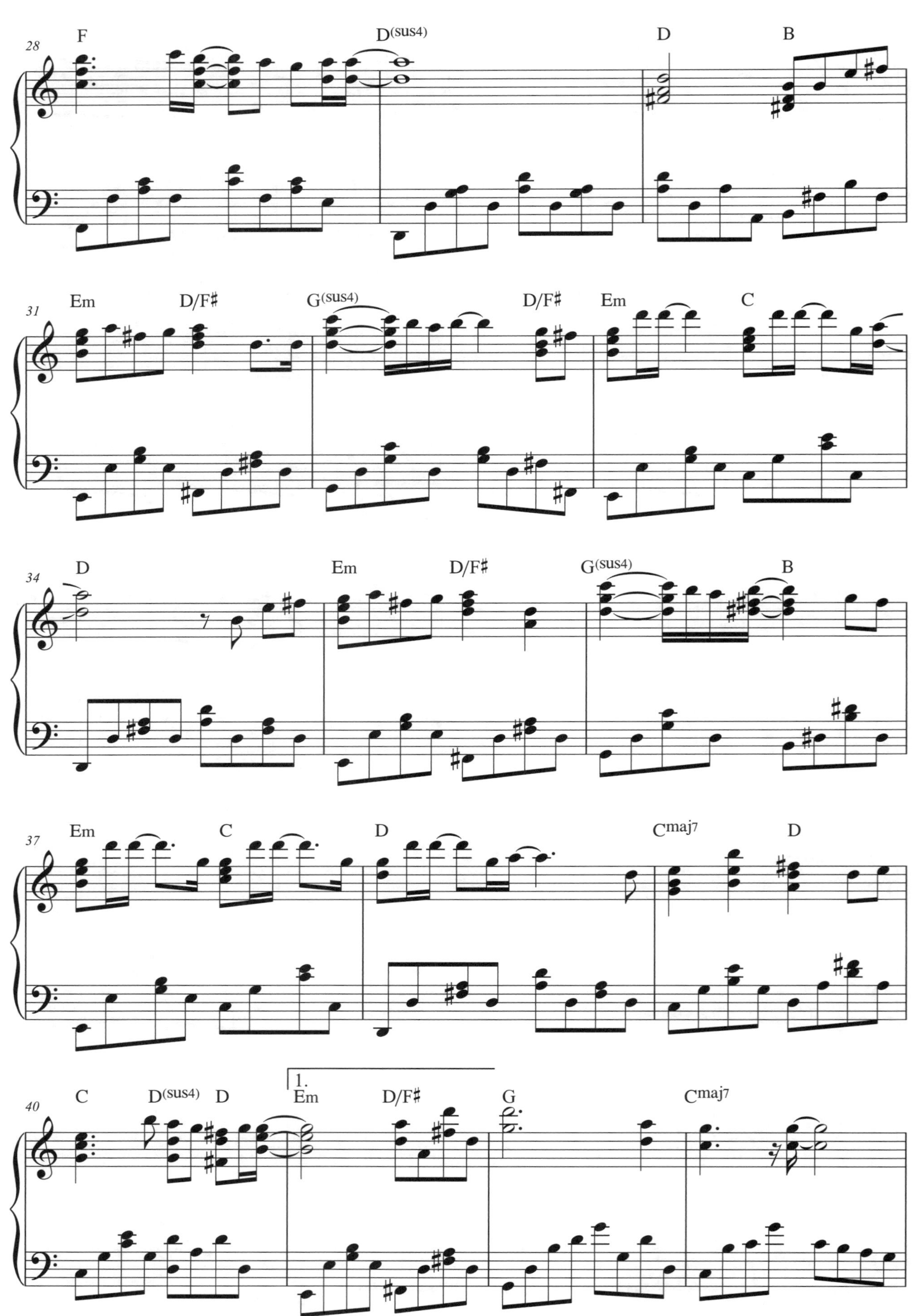
28
F
D(sus4)
D
B
31
Em
D/F♯
G(sus4)
D/F♯
Em
C
34
D
Em
D/F♯
G(sus4)
B
37
Em
C
D
Cmaj7
D
40
C
D(sus4)
D
1.
Em
D/F♯
G
Cmaj7

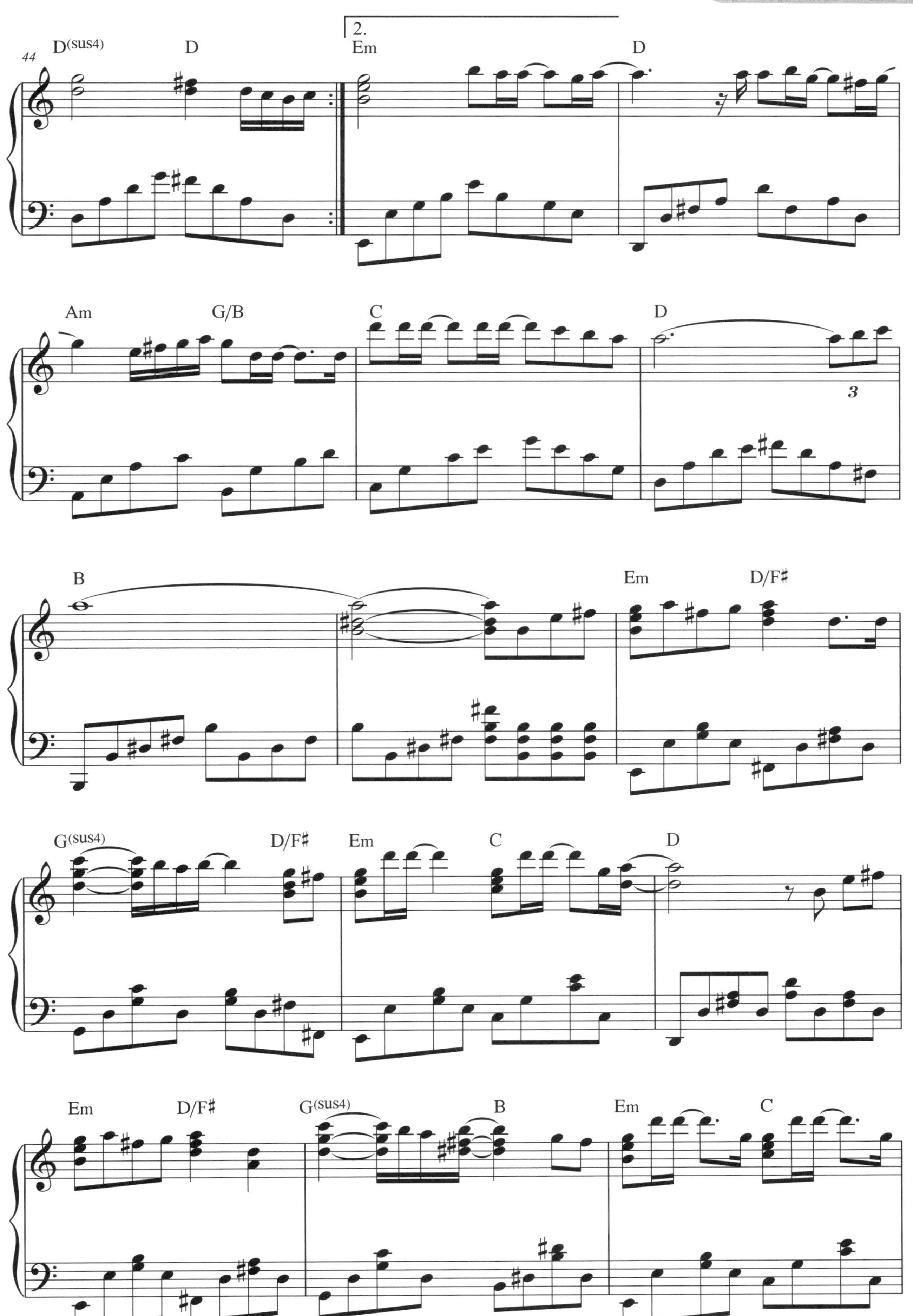
2.
44
D(sus4)
D
Em
D
Am
G/B
C
D
3
B
Em
D/F♯
G(sus4)
D/F♯
Em
C
D
Em
D/F♯
G(sus4)
B
Em
C

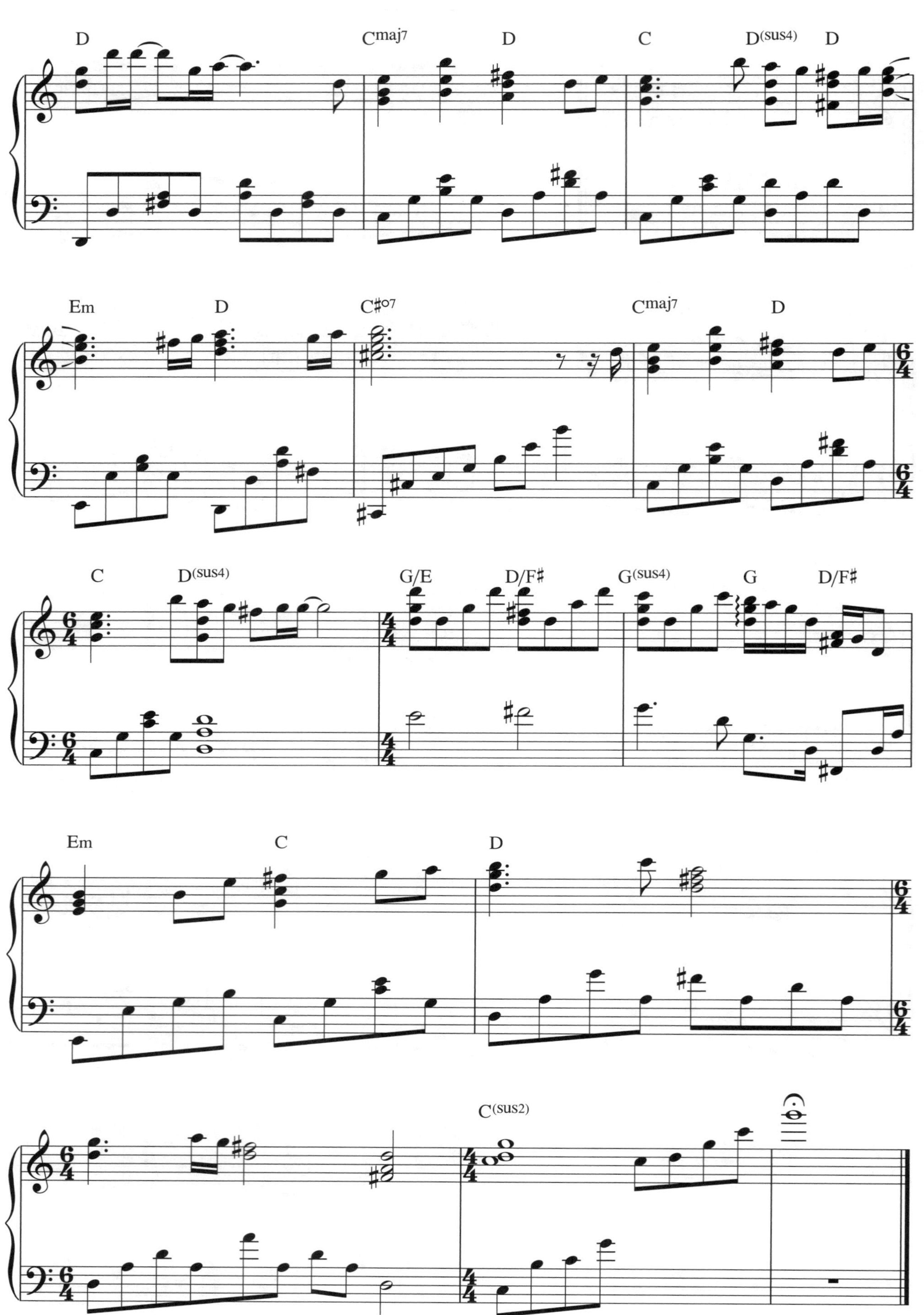
D
Cmaj7
D
C
D(sus4)
D
Em
D
C♯o7
Cmaj7
D
C
D(sus4)
G/E
D/F♯
G(sus4)
G
D/F♯
Em
C
D
C(sus2)

詞：Revo 曲：Revo 演唱：Linked Horizon

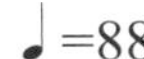

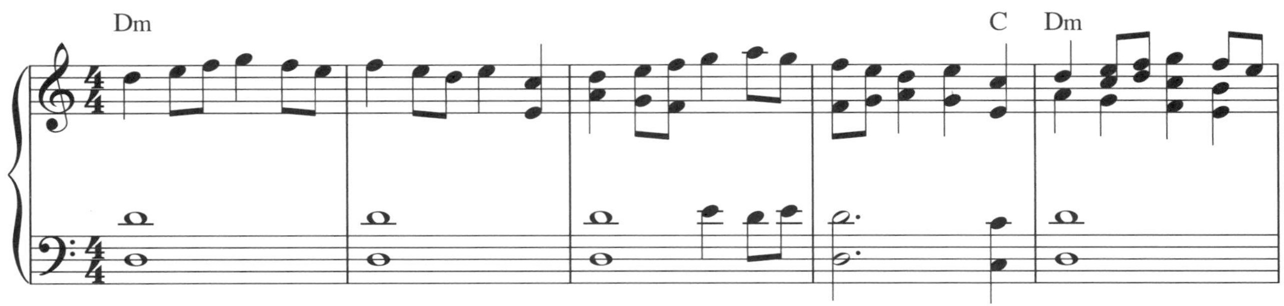

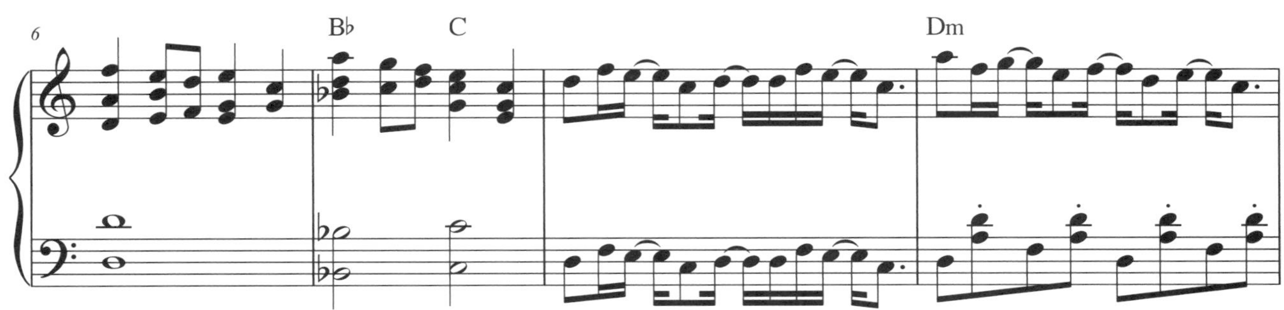

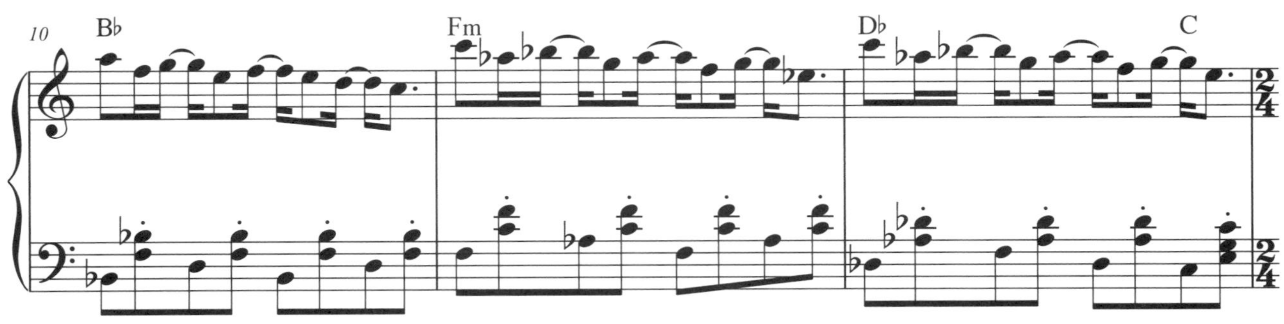

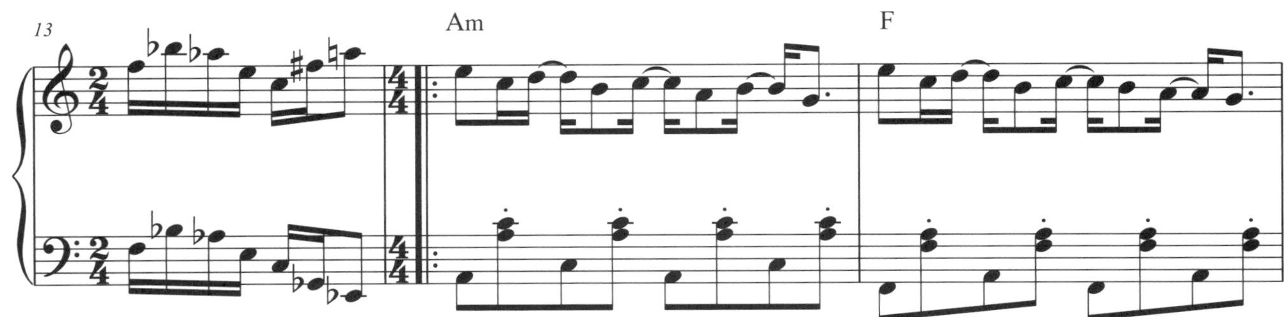

圖片出處：http://shingeki.tv/

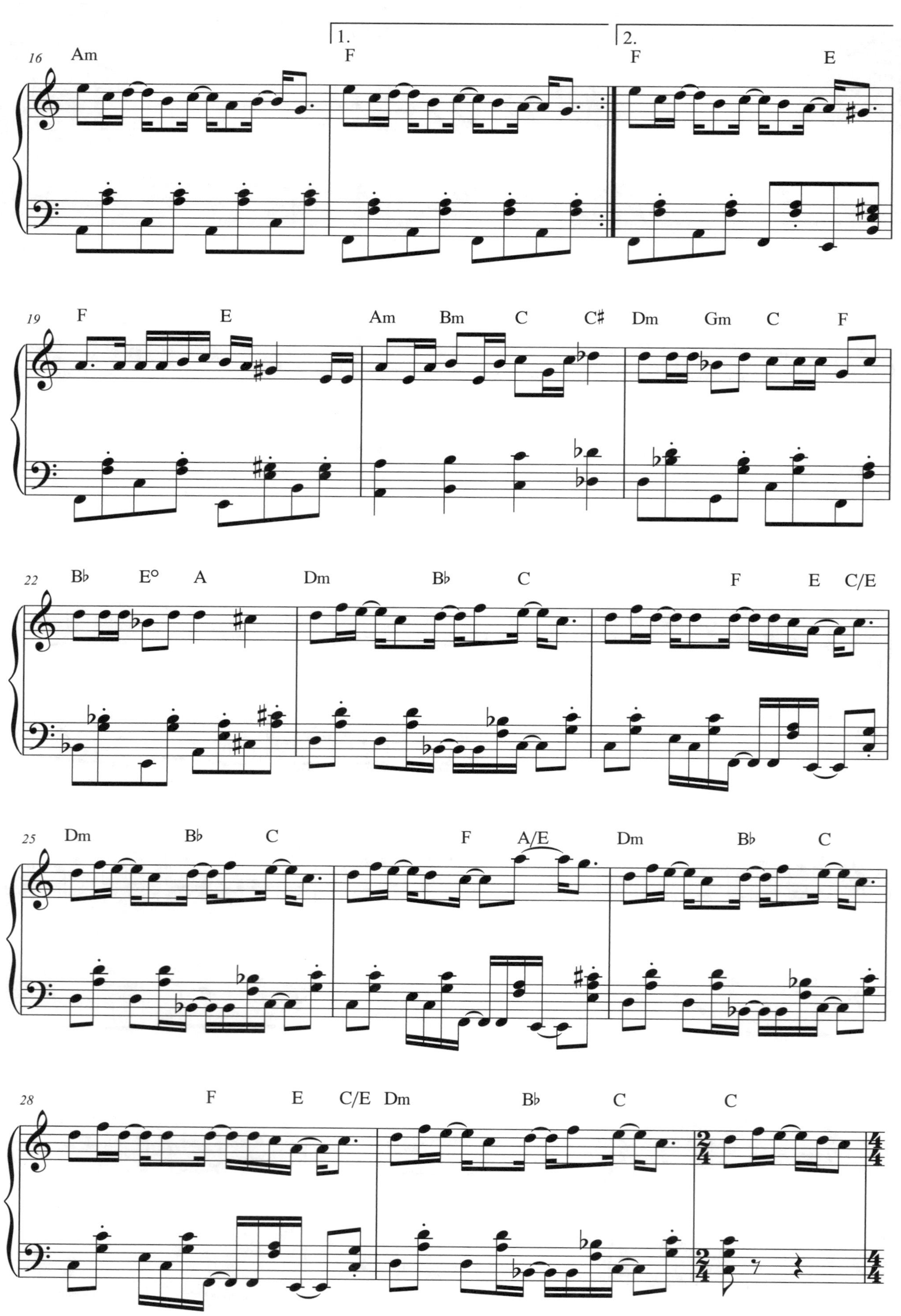
16 Am
1. F
2. F E
19 F E Am Bm C C♯ Dm Gm C F
22 B♭ E° A Dm B♭ C F E C/E
25 Dm B♭ C F A/E Dm B♭ C
28 F E C/E Dm B♭ C C

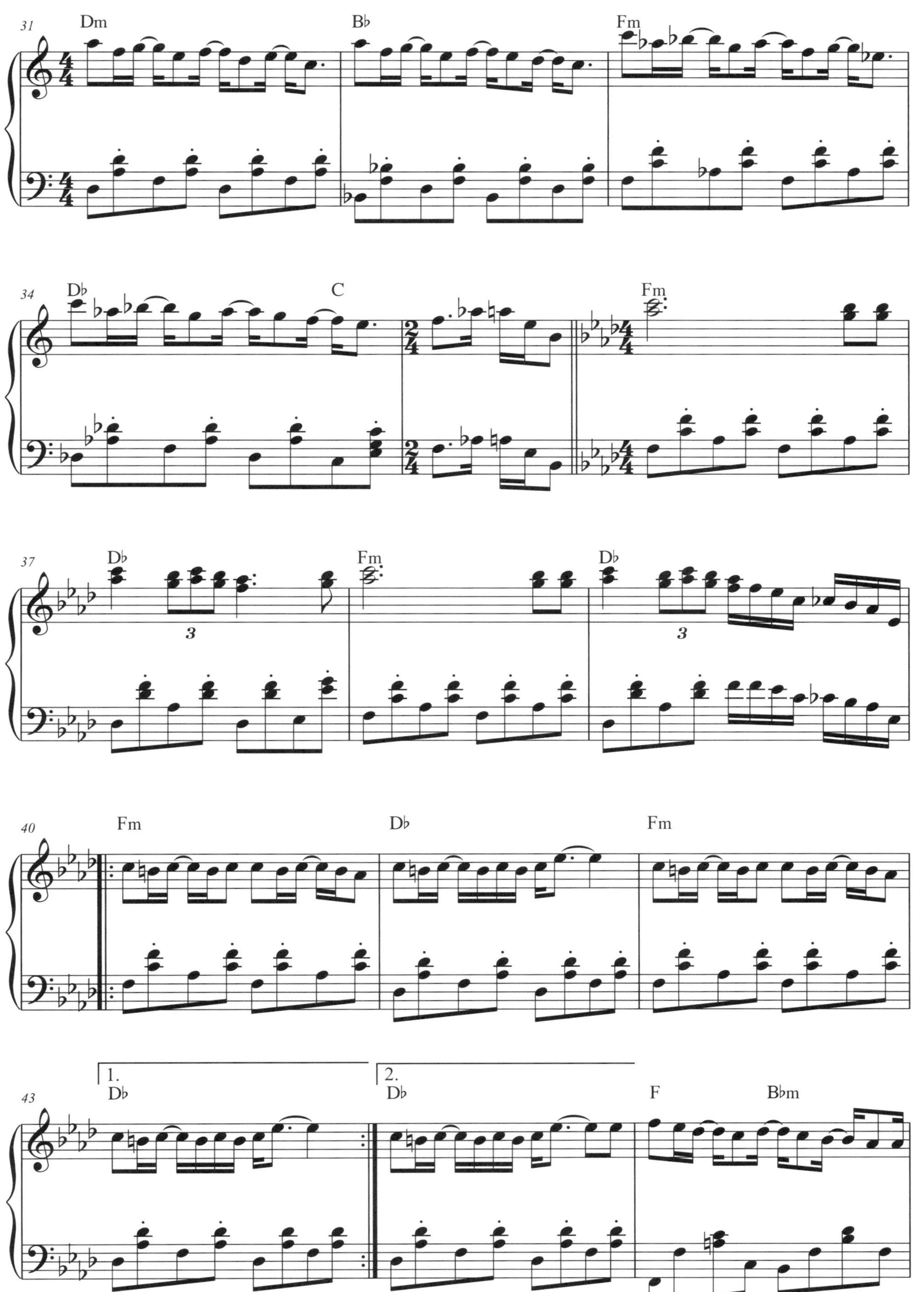
31
Dm
B♭
Fm
34
D♭
C
Fm
37
D♭
3
Fm
D♭
3
40
Fm
D♭
Fm
1.
2.
43
D♭
D♭
F
B♭m

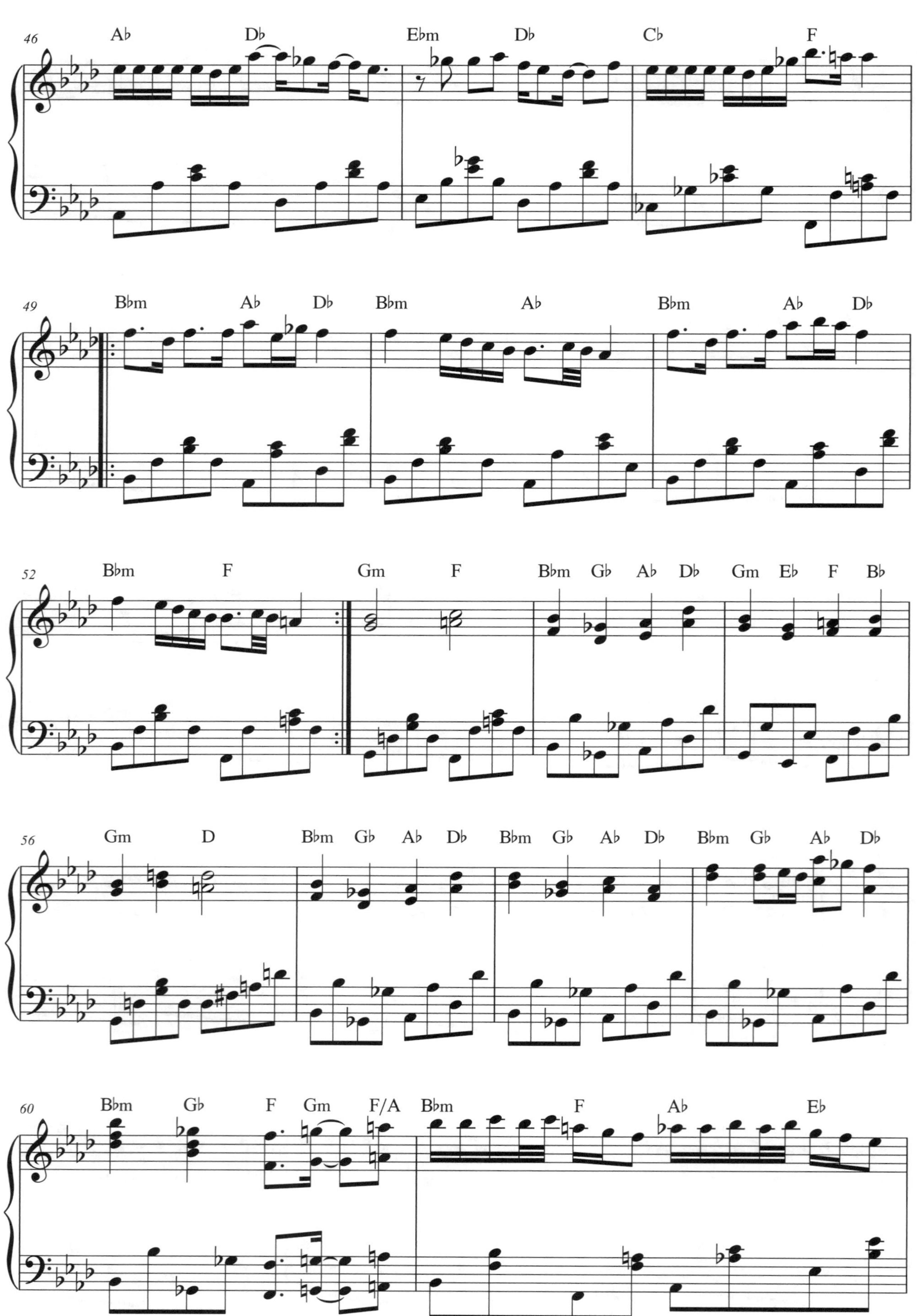
46
Ab Db Ebm Db Cb F
49
Bbm Ab Db Bbm Ab Bbm Ab Db
52
Bbm F Gm F Bbm Gb Ab Db Gm Eb F Bb
56
Gm D Bbm Gb Ab Db Bbm Gb Ab Db Bbm Gb Ab Db
60
Bbm Gb F Gm F/A Bbm F Ab Eb

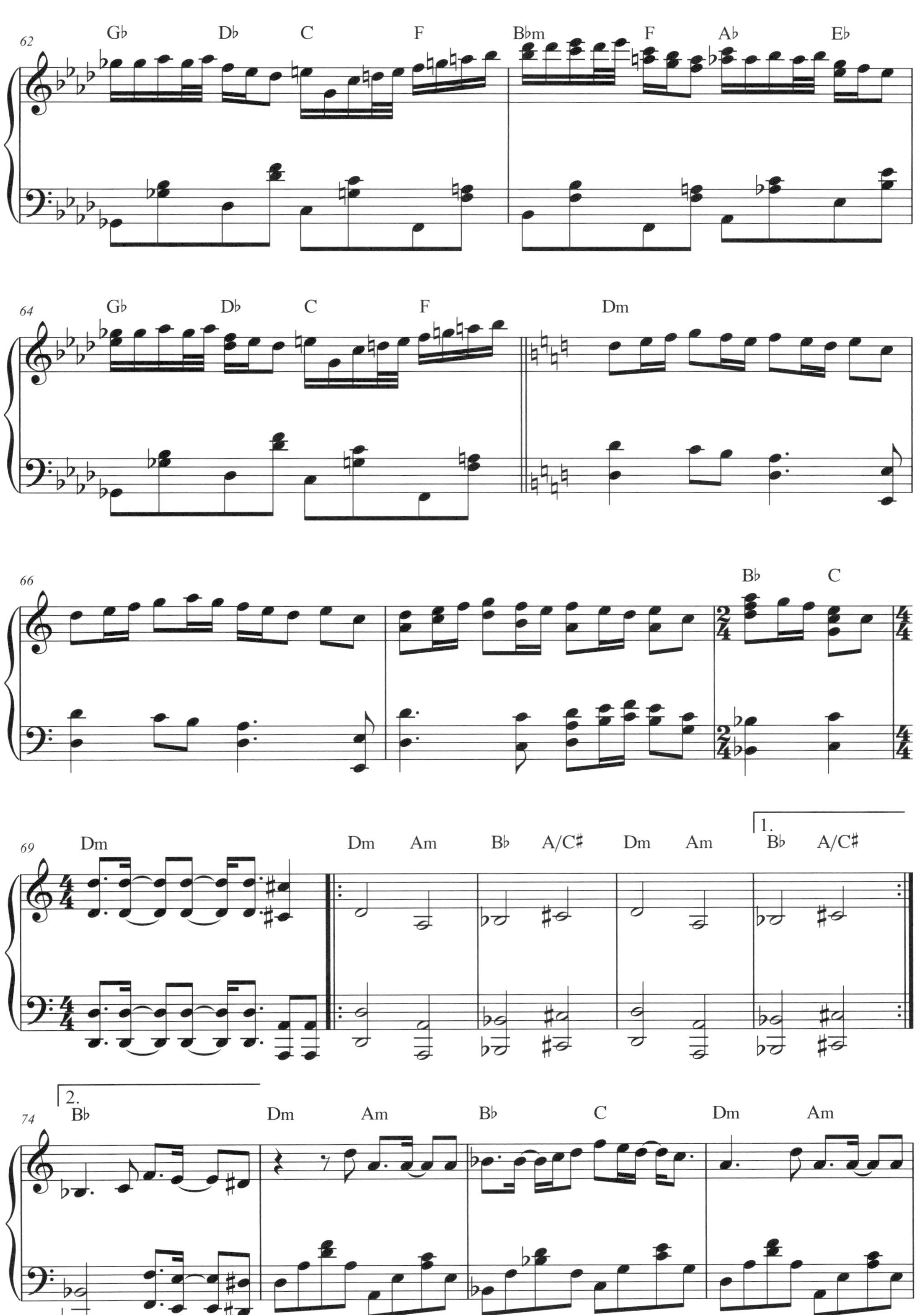
62
G♭ D♭ C F B♭m F A♭ E♭
64
G♭ D♭ C F Dm
66
B♭ C
69
Dm Dm Am B♭ A/C♯ Dm Am
1.
B♭ A/C♯
2.
74
B♭ Dm Am B♭ C Dm Am

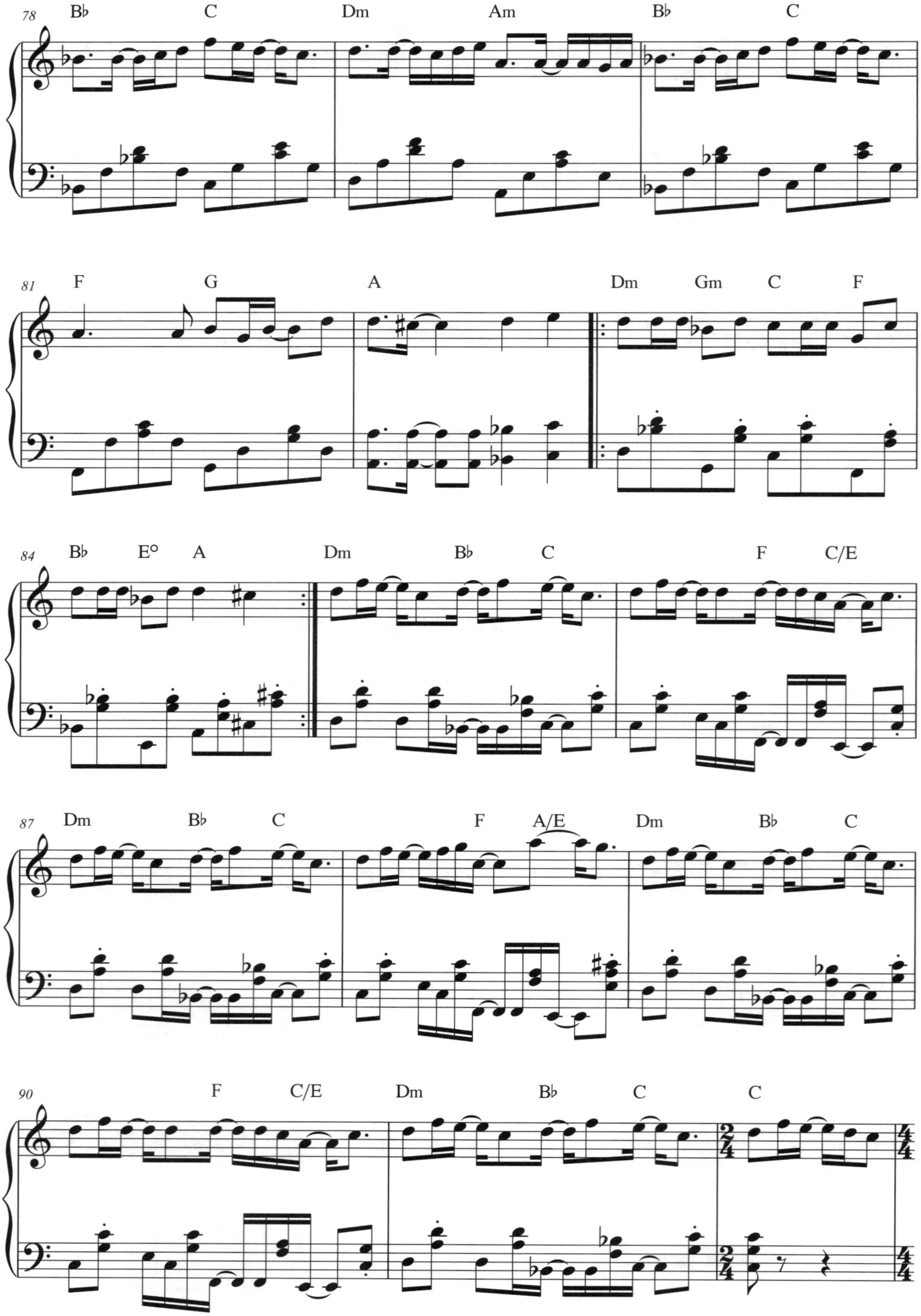

78 B♭ C Dm Am B♭ C

81 F G A Dm Gm C F

84 B♭ E° A Dm B♭ C F C/E

87 Dm B♭ C F A/E Dm B♭ C

90 F C/E Dm B♭ C C

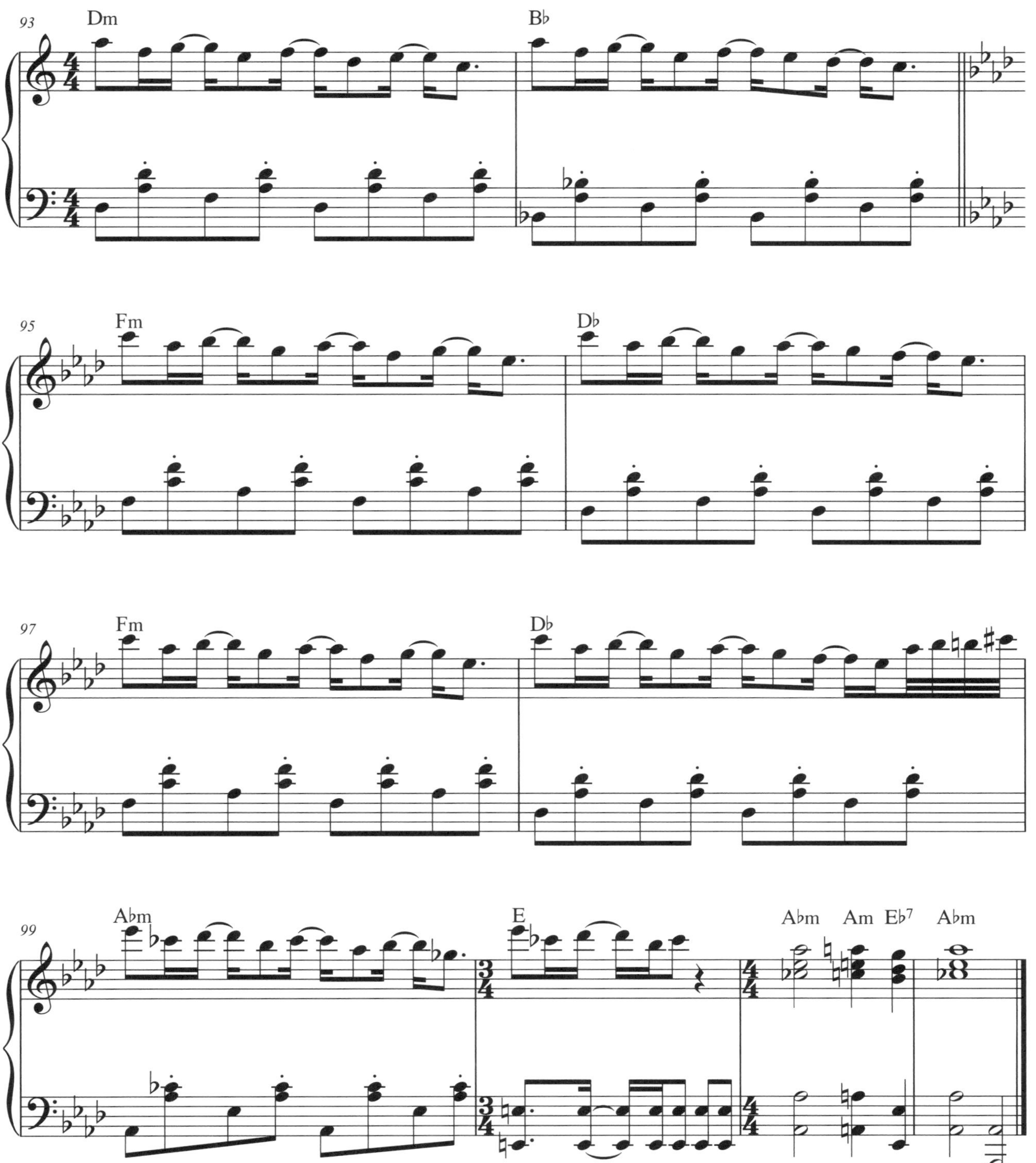
93
Dm
B♭
95
Fm
D♭
97
Fm
D♭
99
A♭m
E
A♭m
Am
E♭7
A♭m

《鬼滅之刃》片頭曲

詞：LiSA 曲：草野華餘子 演唱：LiSA

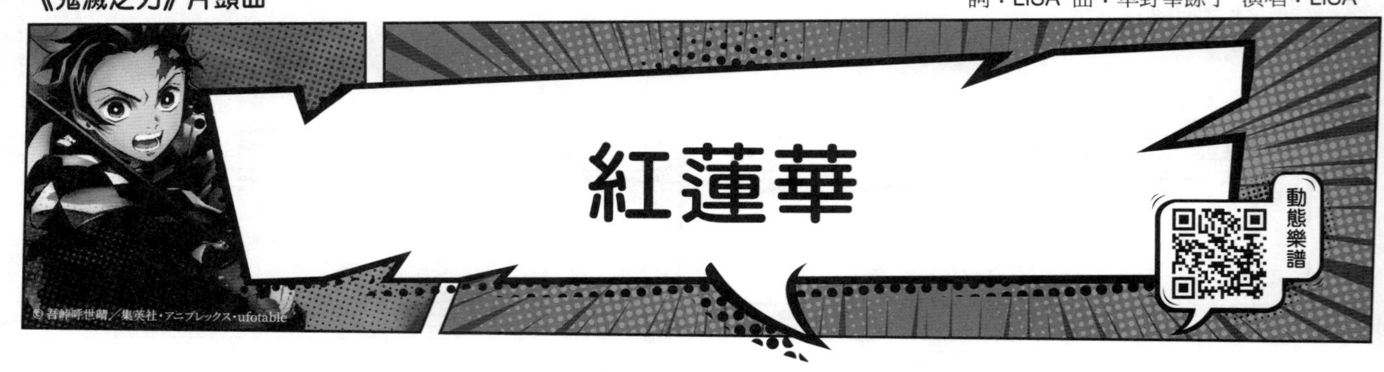

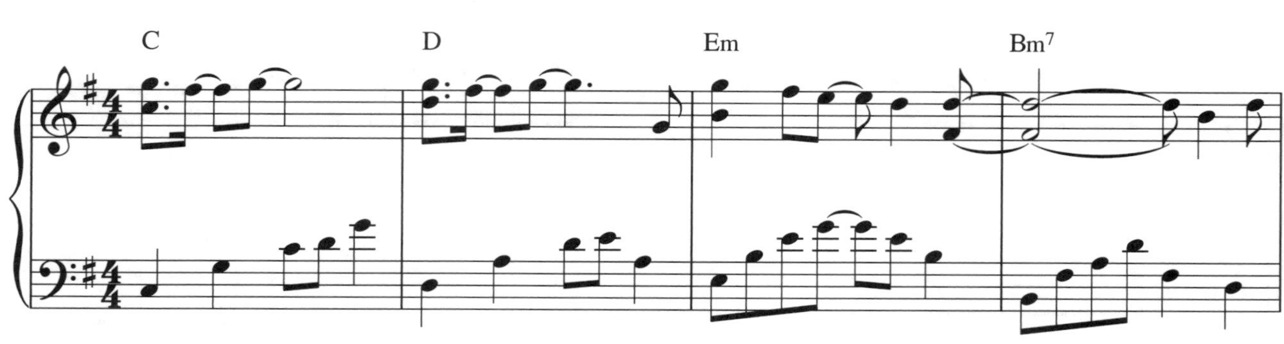

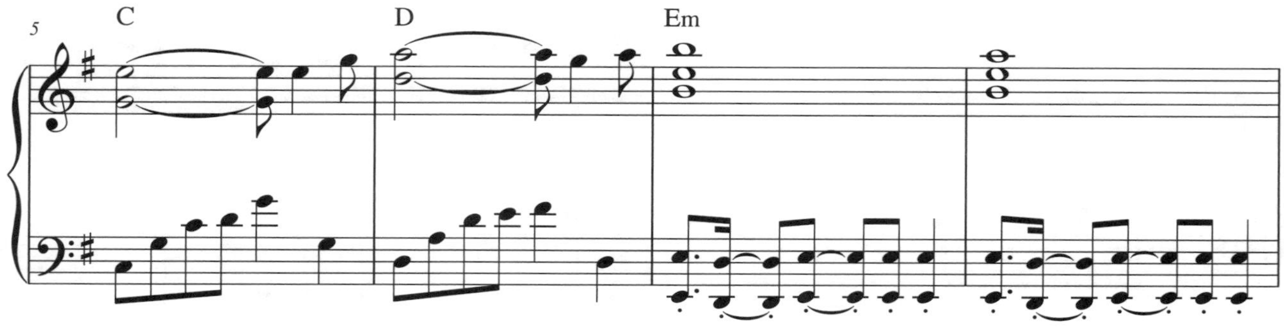

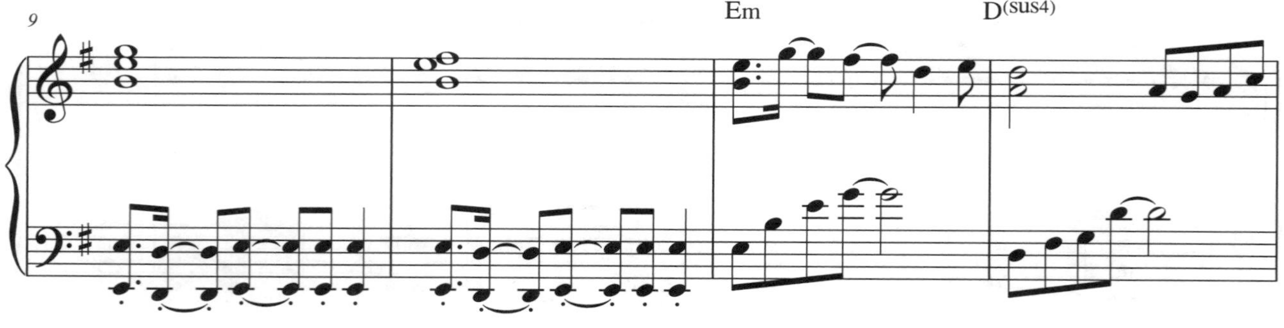

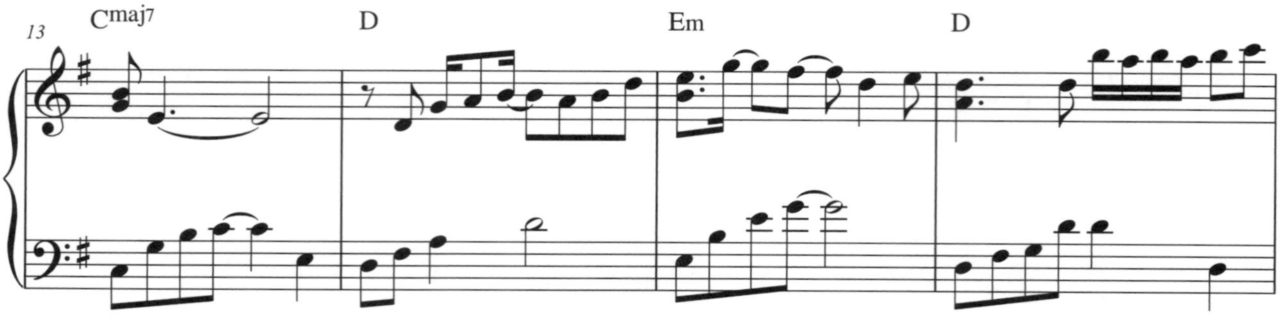

圖片出處：kimetsu.com/anime/risshihen/

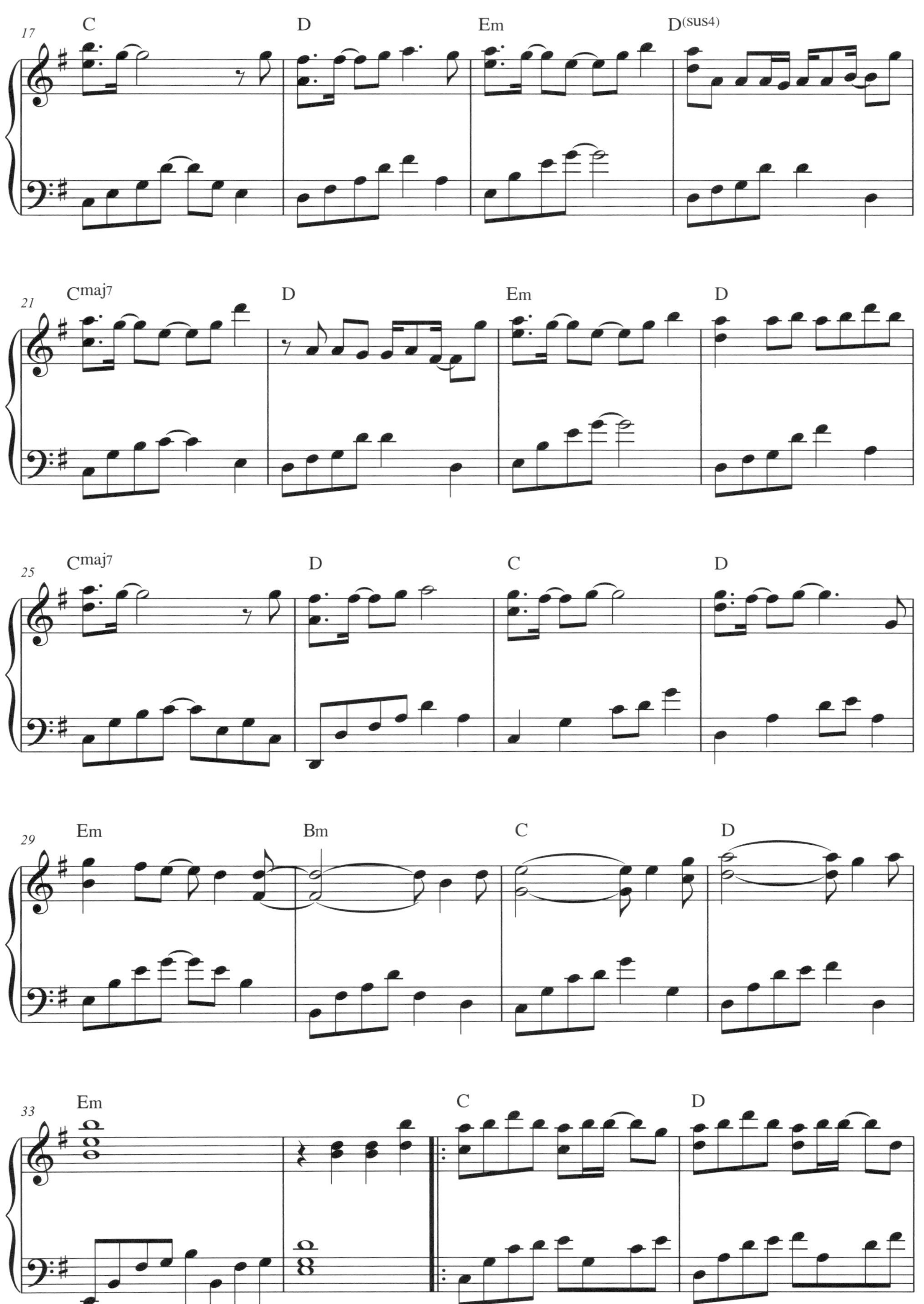
17
C
D
Em
D(sus4)
21
Cmaj7
D
Em
D
25
Cmaj7
D
C
D
29
Em
Bm
C
D
33
Em
C
D

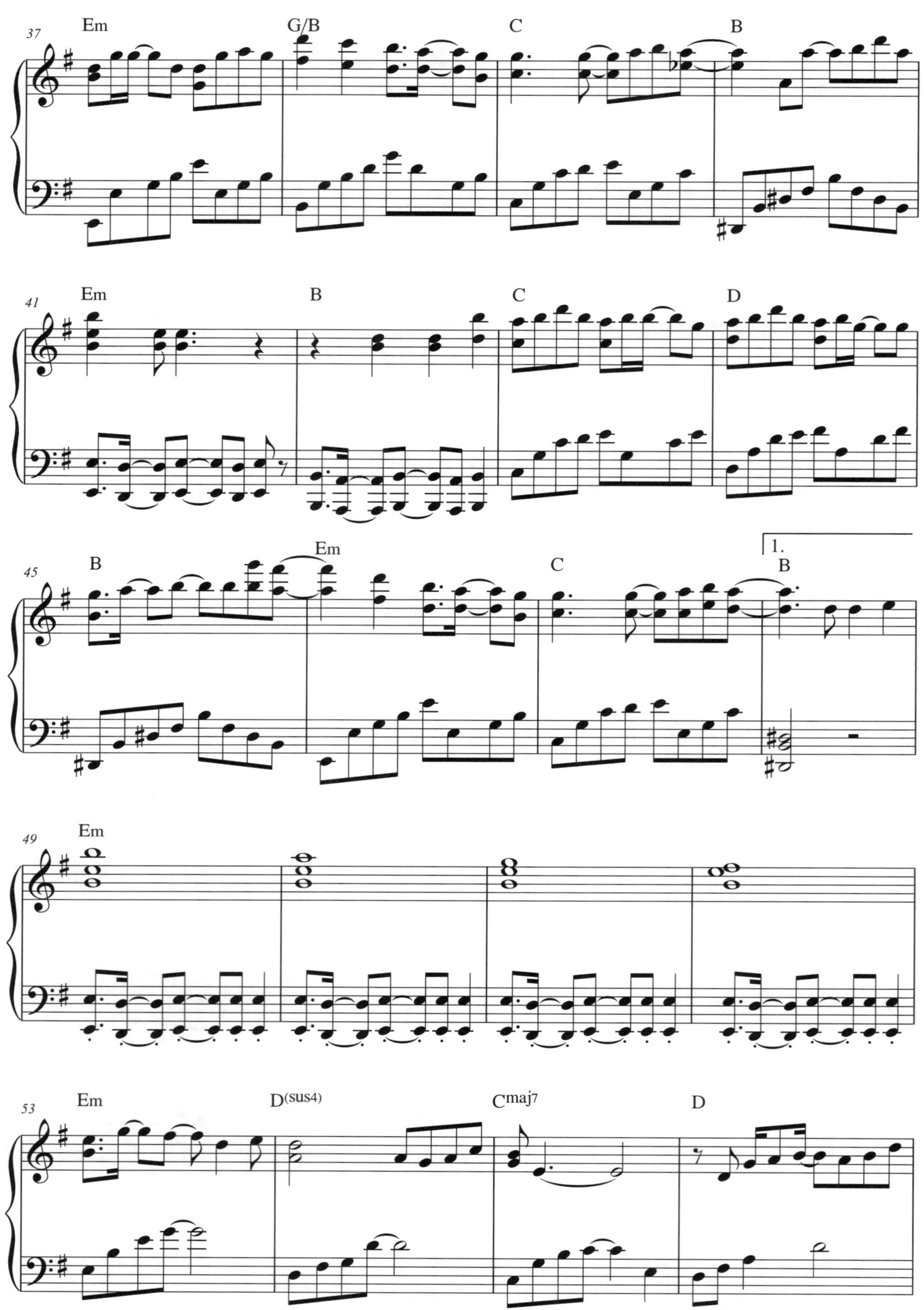
37
Em
G/B
C
B
41
Em
B
C
D
45
B
Em
C
1.
B
49
Em
53
Em
D(sus4)
Cmaj7
D

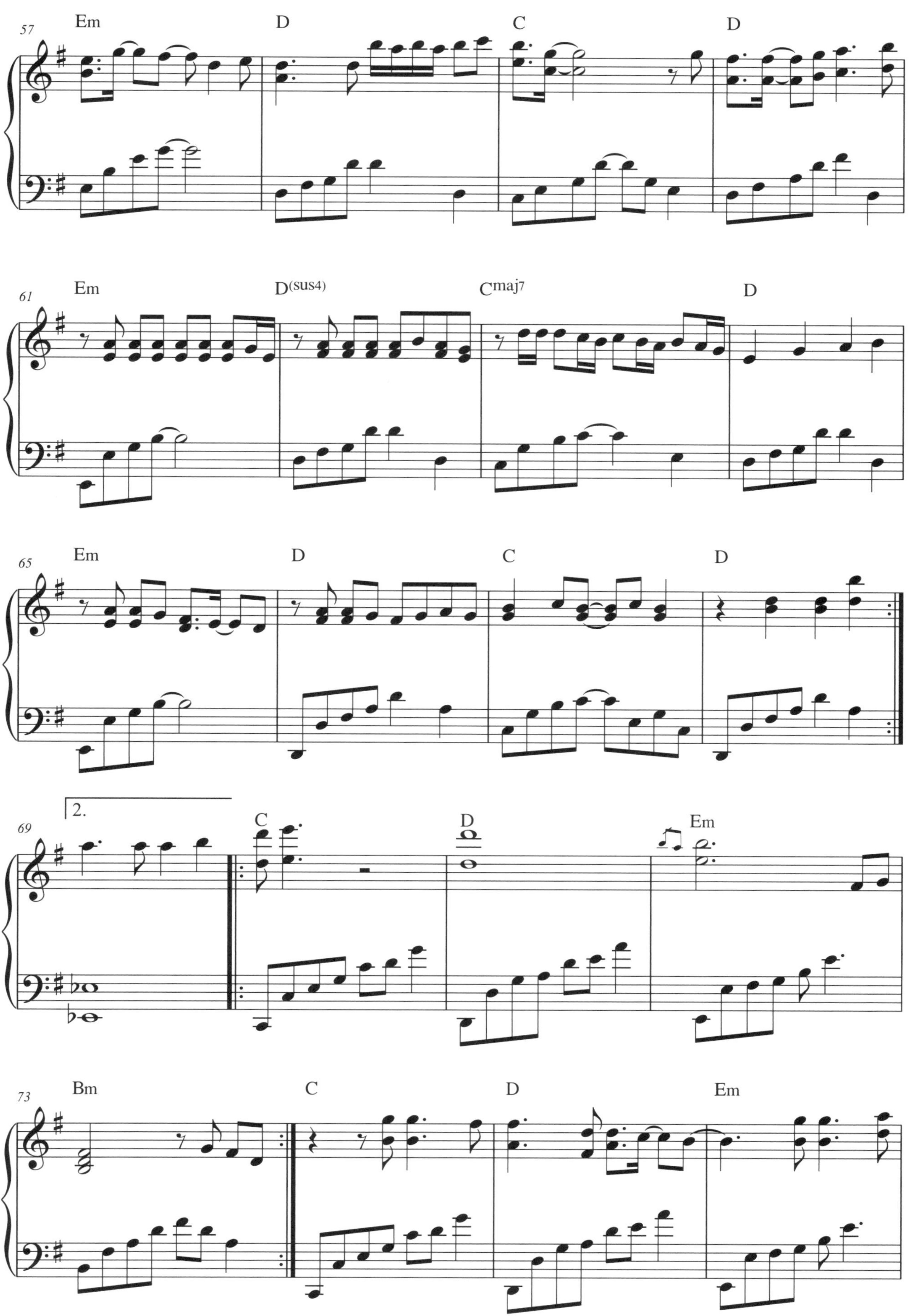
57
Em
D
C
D
61
Em
D(sus4)
Cmaj7
D
65
Em
D
C
D
2.
69
C
D
Em
73
Bm
C
D
Em

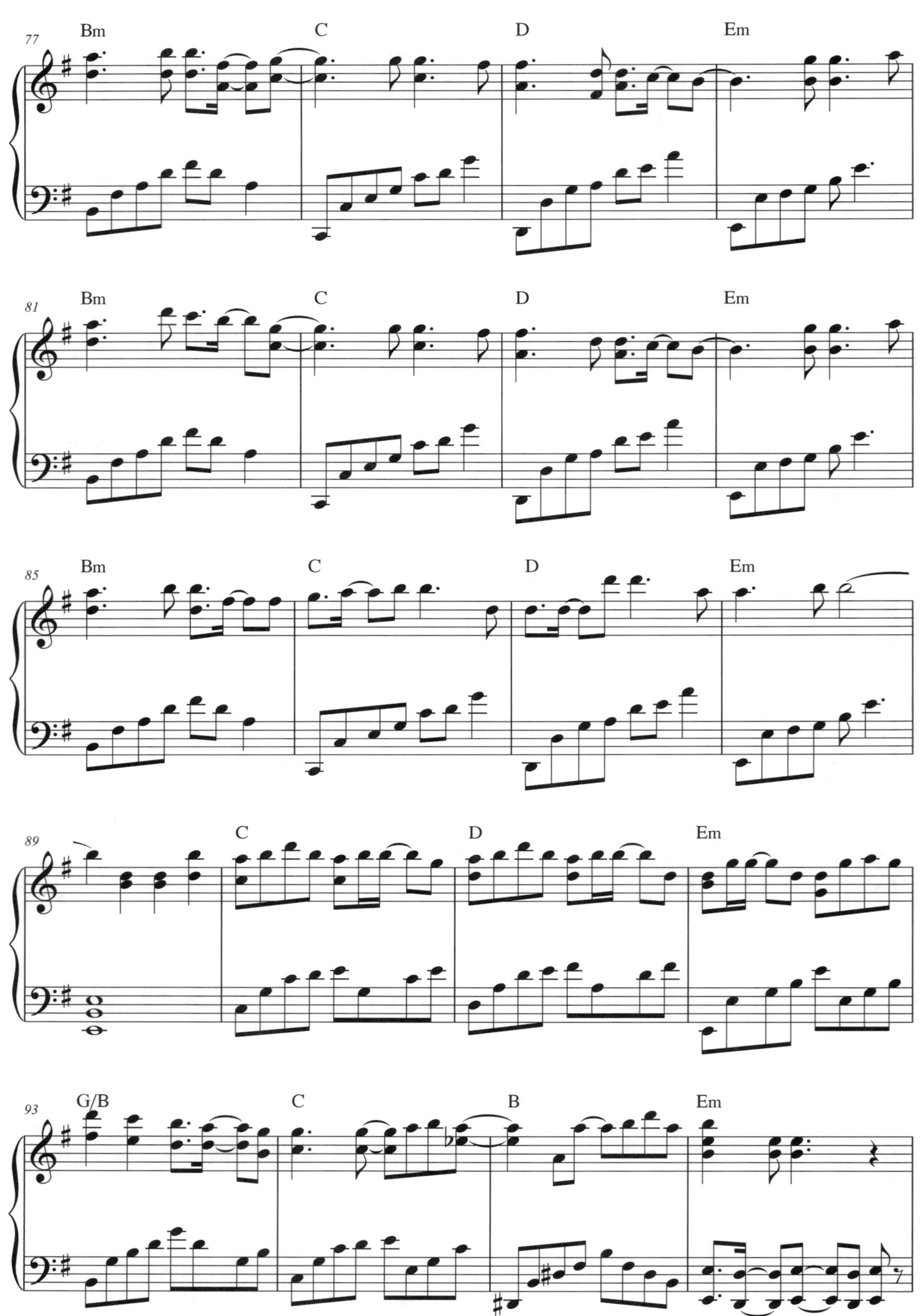
77
Bm
C
D
Em
81
Bm
C
D
Em
85
Bm
C
D
Em
89
C
D
Em
93
G/B
C
B
Em

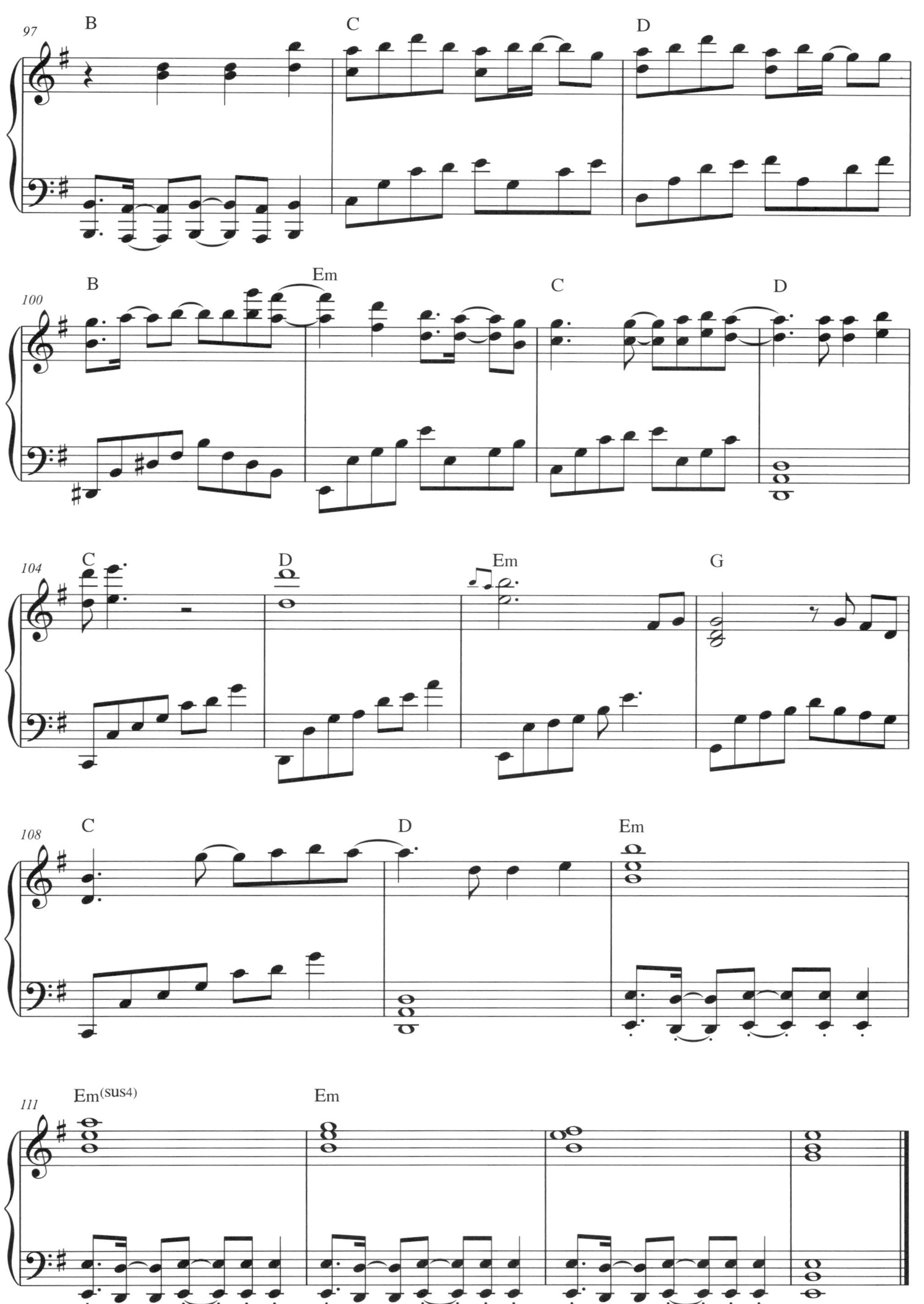
97
B
C
D
100
B
Em
C
D
104
C
D
Em
G
108
C
D
Em
111
Em(sus4)
Em

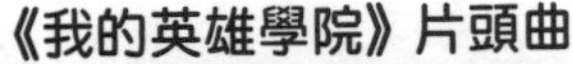

詞：米津玄師 曲：米津玄師 演唱：米津玄師

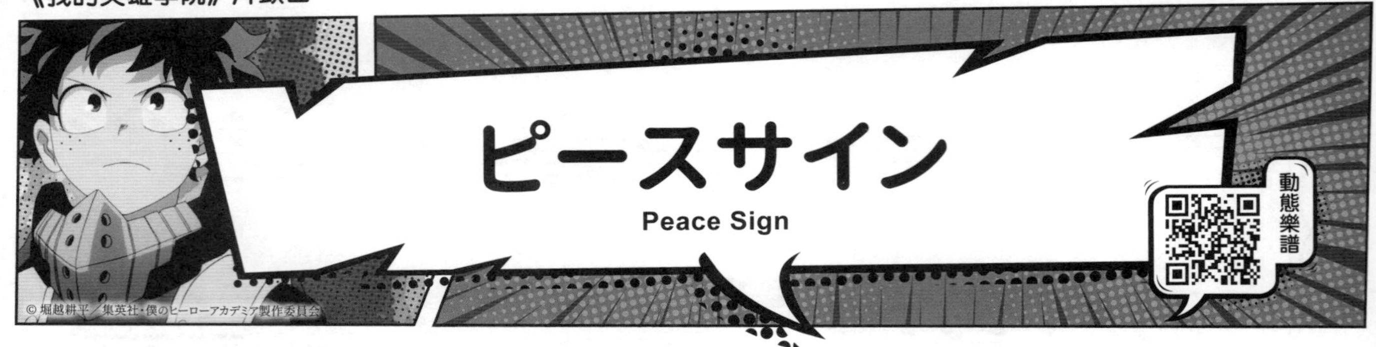

♩=80

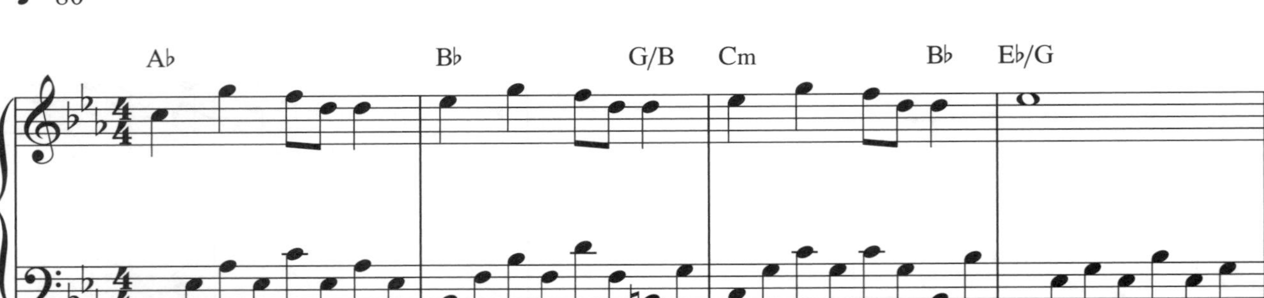

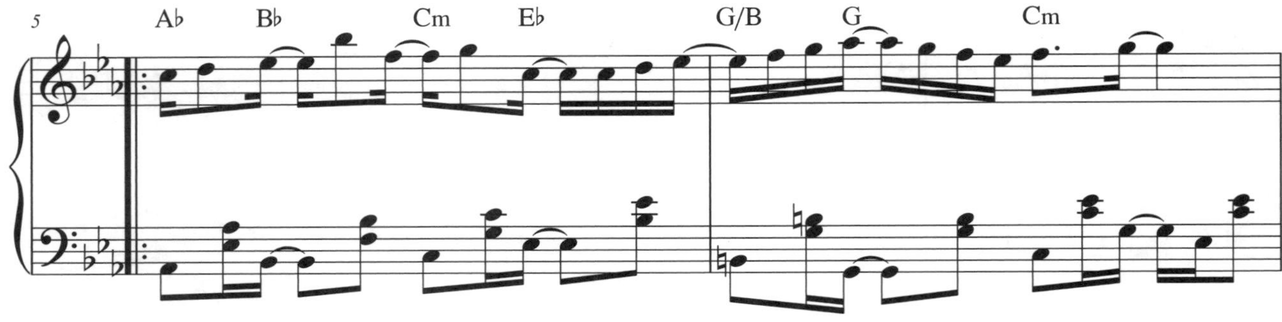

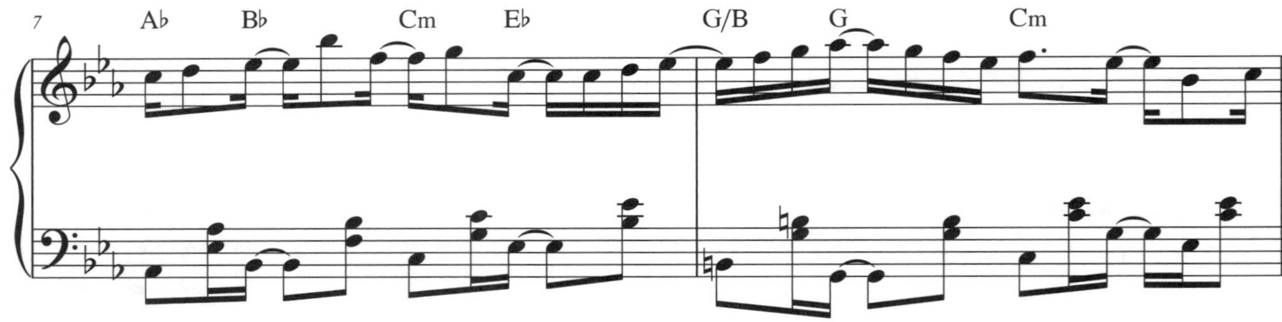

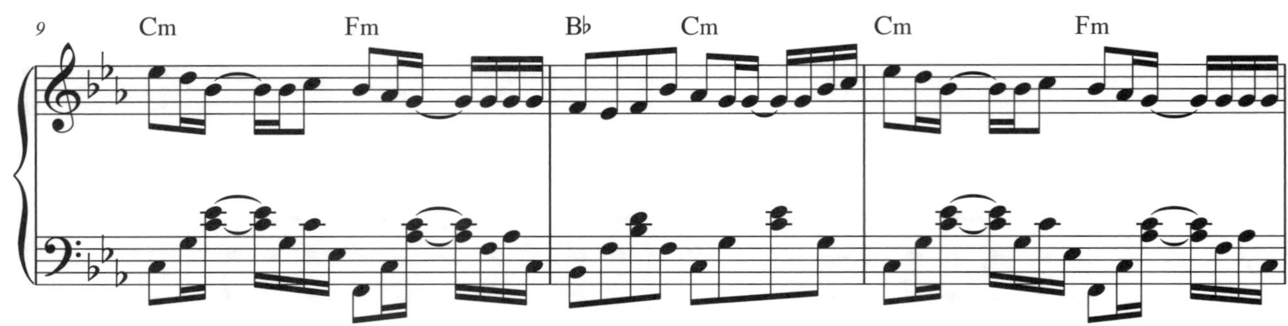

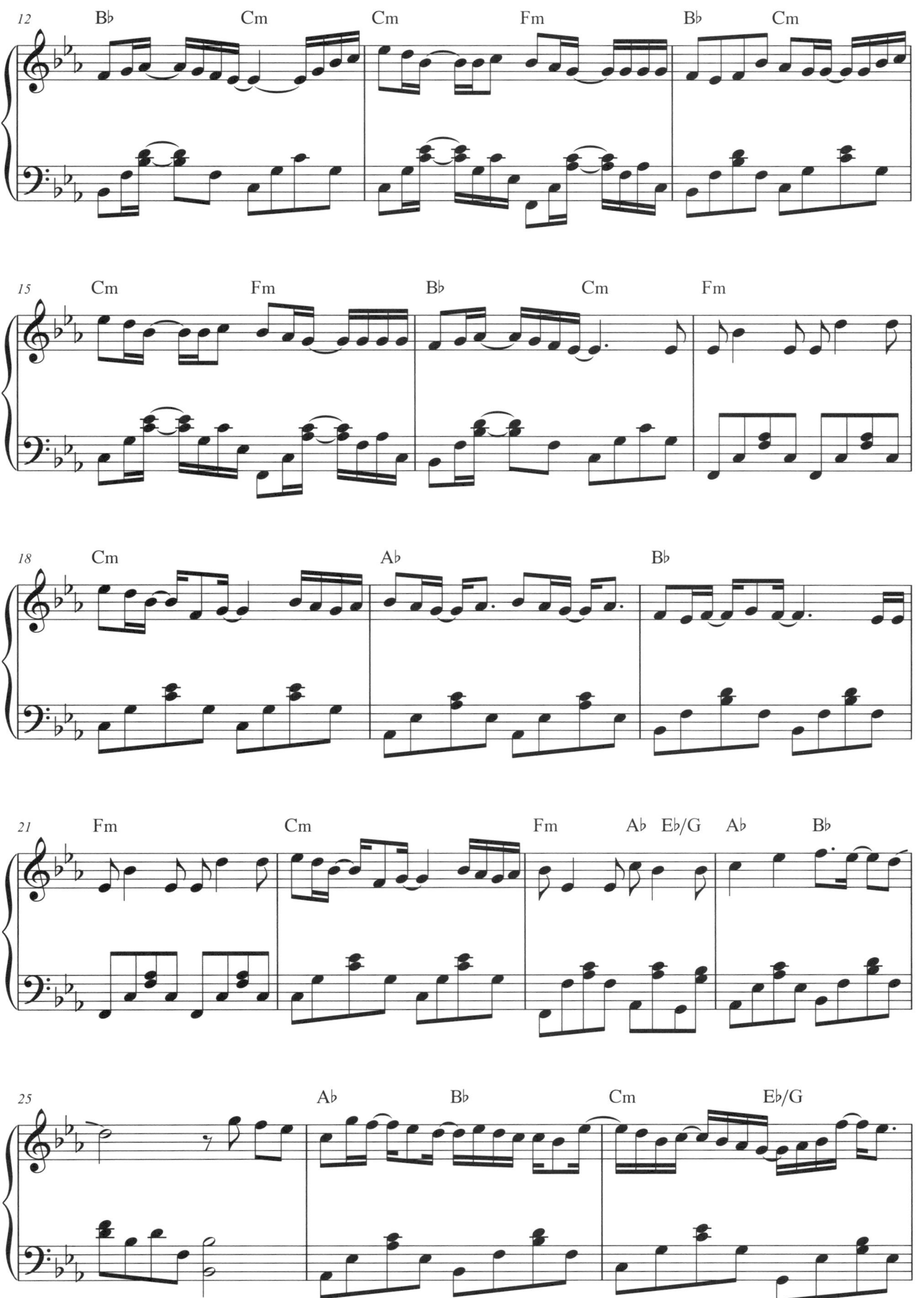
12
B♭
Cm
Cm
Fm
B♭
Cm
15
Cm
Fm
B♭
Cm
Fm
18
Cm
A♭
B♭
21
Fm
Cm
Fm
A♭
E♭/G
A♭
B♭
25
A♭
B♭
Cm
E♭/G

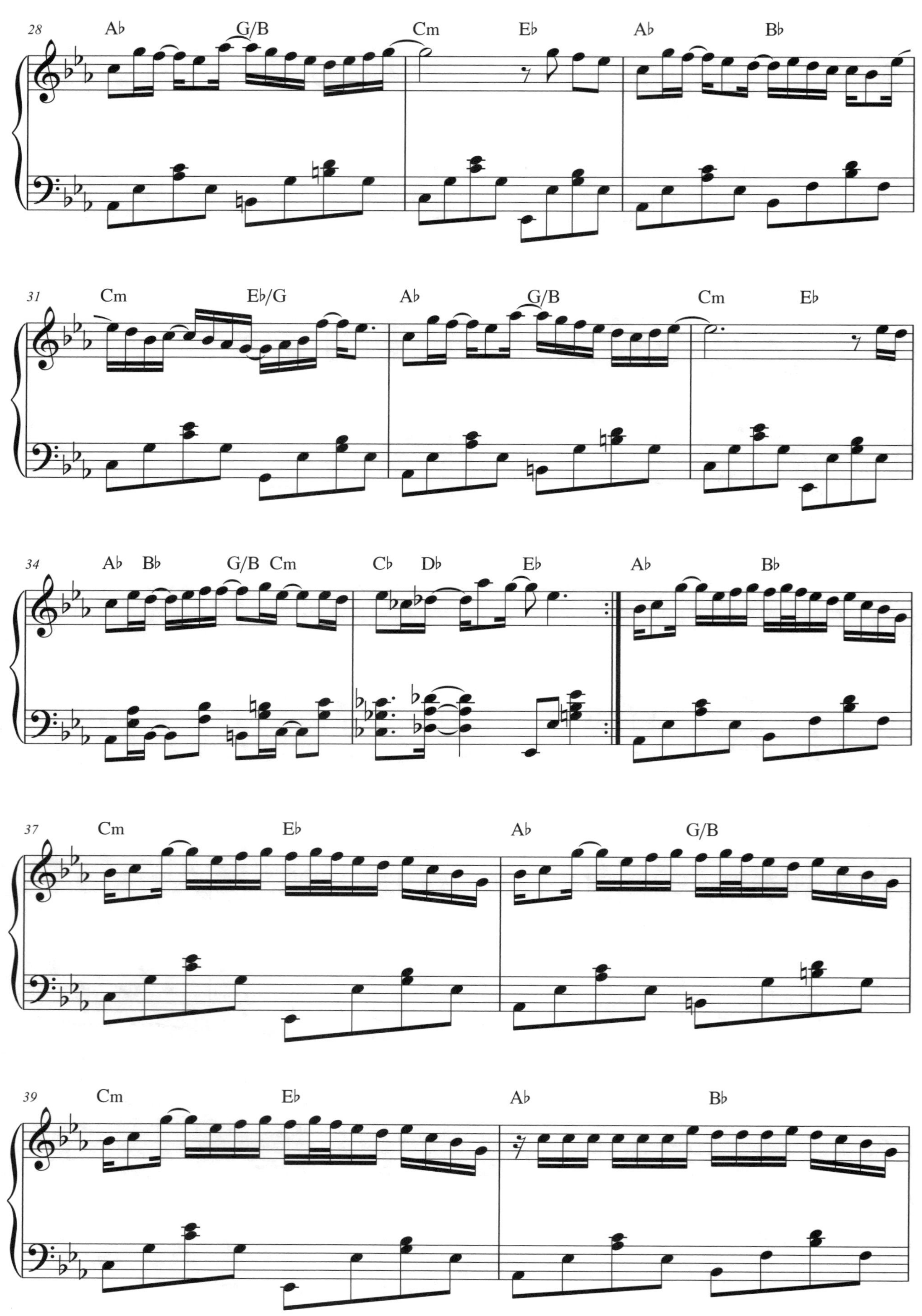
28
Ab G/B Cm Eb Ab Bb
31
Cm Eb/G Ab G/B Cm Eb
34
Ab Bb G/B Cm Cb Db Eb Ab Bb
37
Cm Eb Ab G/B
39
Cm Eb Ab Bb

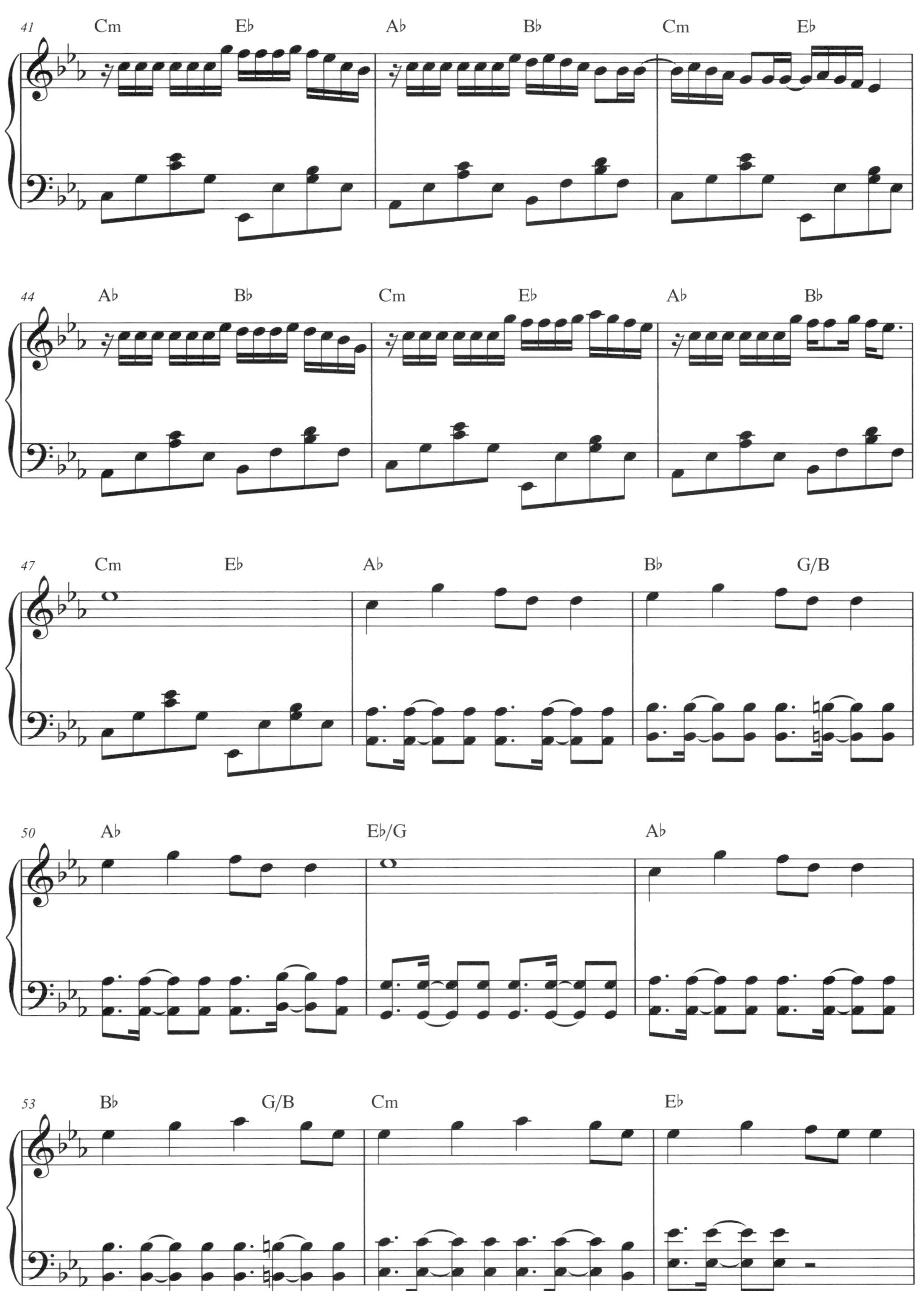
41
Cm
E♭
A♭
B♭
Cm
E♭
44
A♭
B♭
Cm
E♭
A♭
B♭
47
Cm
E♭
A♭
B♭
G/B
50
A♭
E♭/G
A♭
53
B♭
G/B
Cm
E♭

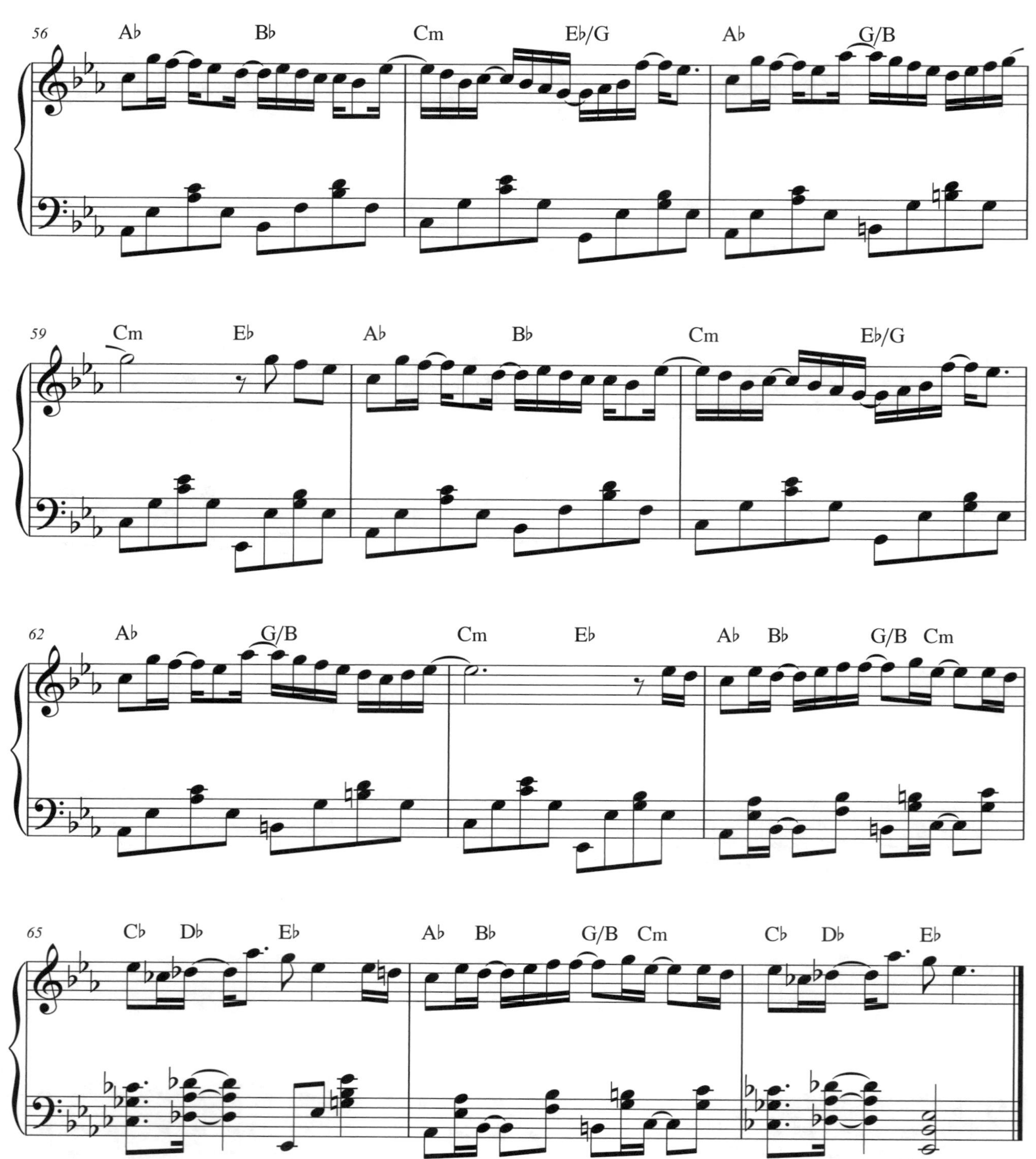
56
A♭ B♭ Cm E♭/G A♭ G/B
59
Cm E♭ A♭ B♭ Cm E♭/G
62
A♭ G/B Cm E♭ A♭ B♭ G/B Cm
65
C♭ D♭ E♭ A♭ B♭ G/B Cm C♭ D♭ E♭

《一週的朋友。》片尾曲

詞：大橋卓彌 曲：大橋卓彌 演唱：藤宮香織（cv. 雨宮天）

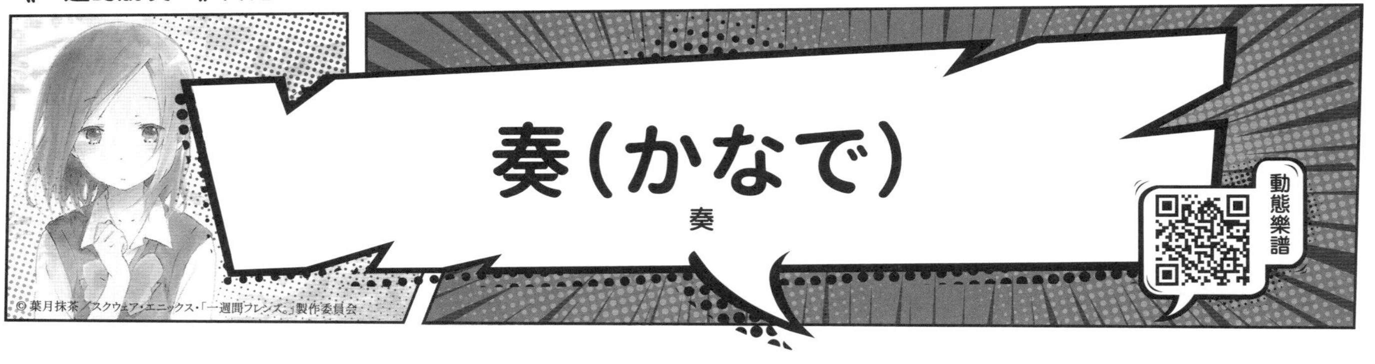

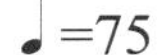

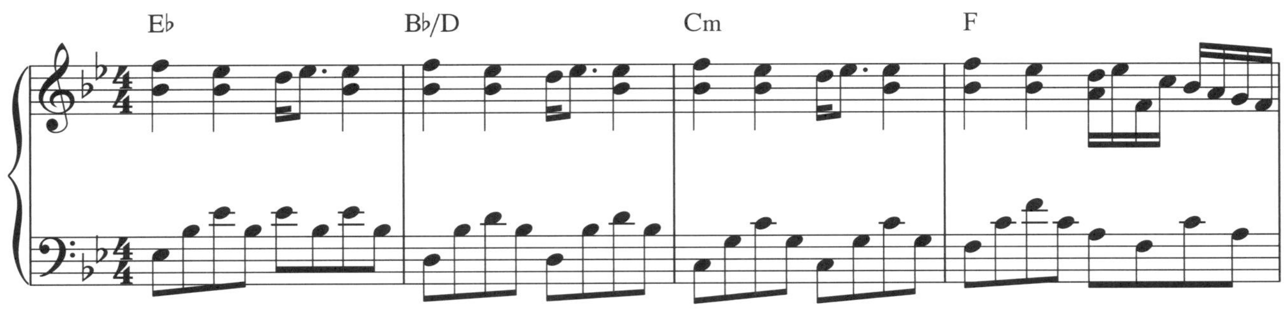

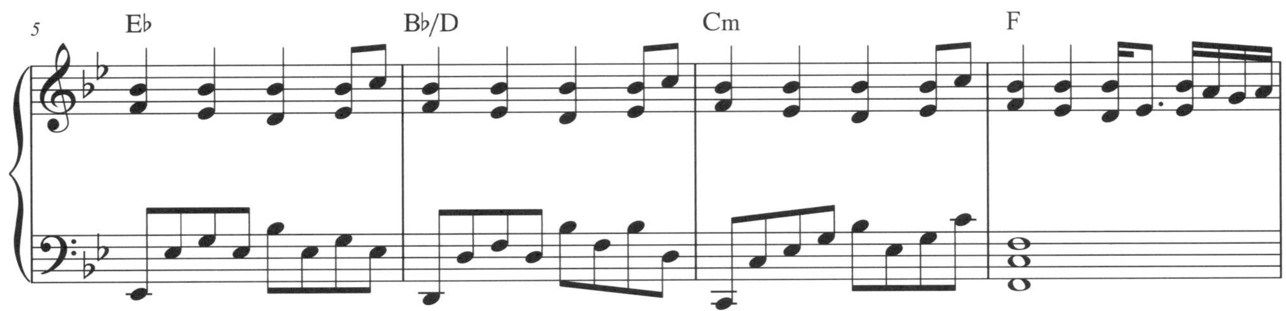

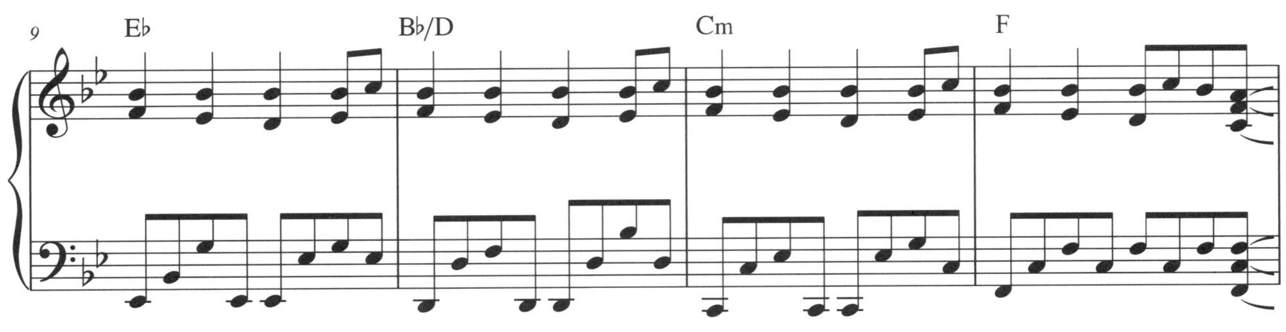

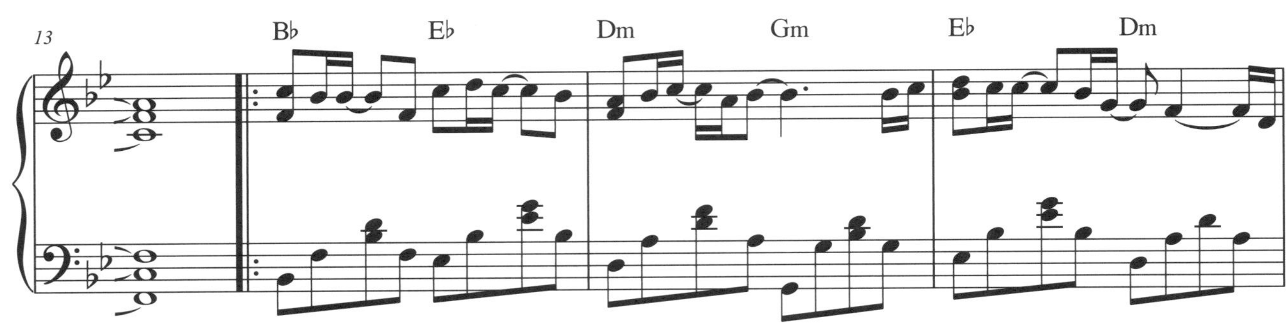

圖片出處：www.amazon.co.jp/o/ASIN/B00JHL9VVM/oplog03-22/

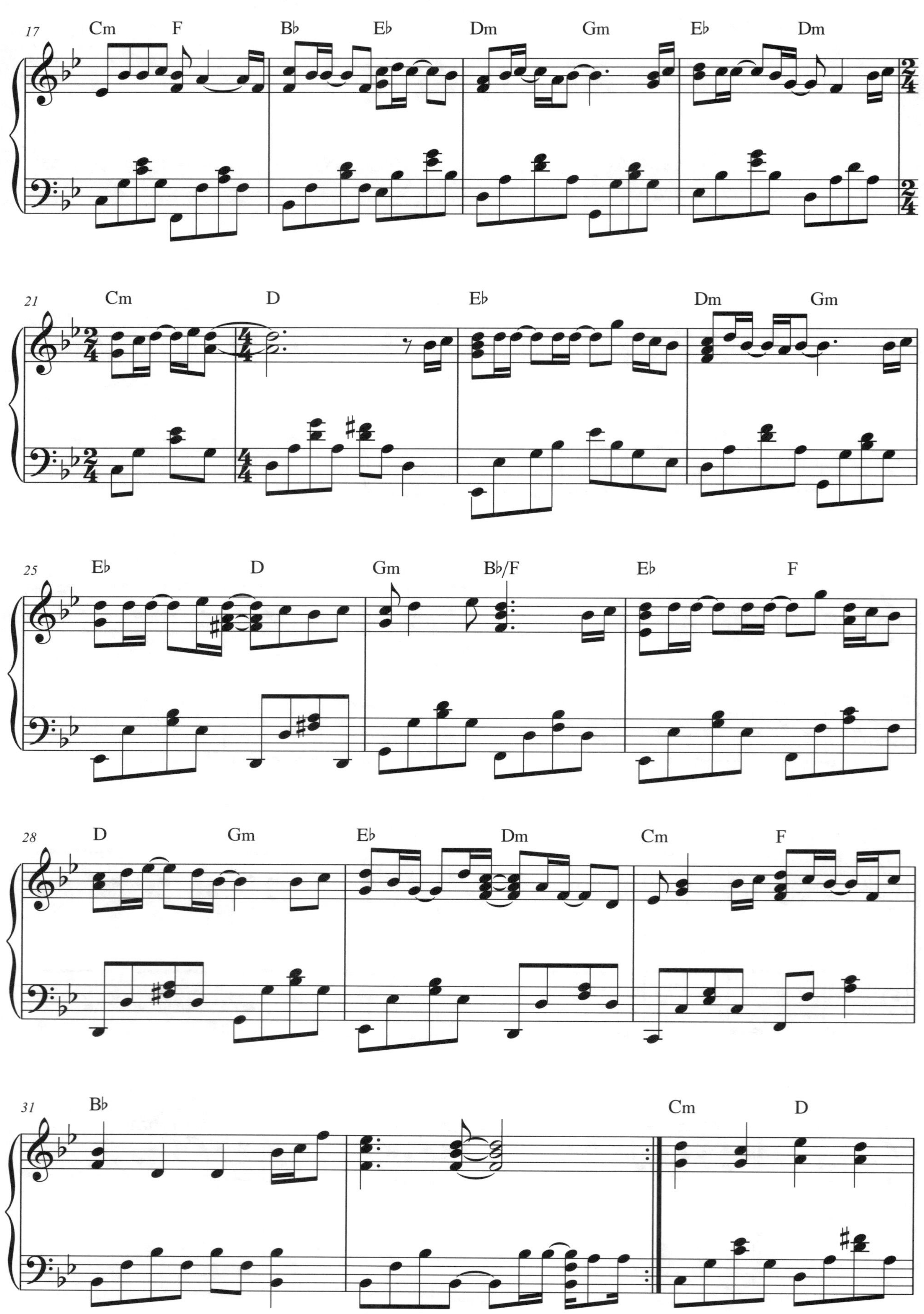
17
Cm F B♭ E♭ Dm Gm E♭ Dm
21
Cm D E♭ Dm Gm
25
E♭ D Gm B♭/F E♭ F
28
D Gm E♭ Dm Cm F
31
B♭ Cm D

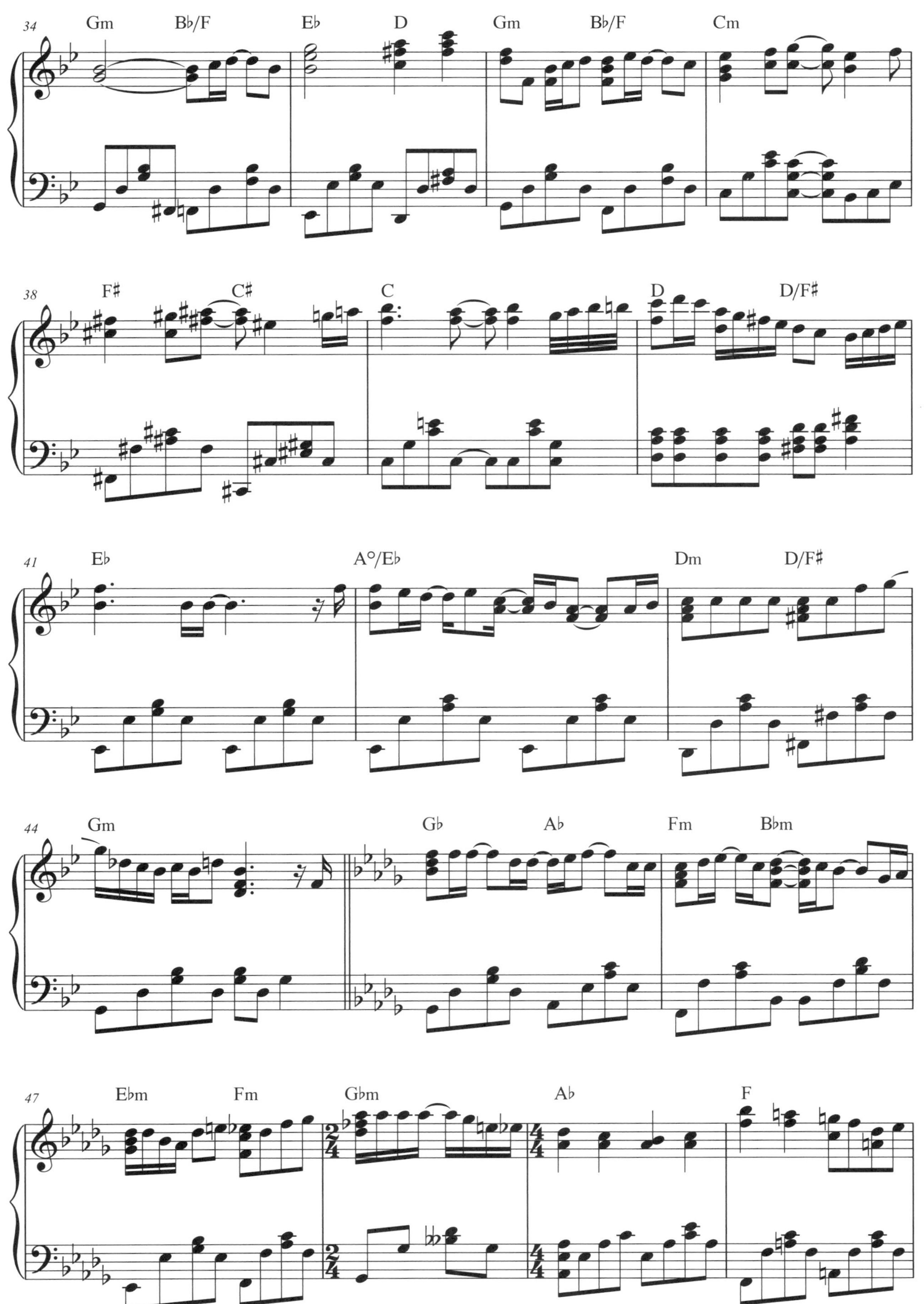
34
Gm
B♭/F
E♭
D
Gm
B♭/F
Cm
38
F♯
C♯
C
D
D/F♯
41
E♭
A°/E♭
Dm
D/F♯
44
Gm
G♭
A♭
Fm
B♭m
47
E♭m
Fm
G♭m
A♭
F

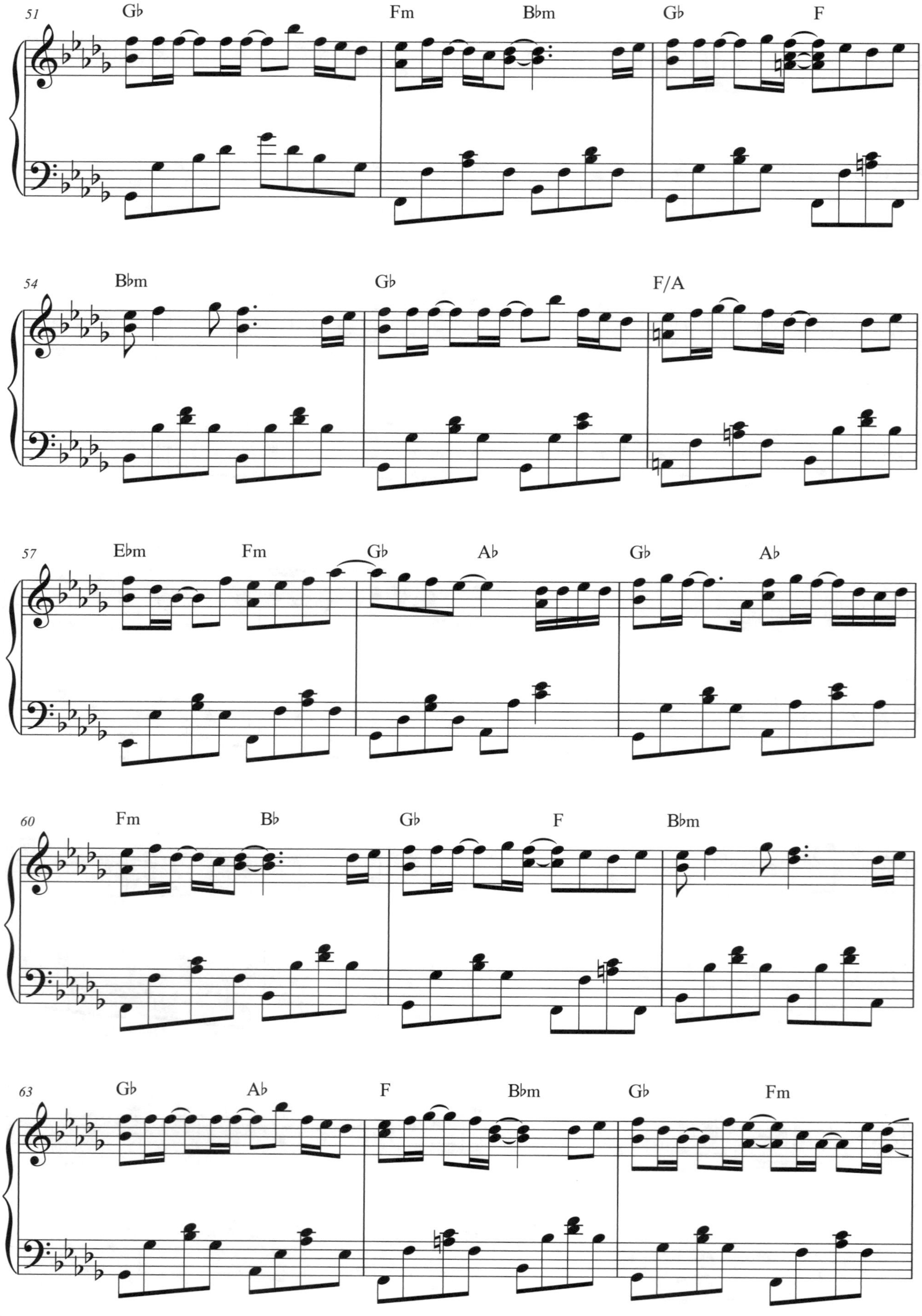

51 G♭ Fm B♭m G♭ F

54 B♭m G♭ F/A

57 E♭m Fm G♭ A♭ G♭ A♭

60 Fm B♭ G♭ F B♭m

63 G♭ A♭ F B♭m G♭ Fm

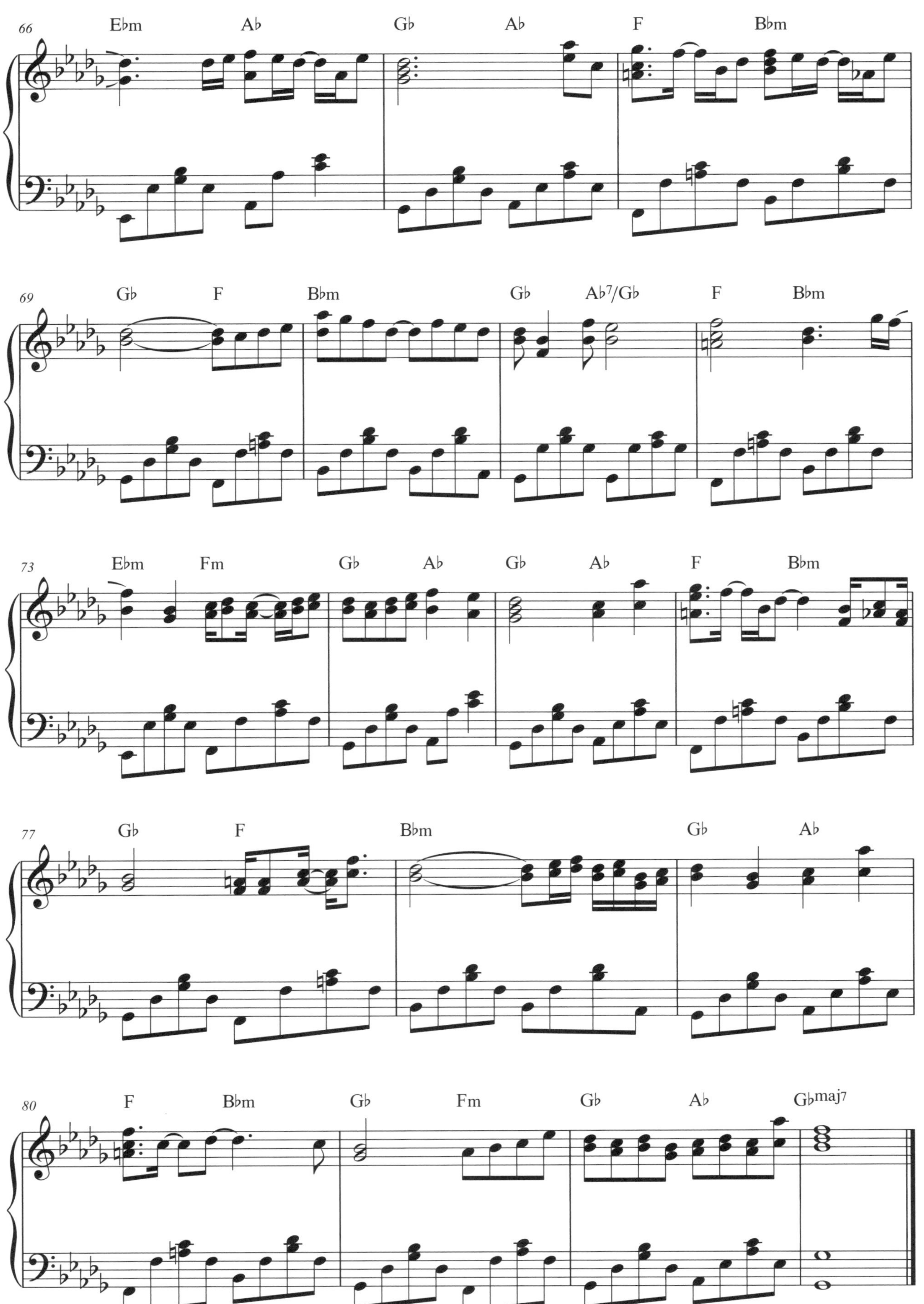
66
E♭m
A♭
G♭
A♭
F
B♭m
69
G♭
F
B♭m
G♭
A♭7/G♭
F
B♭m
73
E♭m
Fm
G♭
A♭
G♭
A♭
F
B♭m
77
G♭
F
B♭m
G♭
A♭
80
F
B♭m
G♭
Fm
G♭
A♭
G♭maj7

《東京喰種》片頭曲

詞：TK 曲：TK 演唱：TK from 凛として時雨

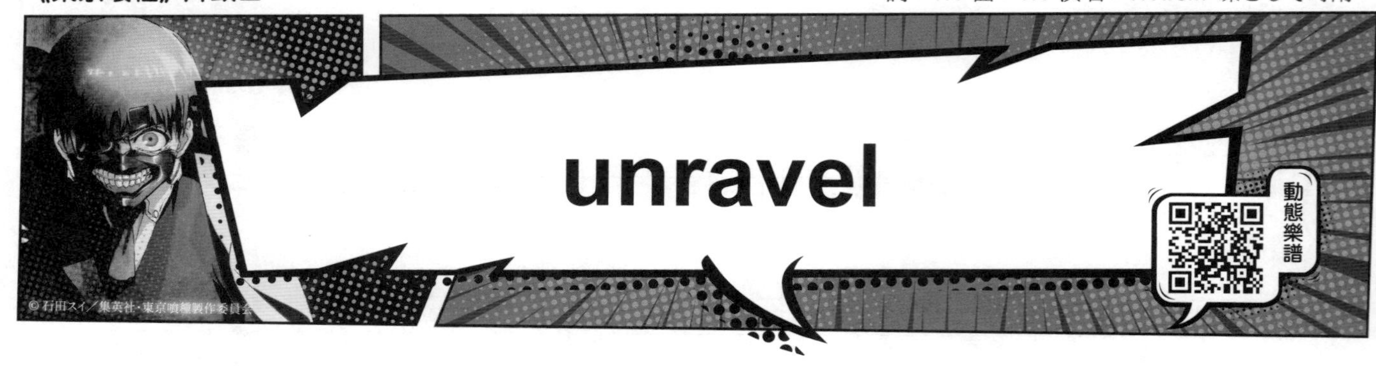

♩=66

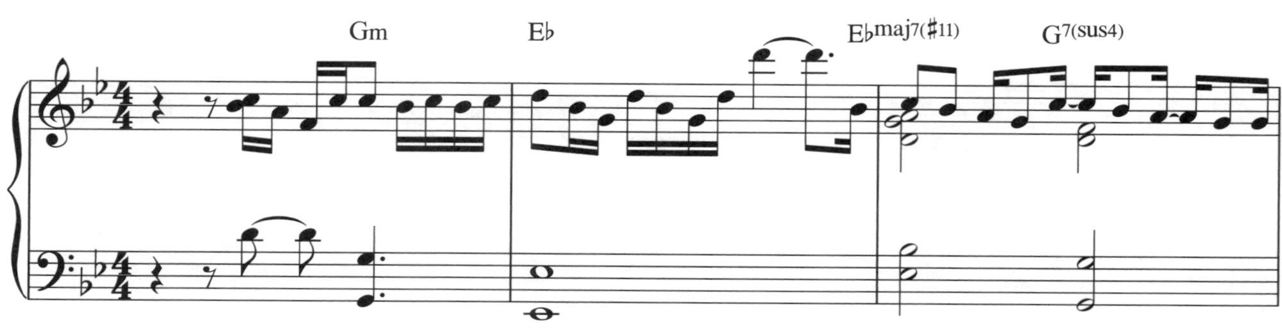

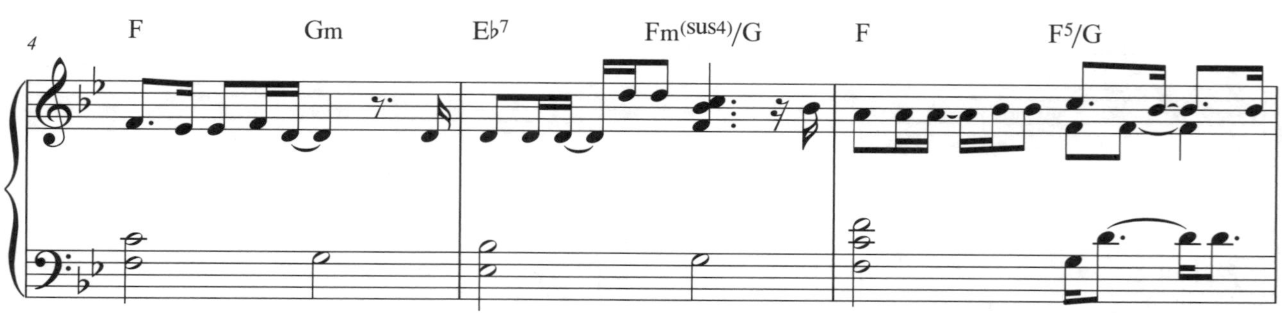

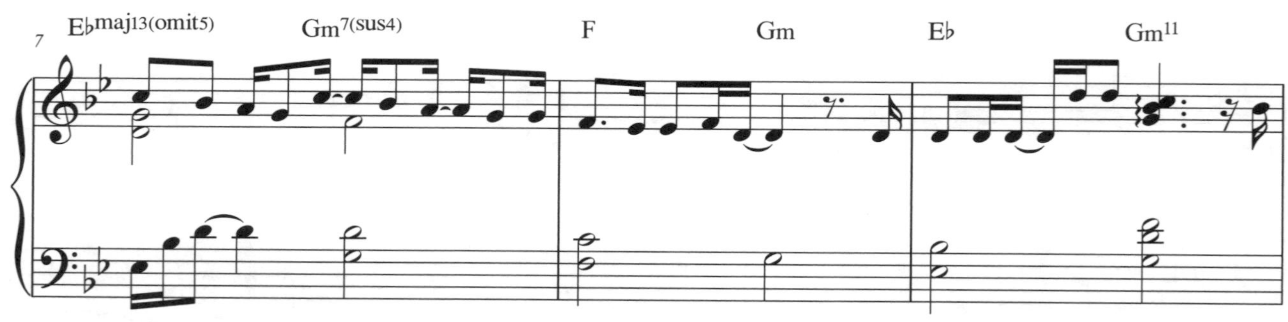

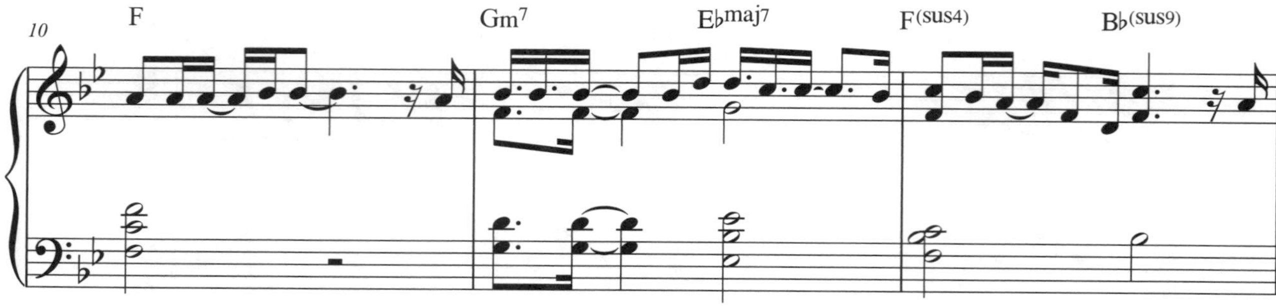

圖片出處：www.netflix.com/tw/title/80023687

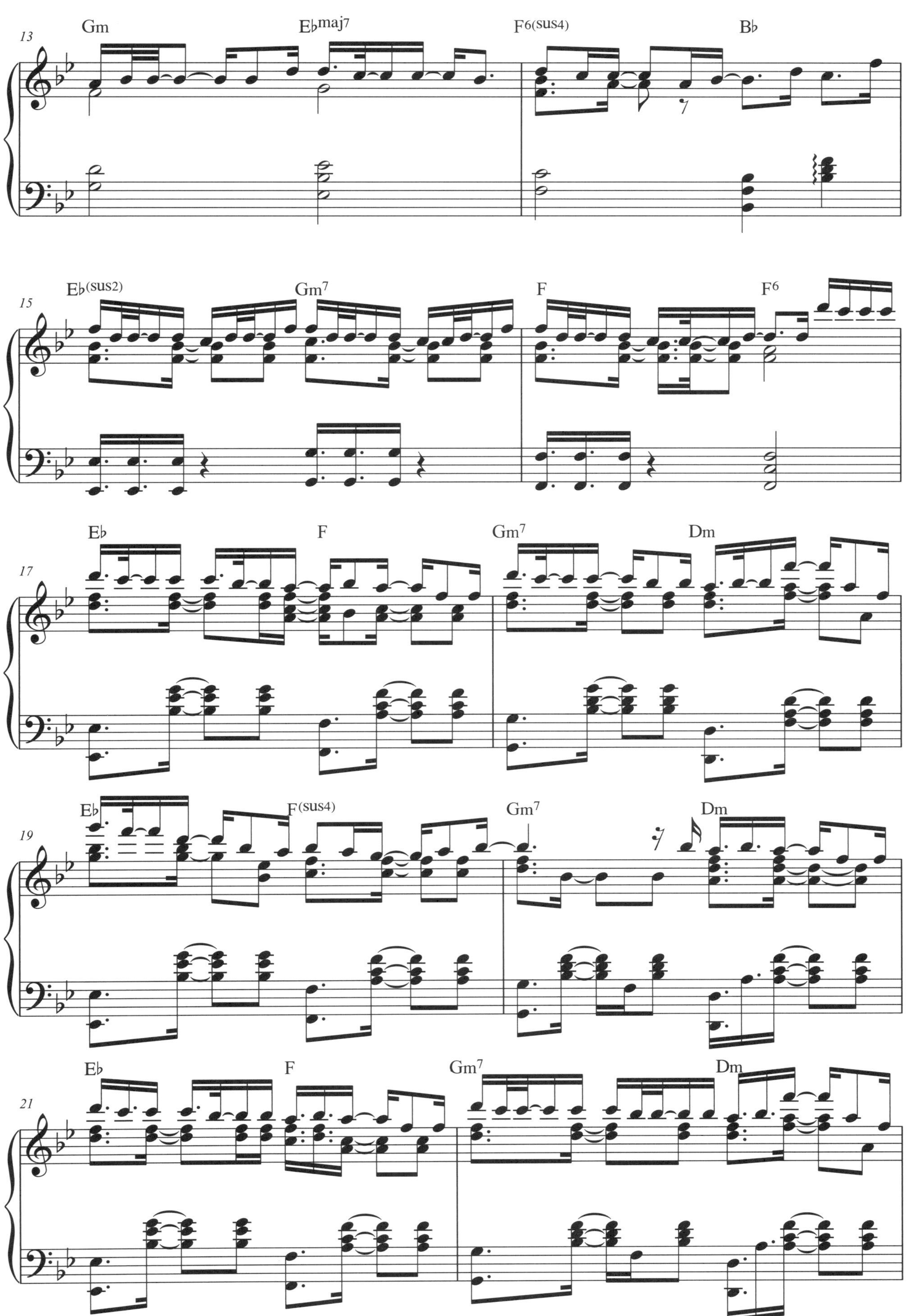
13
Gm
E♭maj7
F6(sus4)
B♭
15
E♭(sus2)
Gm7
F
F6
17
E♭
F
Gm7
Dm
19
E♭
F(sus4)
Gm7
Dm
21
E♭
F
Gm7
Dm

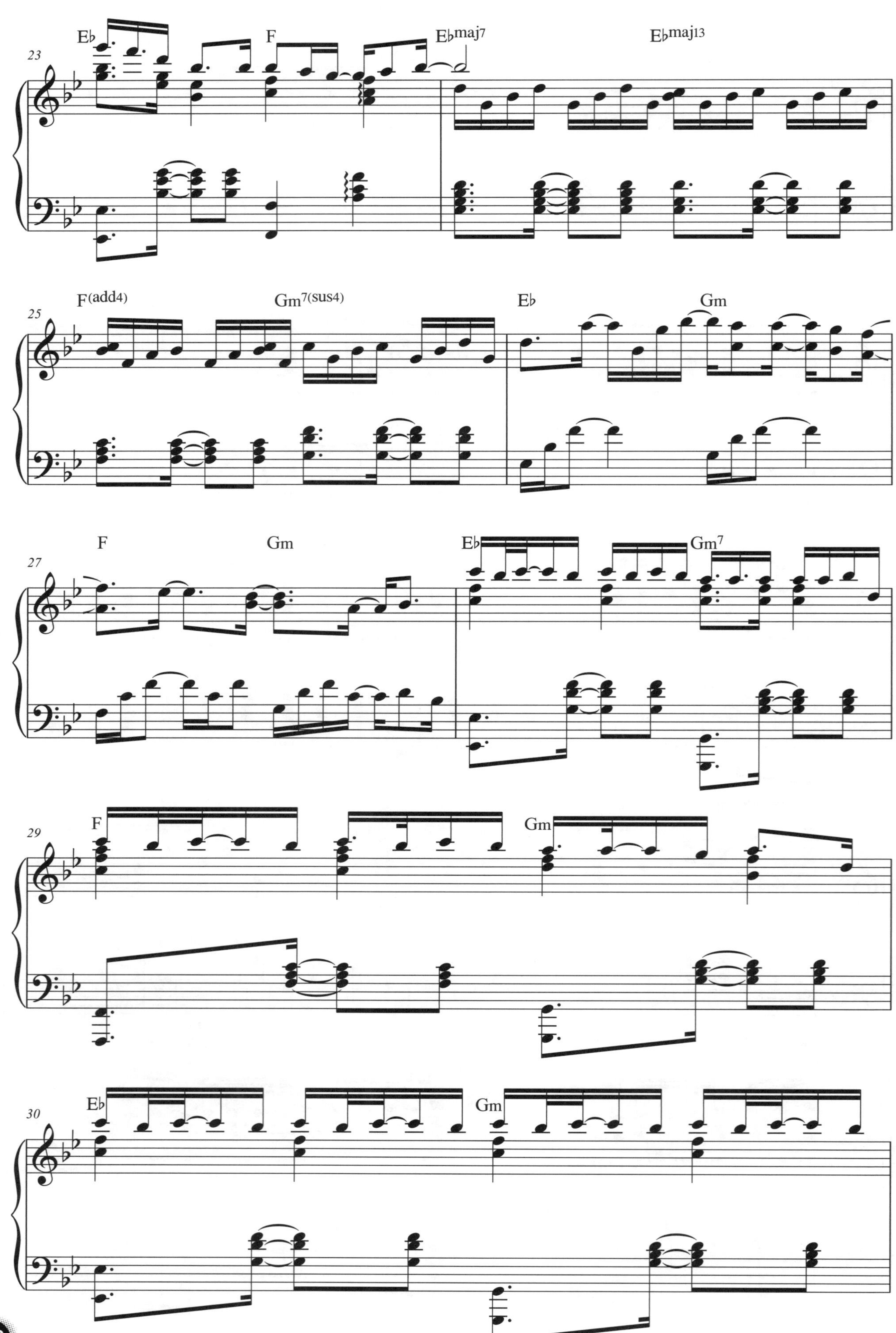
23
E♭
F
E♭maj7
E♭maj13
25
F(add4)
Gm7(sus4)
E♭
Gm
27
F
Gm
E♭
Gm7
29
F
Gm
30
E♭
Gm

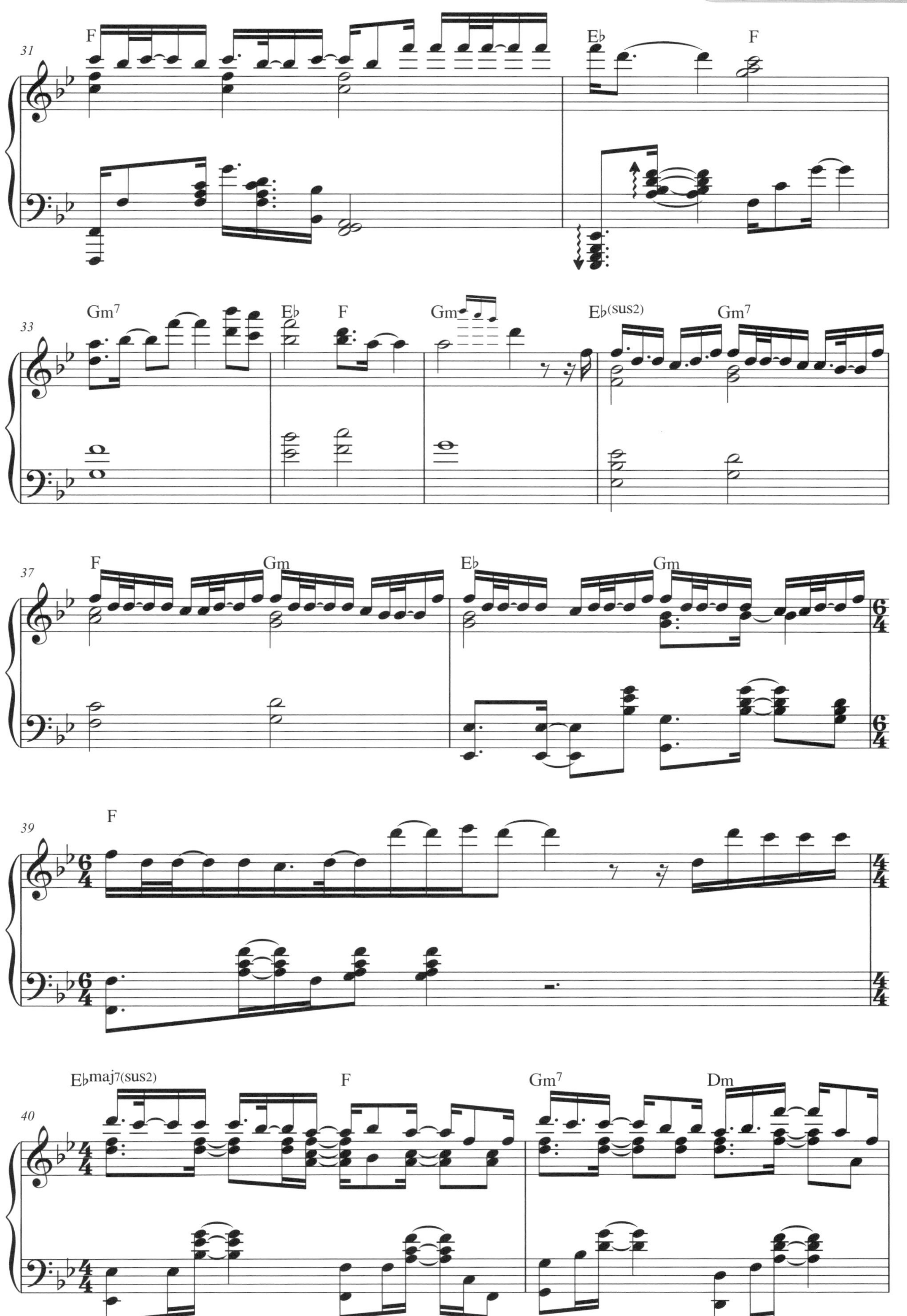
31
F
E♭
F
33
Gm7
E♭
F
Gm
E♭(sus2)
Gm7
37
F
Gm
E♭
Gm
39
F
40
E♭maj7(sus2)
F
Gm7
Dm

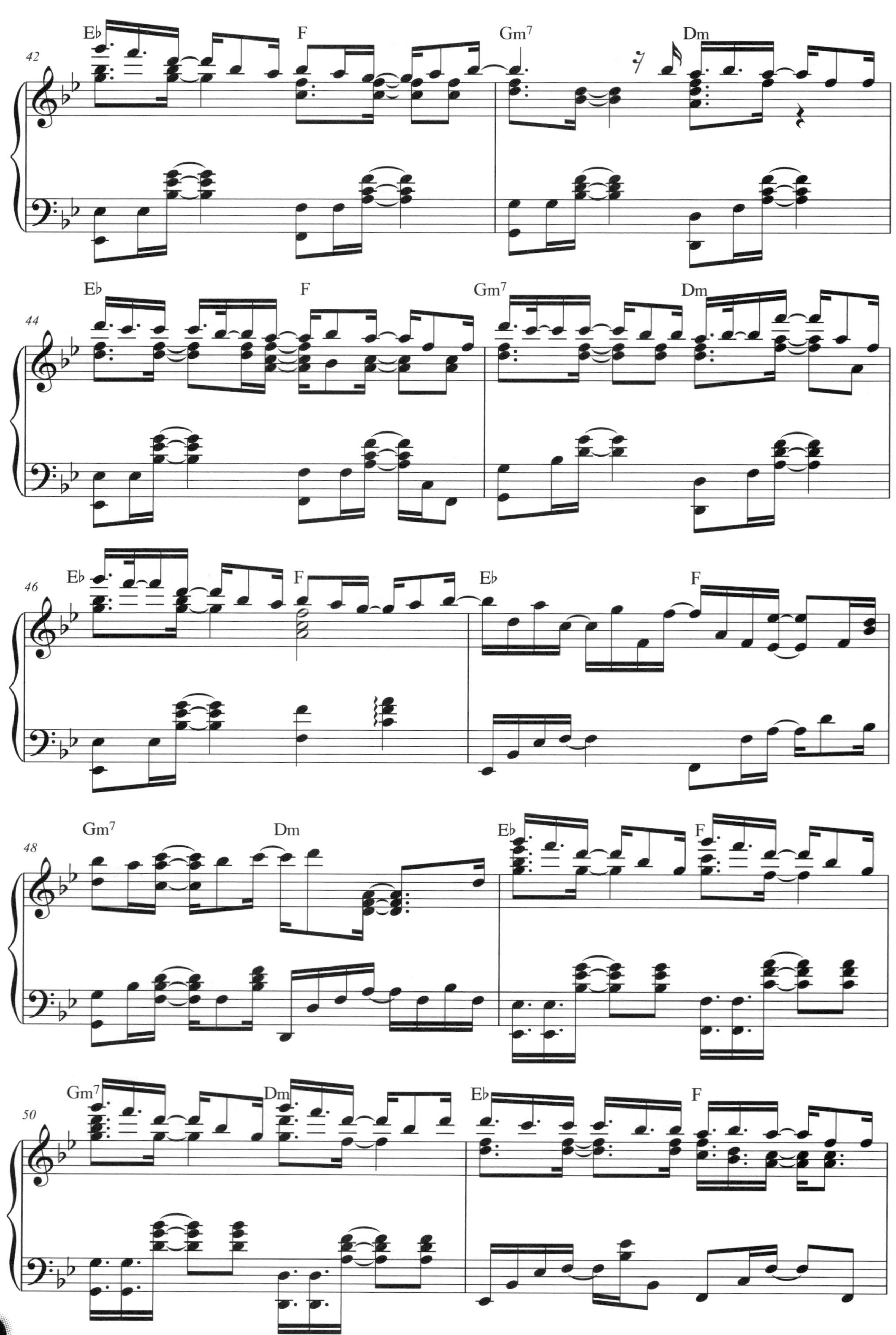

E♭
F
Gm7
Dm
42
44
46
48
50

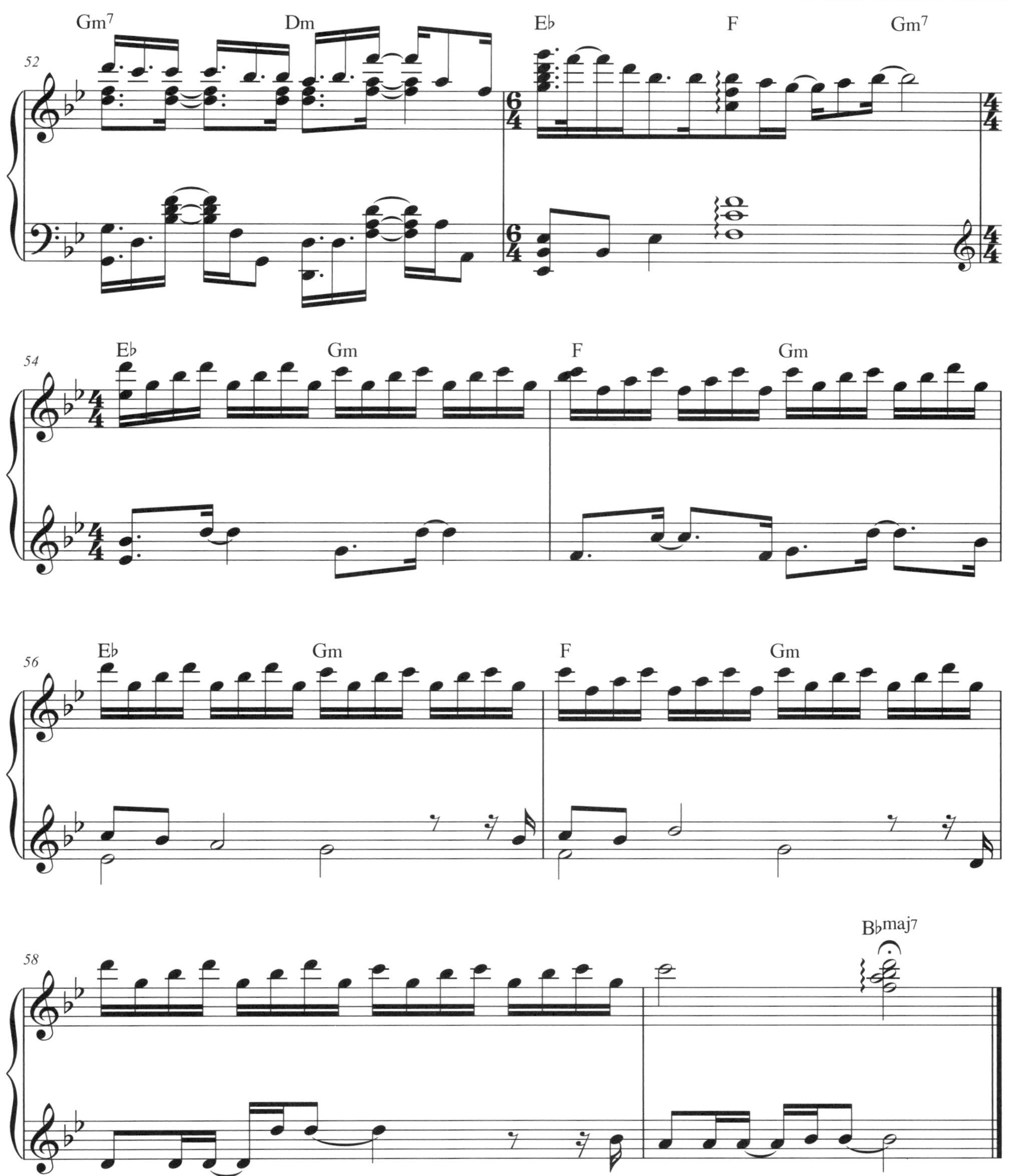
Gm7
Dm
E♭
F
Gm7
52
E♭
Gm
F
Gm
54
E♭
Gm
F
Gm
56
B♭maj7
58

《NO GAME NO LIFE 遊戲人生》片頭曲

詞：深青結希　曲：若林充　演唱：鈴木木乃美

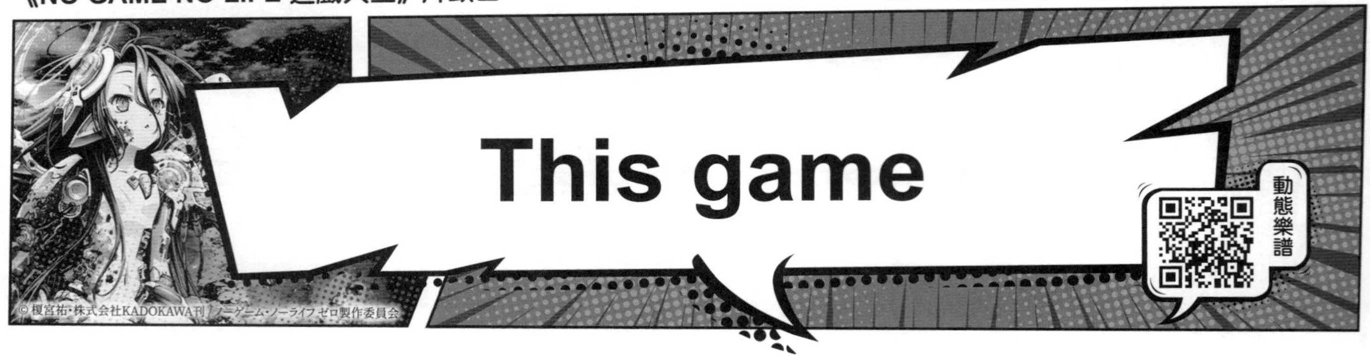

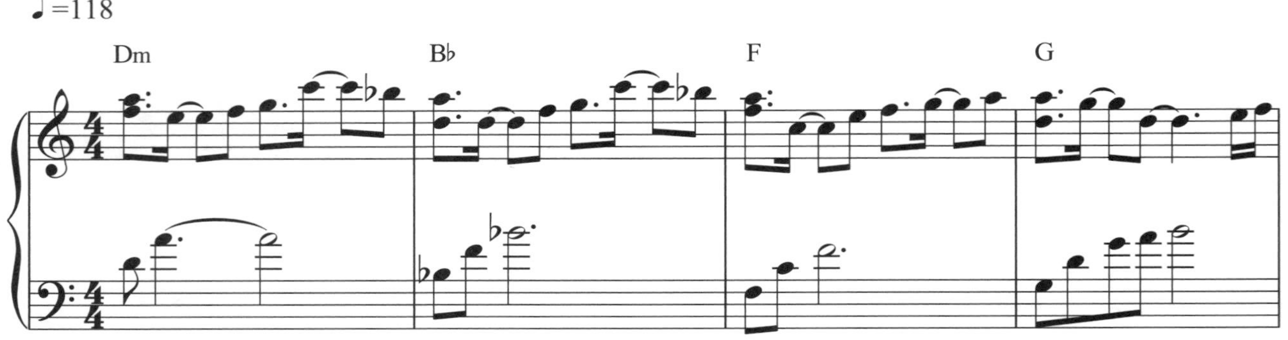

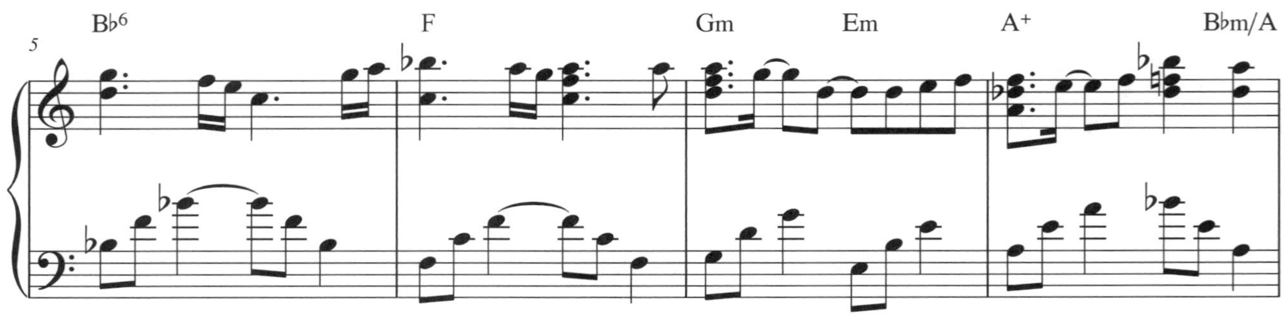

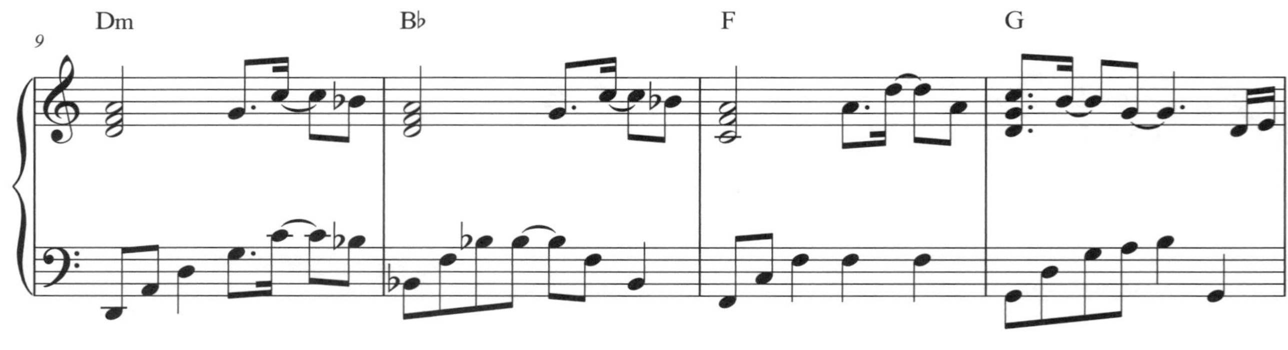

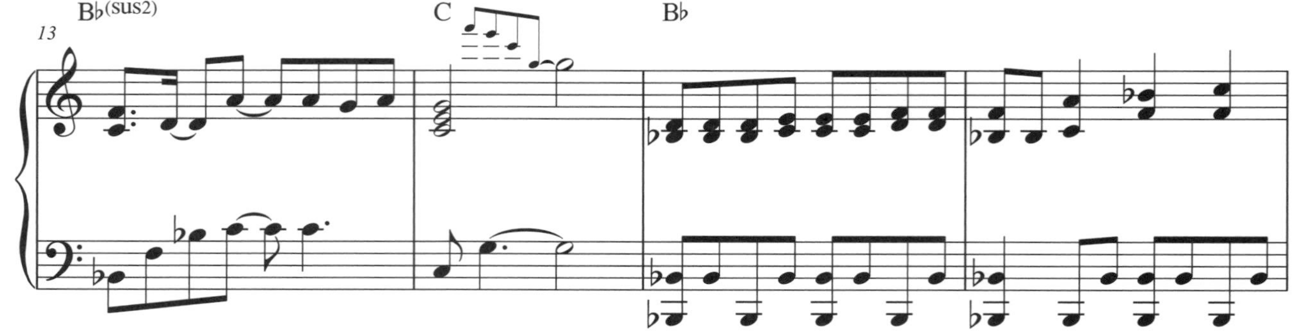

圖片出處：http://ngnl.jp/

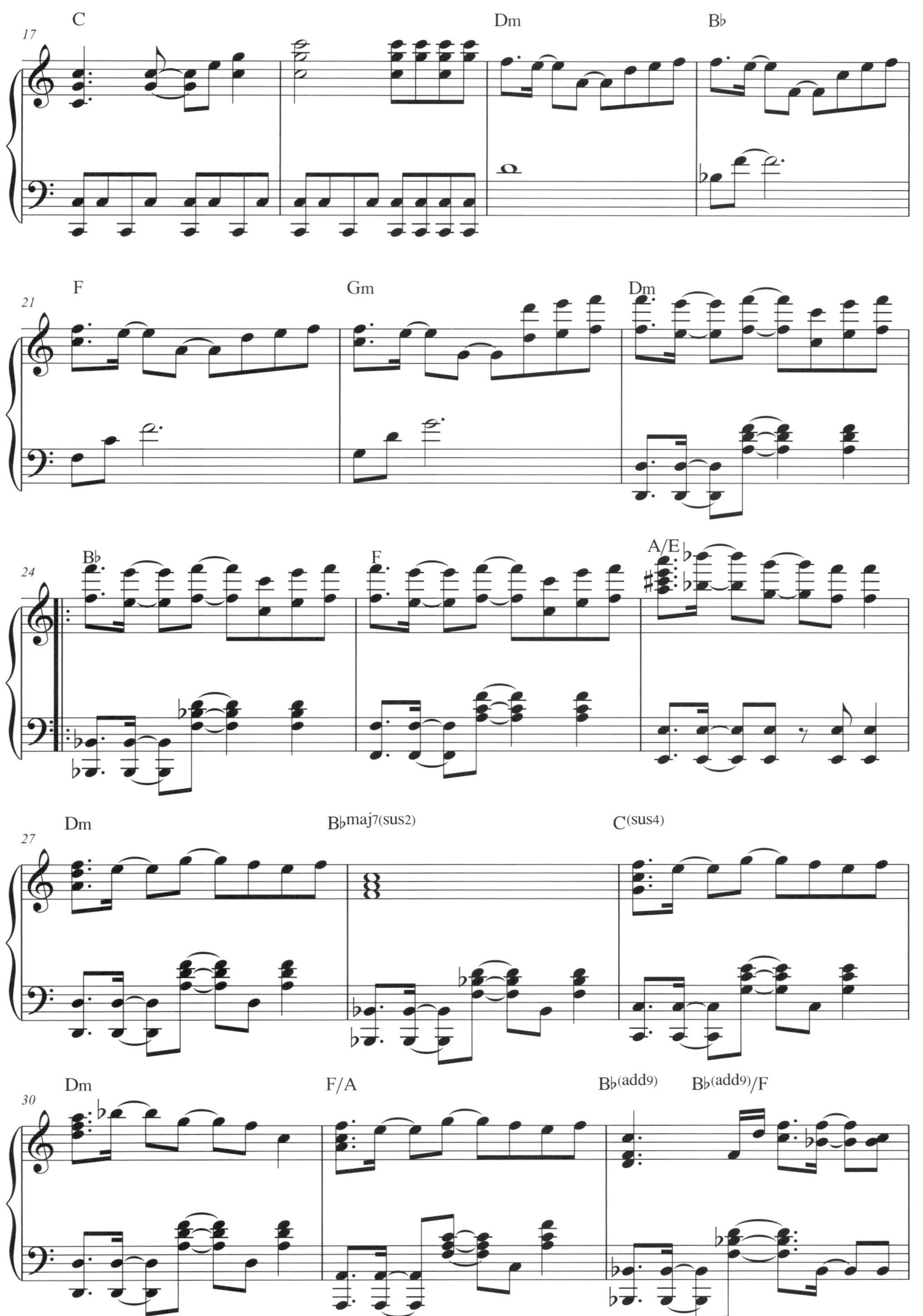
17
C
Dm
B♭
21
F
Gm
Dm
24
B♭
F
A/E
27
Dm
B♭maj7(sus2)
C(sus4)
30
Dm
F/A
B♭(add9)
B♭(add9)/F

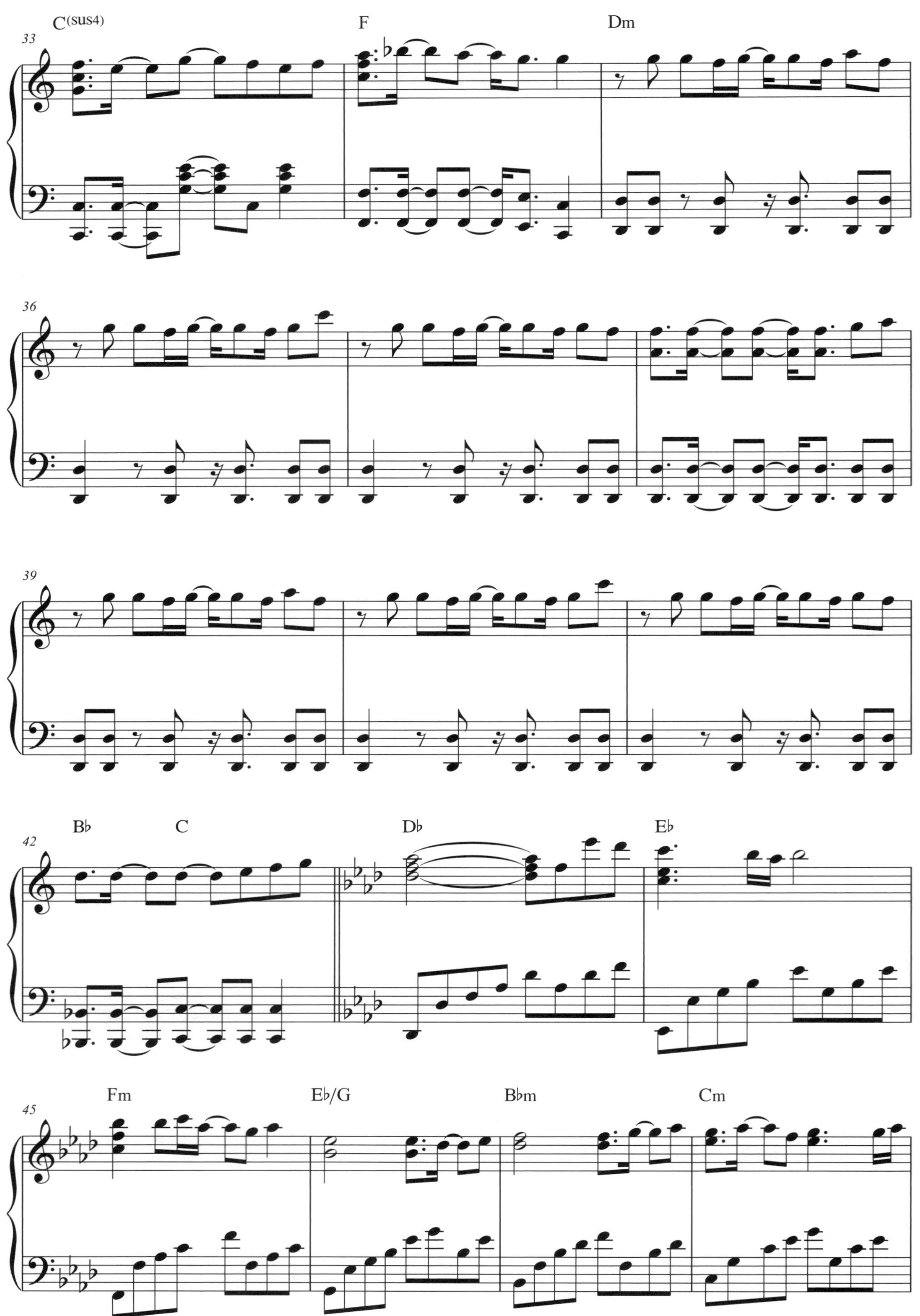
33
C(sus4)
F
Dm
36
39
42
B♭
C
D♭
E♭
45
Fm
E♭/G
B♭m
Cm

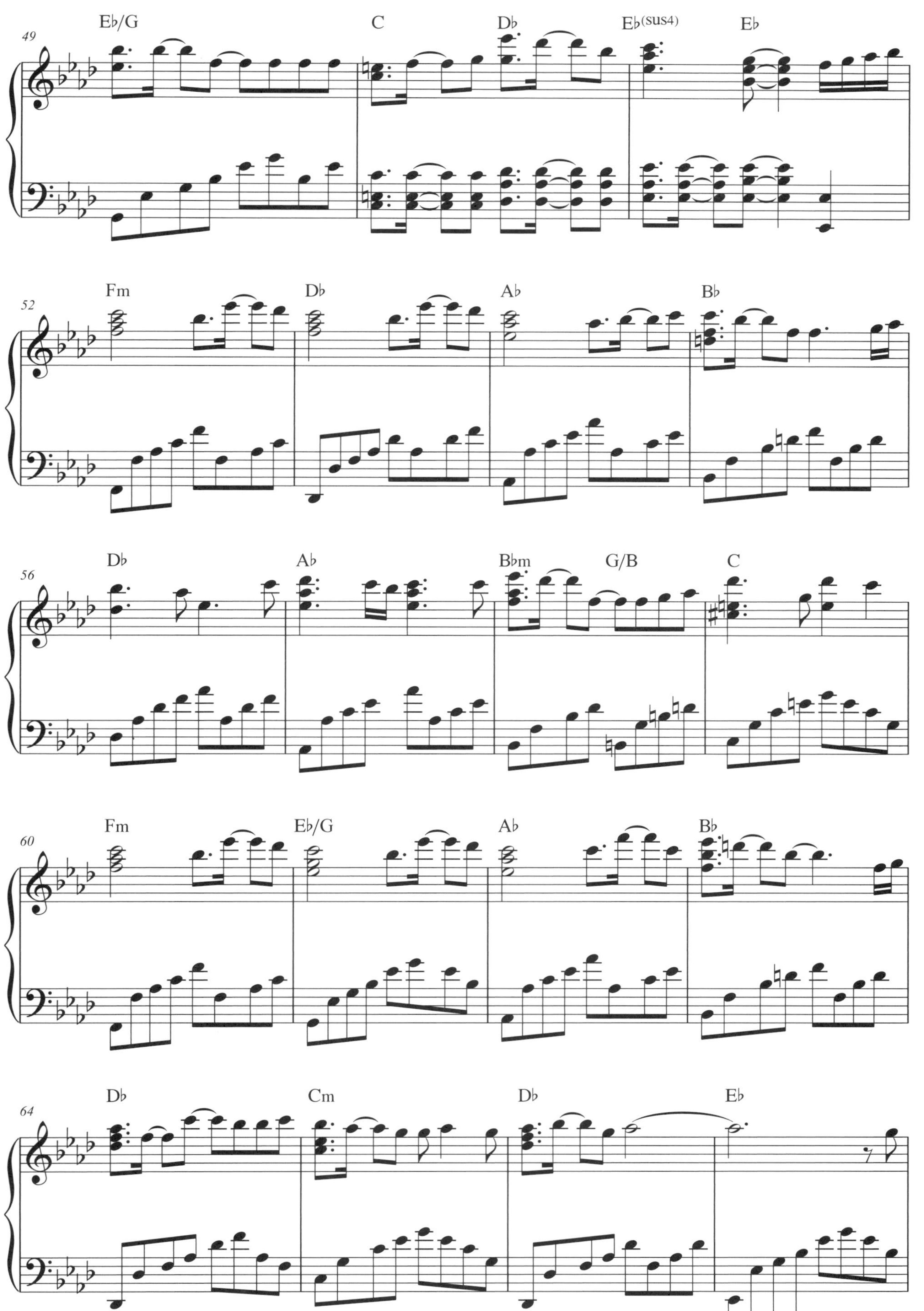
49
E♭/G
C
D♭
E♭(sus4)
E♭
52
Fm
D♭
A♭
B♭
56
D♭
A♭
B♭m
G/B
C
60
Fm
E♭/G
A♭
B♭
64
D♭
Cm
D♭
E♭

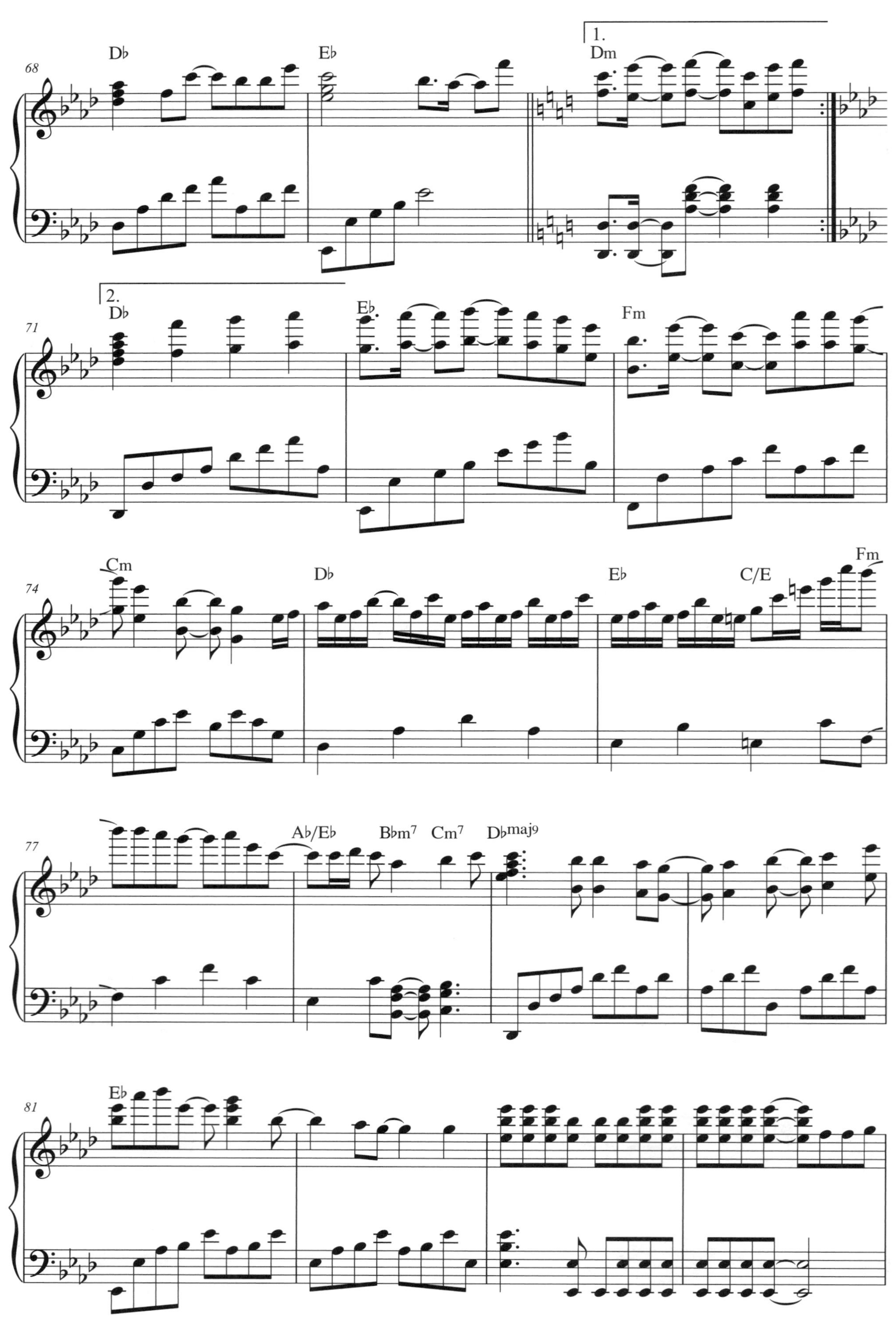
68
D♭
E♭
1.
Dm
2.
71
D♭
E♭
Fm
74
Cm
D♭
E♭
C/E
Fm
77
A♭/E♭
B♭m7
Cm7
D♭maj9
81
E♭

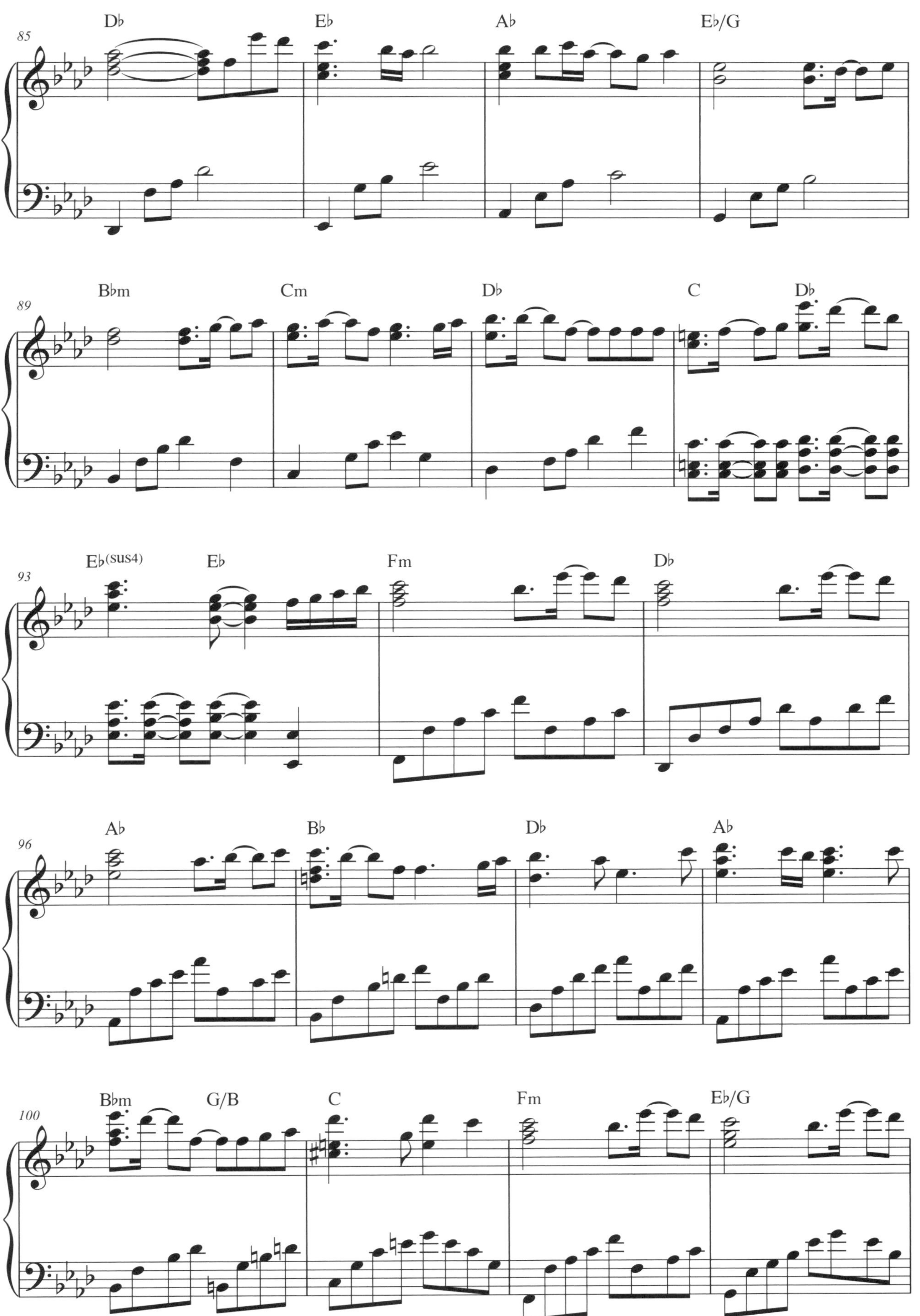
85
D♭
E♭
A♭
E♭/G
89
B♭m
Cm
D♭
C
D♭
93
E♭(sus4)
E♭
Fm
D♭
96
A♭
B♭
D♭
A♭
100
B♭m
G/B
C
Fm
E♭/G

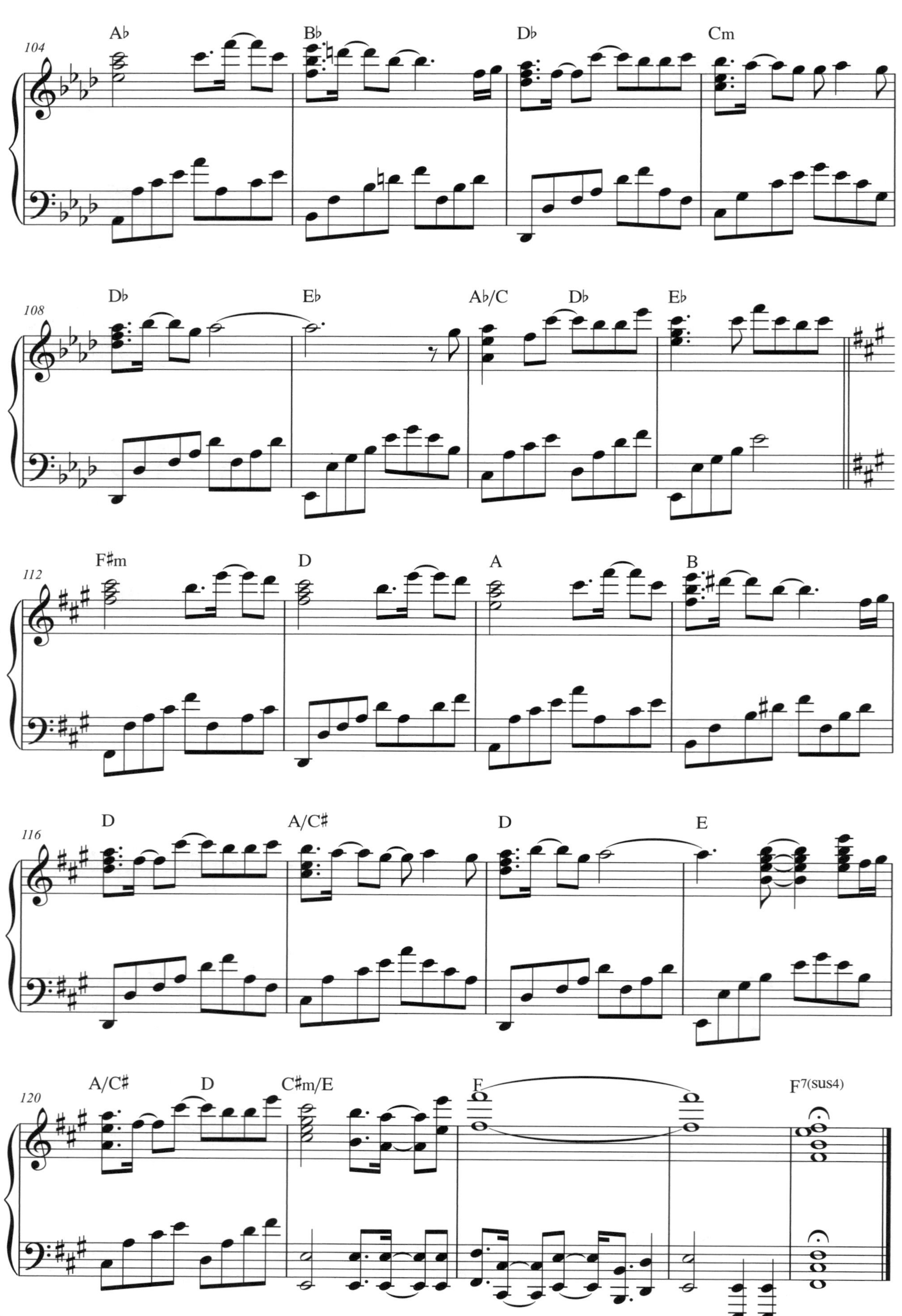
104
A♭
B♭
D♭
Cm
108
D♭
E♭
A♭/C
D♭
E♭
112
F♯m
D
A
B
116
D
A/C♯
D
E
120
A/C♯
D
C♯m/E
F
F7(sus4)

電影《跳躍吧！時空少女》插曲

詞：奥華子 曲：奥華子 演唱：奥華子

♩=80

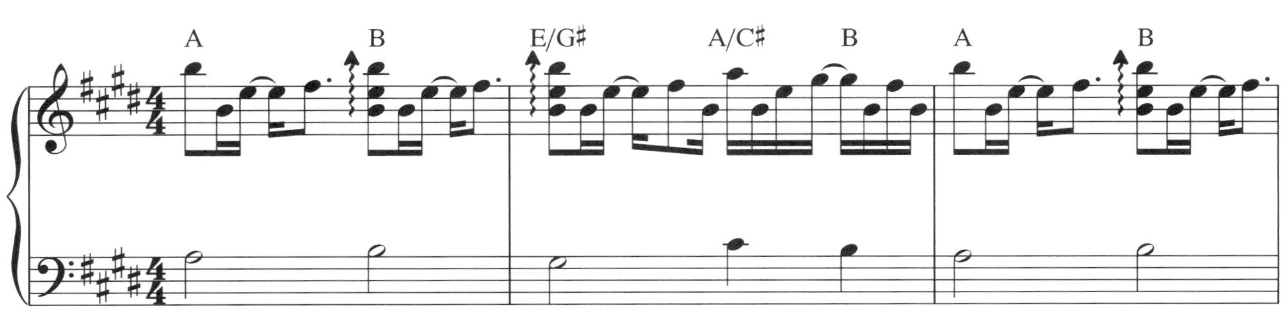

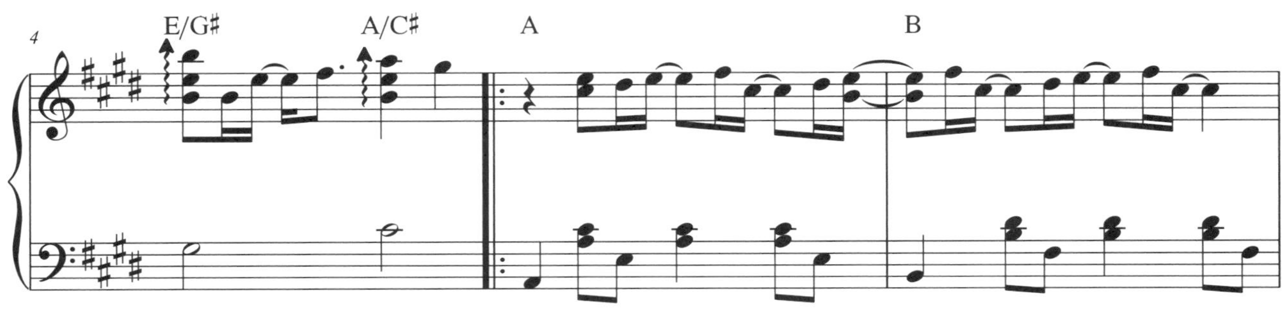

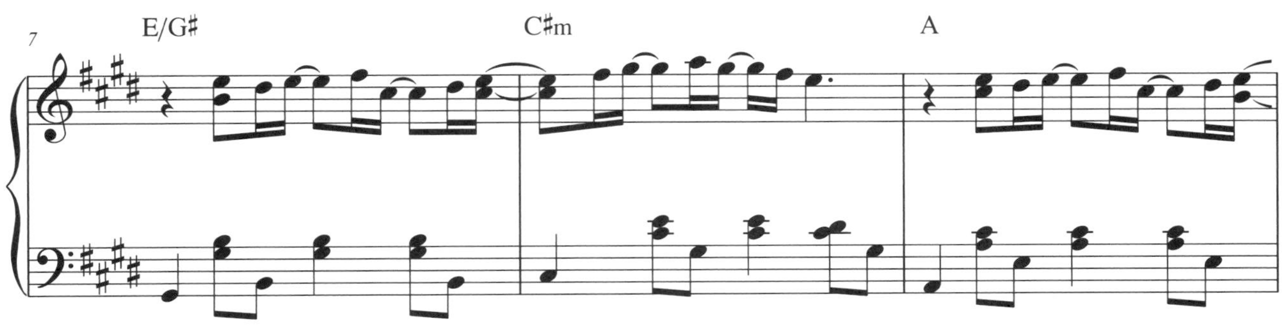

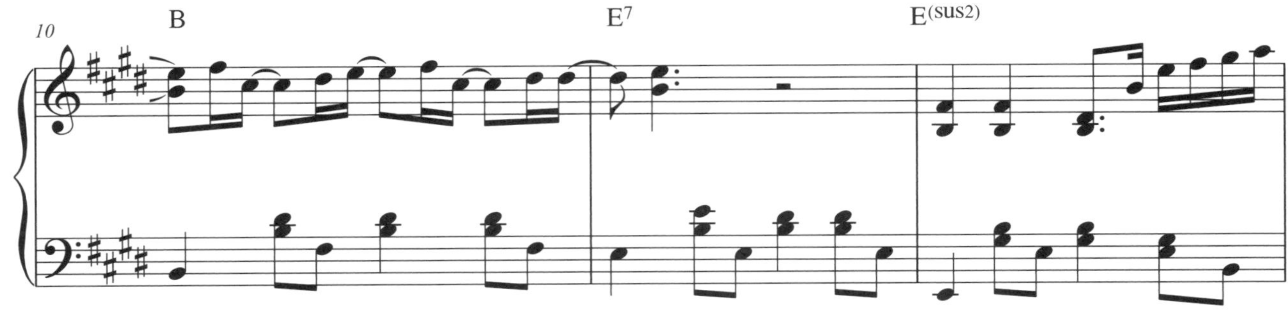

圖片出處：promo.kadokawa.co.jp/tokikake/

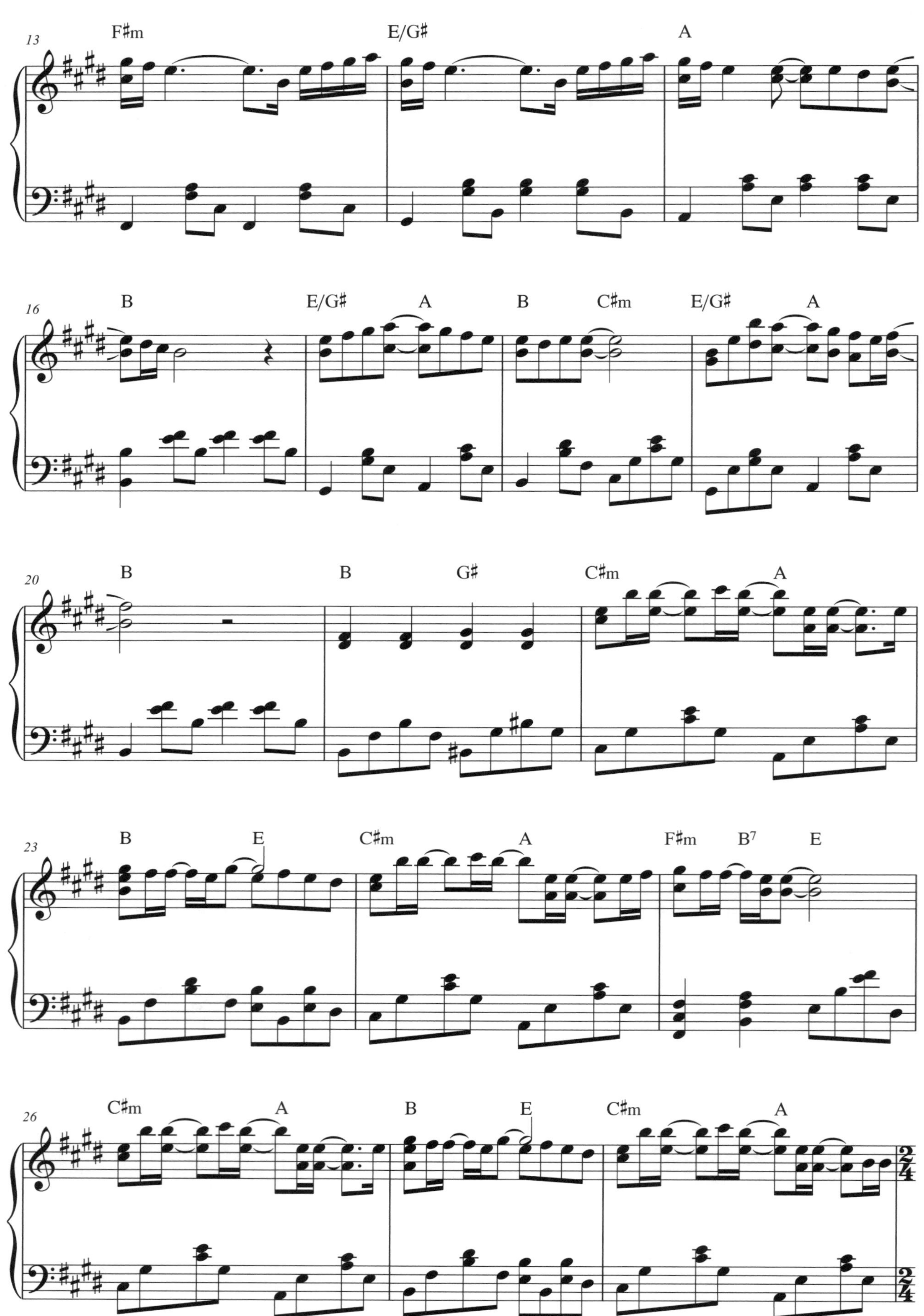
13
F♯m
E/G♯
A
16
B
E/G♯
A
B
C♯m
E/G♯
A
20
B
B
G♯
C♯m
A
23
B
E
C♯m
A
F♯m
B7
E
26
C♯m
A
B
E
C♯m
A

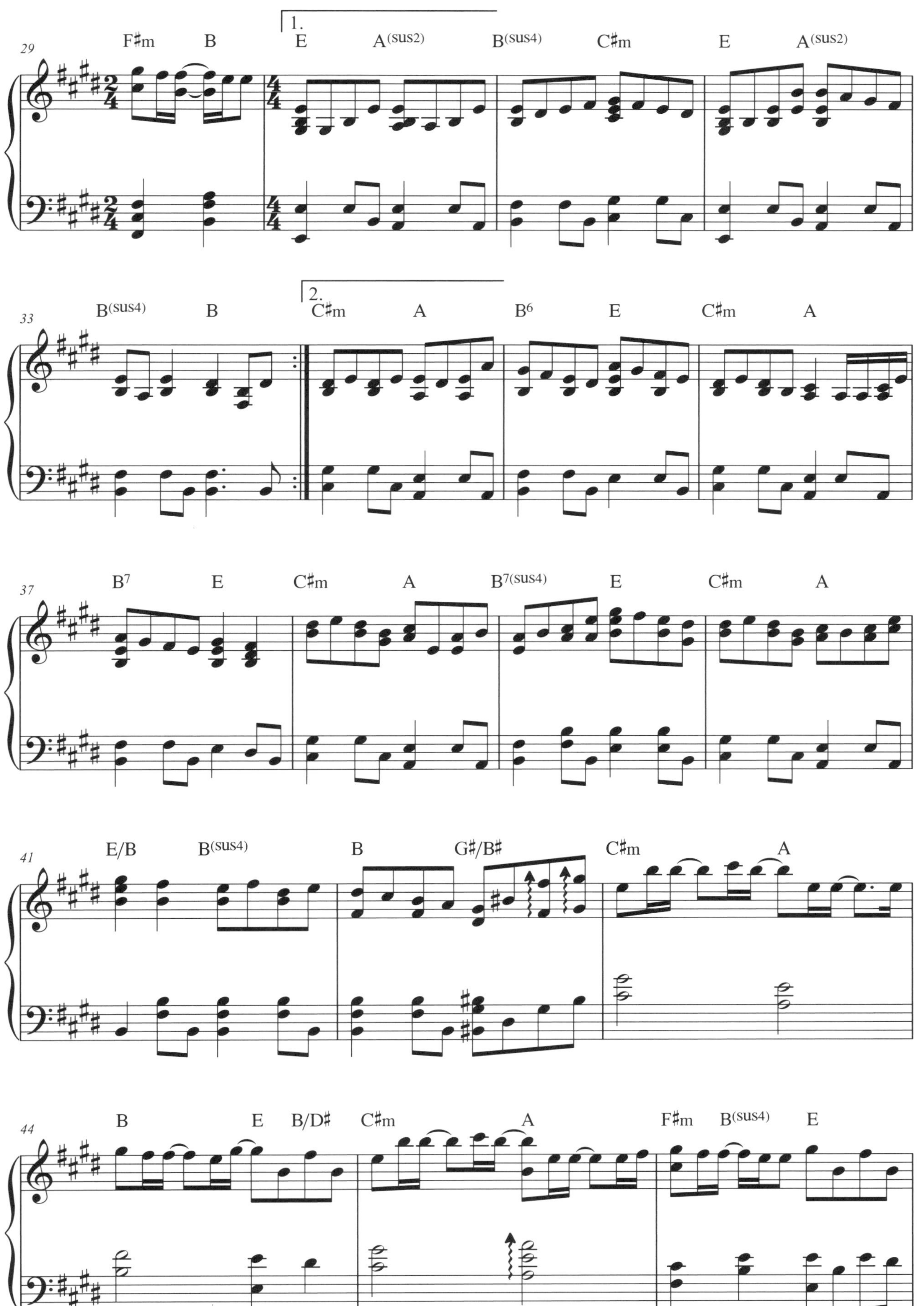
29
F♯m B
1.
E A(sus2) B(sus4) C♯m E A(sus2)
33
B(sus4) B
2.
C♯m A B6 E C♯m A
37
B7 E C♯m A B7(sus4) E C♯m A
41
E/B B(sus4) B G♯/B♯ C♯m A
44
B E B/D♯ C♯m A F♯m B(sus4) E

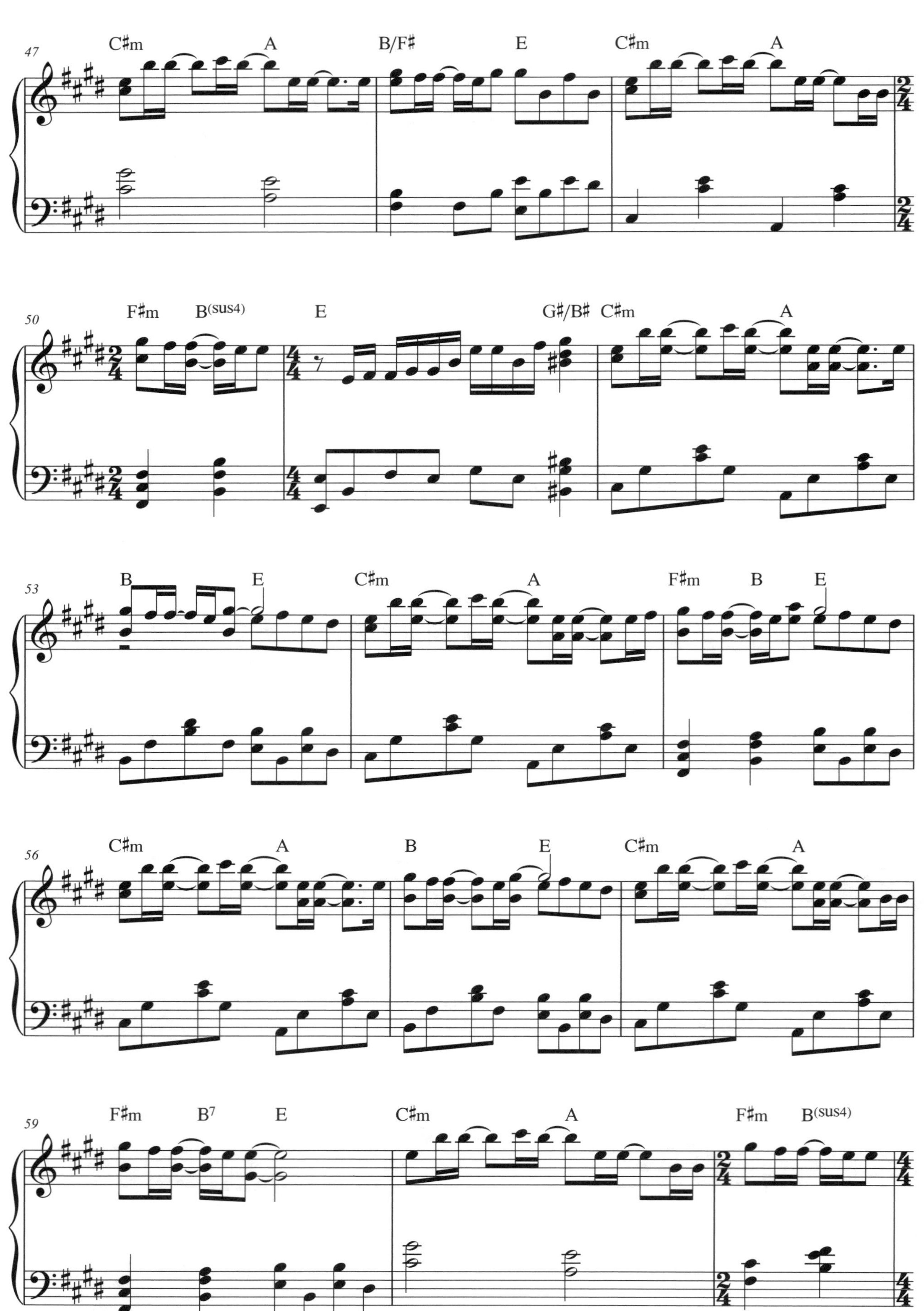
47
C♯m A B/F♯ E C♯m A
50
F♯m B(sus4) E G♯/B♯ C♯m A
53
B E C♯m A F♯m B E
56
C♯m A B E C♯m A
59
F♯m B7 E C♯m A F♯m B(sus4)

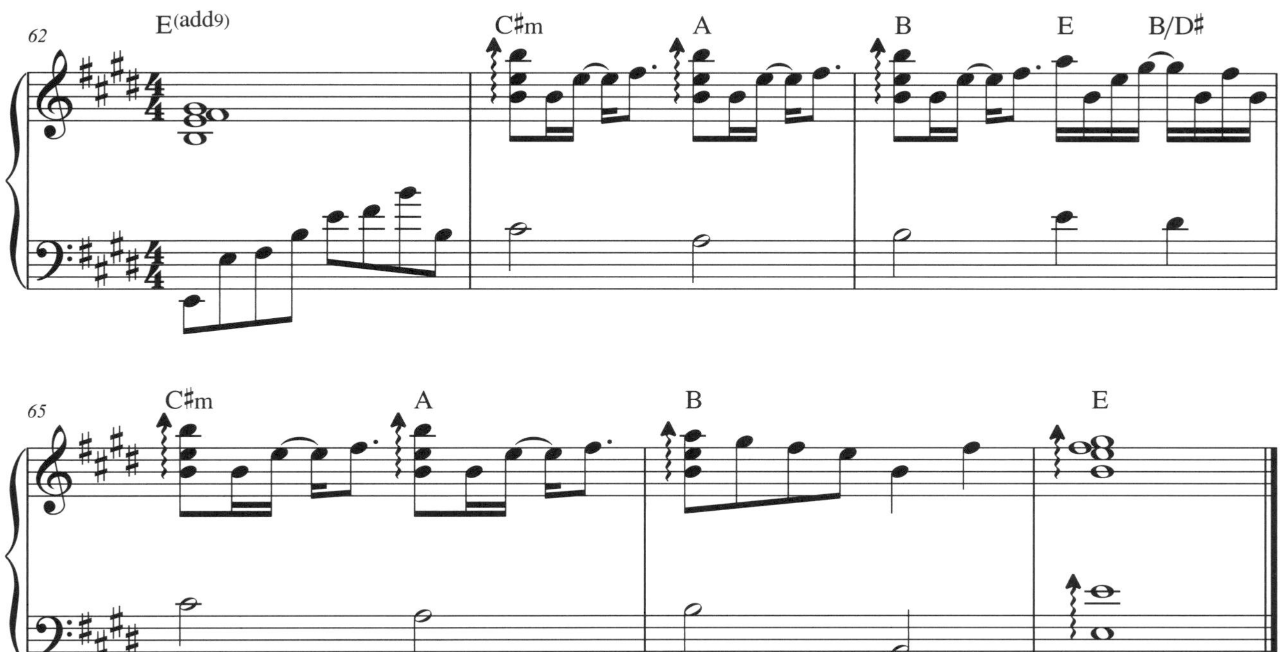
62
E(add9)
C♯m
A
B
E
B/D♯
65
C♯m
A
B
E

電影《風起》主題曲

詞：荒井由實 曲：荒井由實 演唱：松任谷由實 (荒井由實)

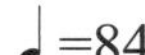

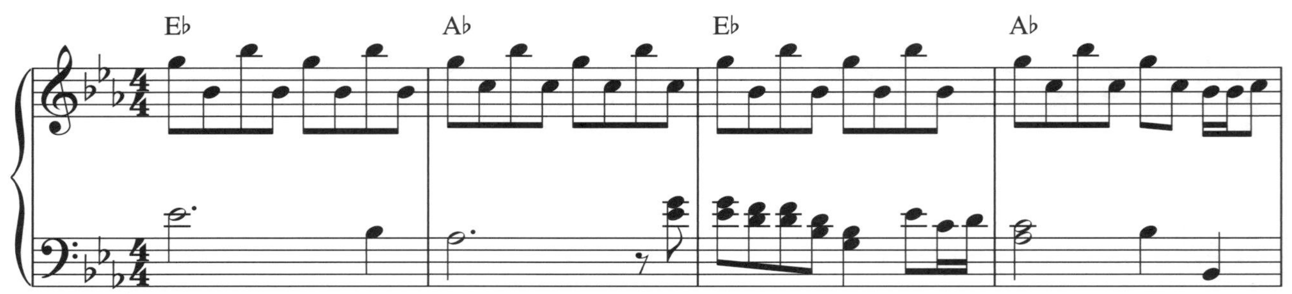

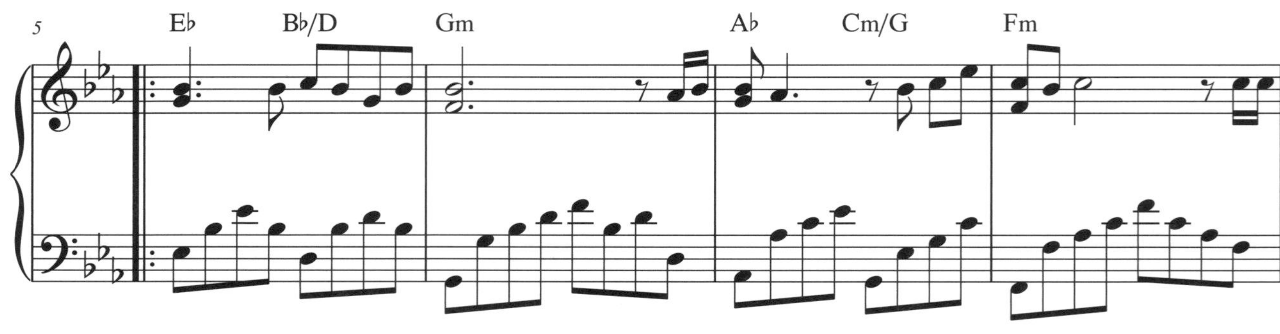

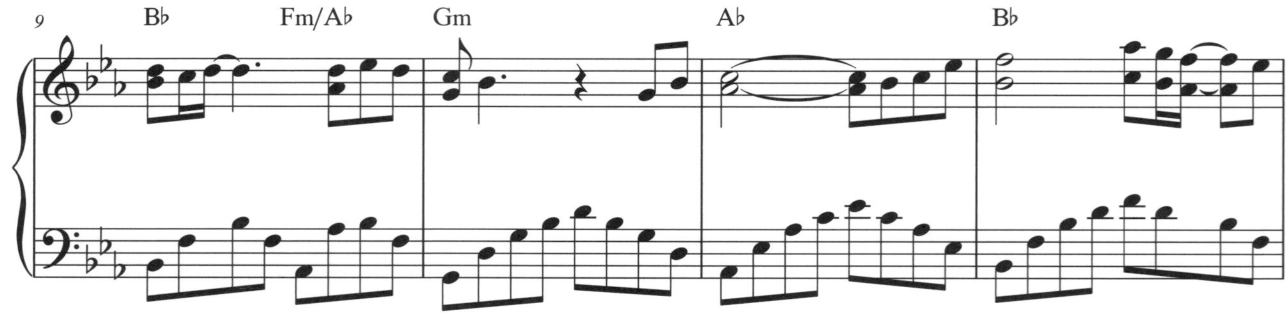

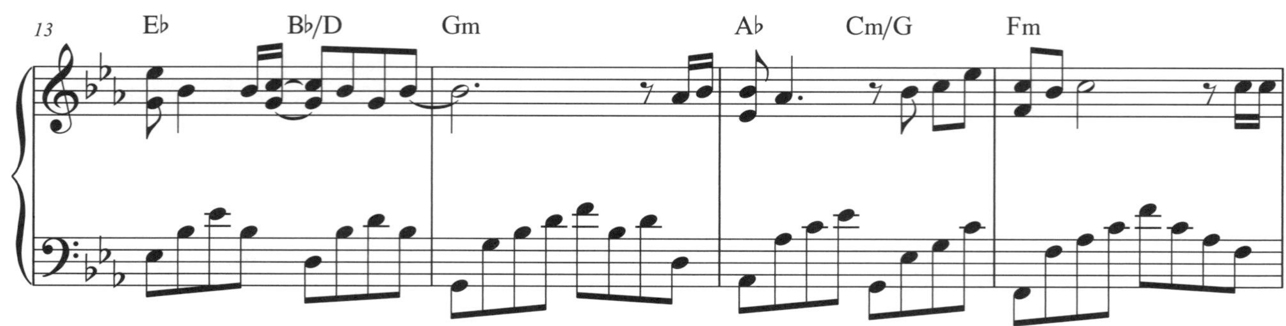

圖片出處：http://www.ghibli.jp/

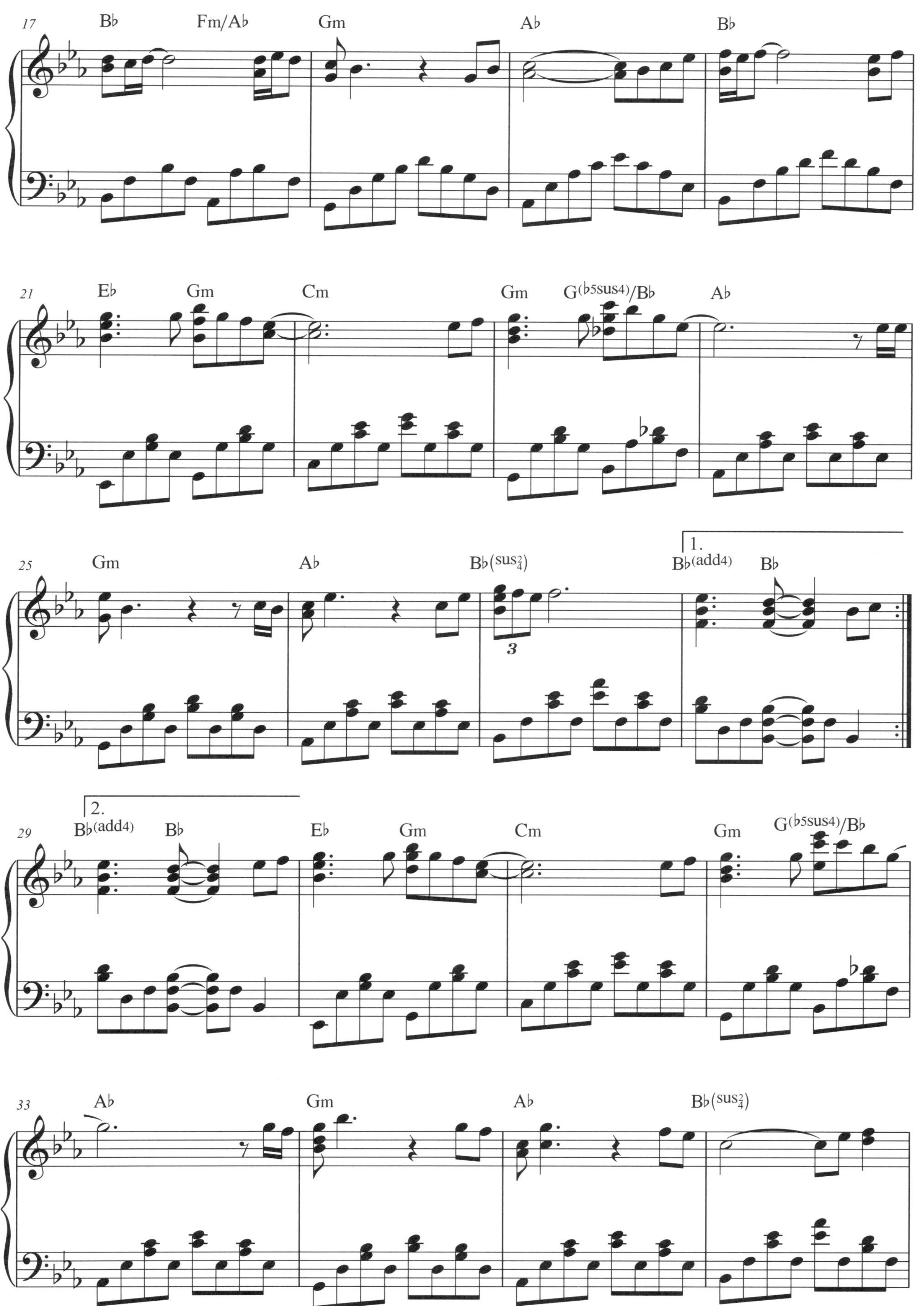
17
B♭
Fm/A♭
Gm
A♭
B♭
21
E♭
Gm
Cm
Gm
G(♭5sus4)/B♭
A♭
25
Gm
A♭
B♭(sus2/4)
1.
B♭(add4)
B♭
3
2.
29
B♭(add4)
B♭
E♭
Gm
Cm
Gm
G(♭5sus4)/B♭
33
A♭
Gm
A♭
B♭(sus2/4)

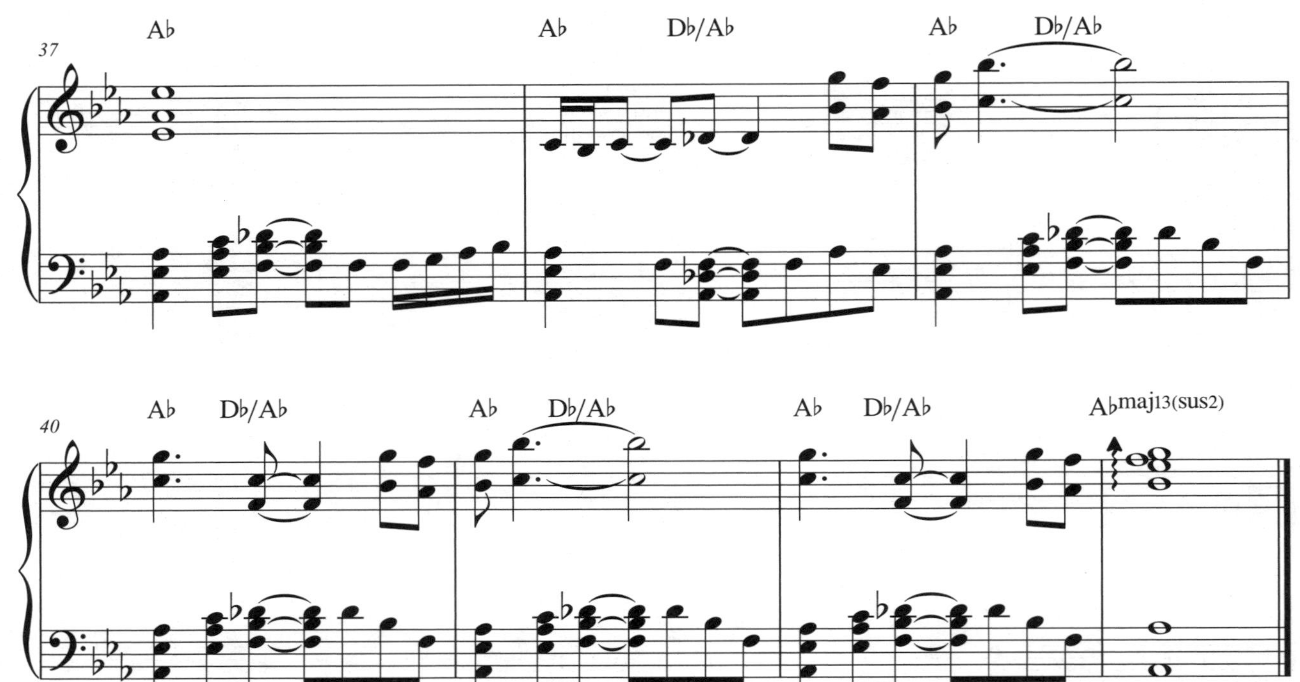
37
A♭
A♭
D♭/A♭
A♭
D♭/A♭
40
A♭
D♭/A♭
A♭
D♭/A♭
A♭
D♭/A♭
A♭maj13(sus2)

電影《你的名字》主題曲

詞：野田洋次郎 曲：野田洋次郎 演唱：RADWIMPS

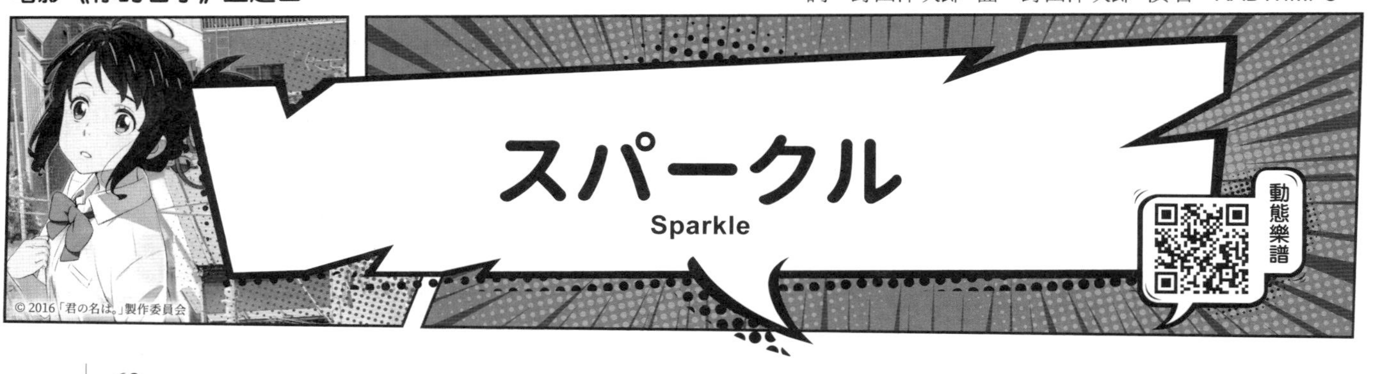

♩=62

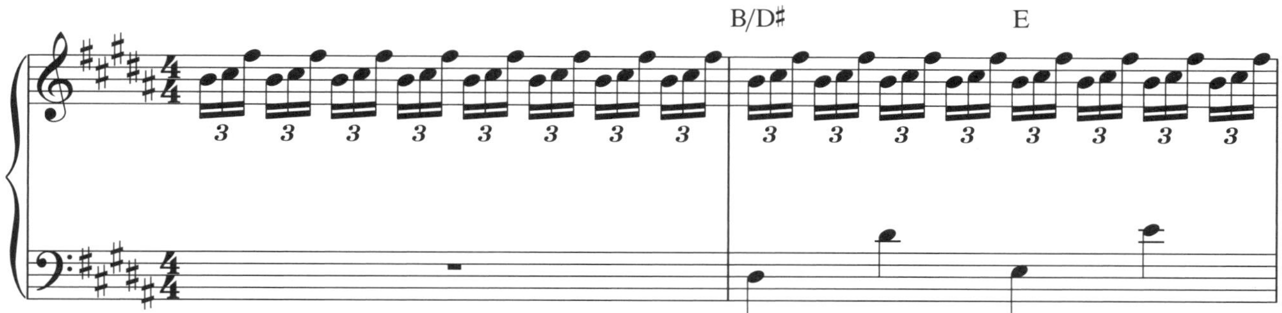

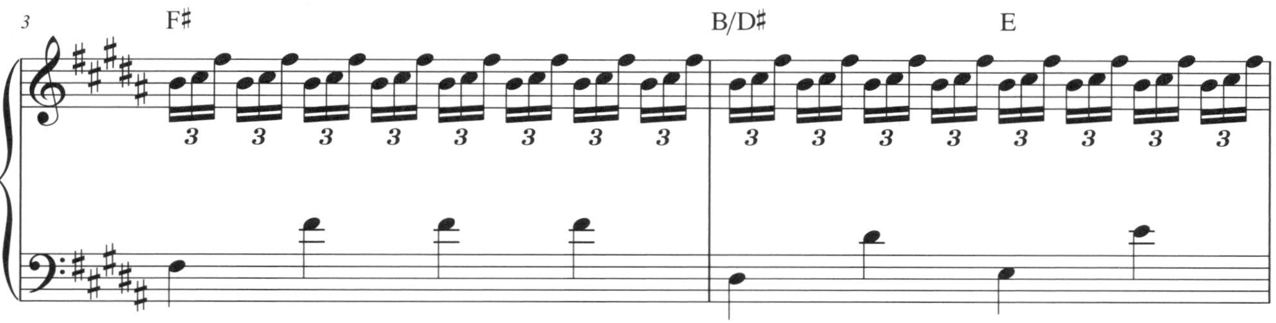

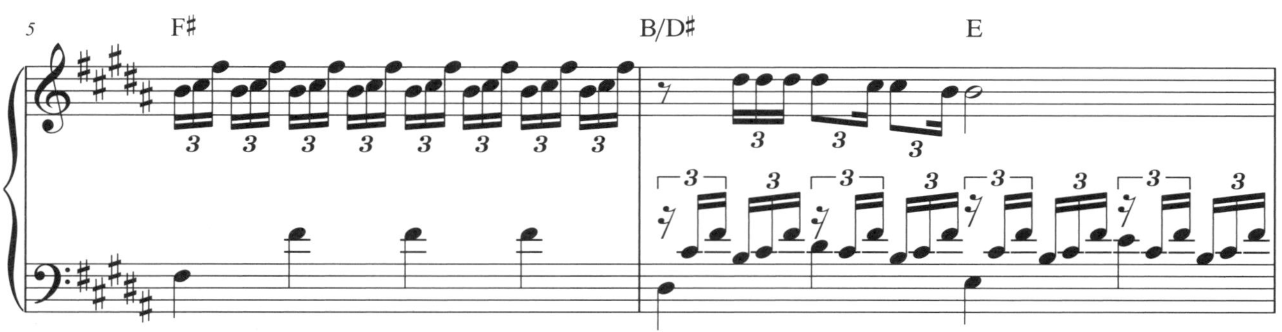

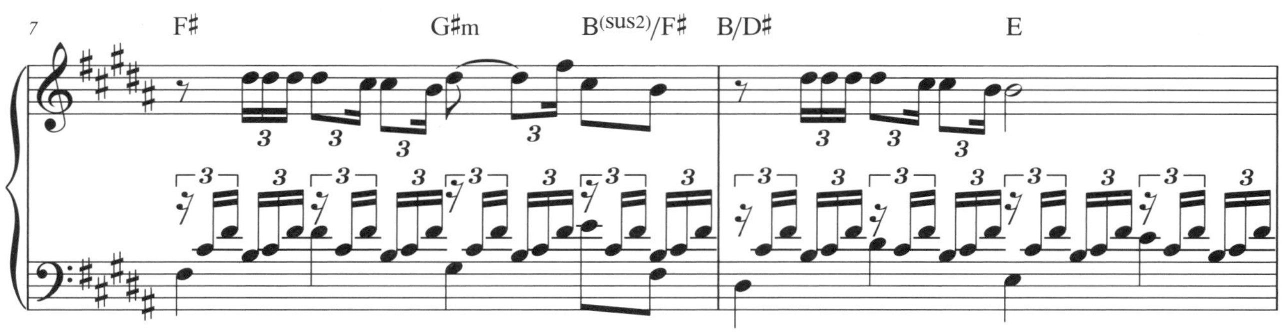

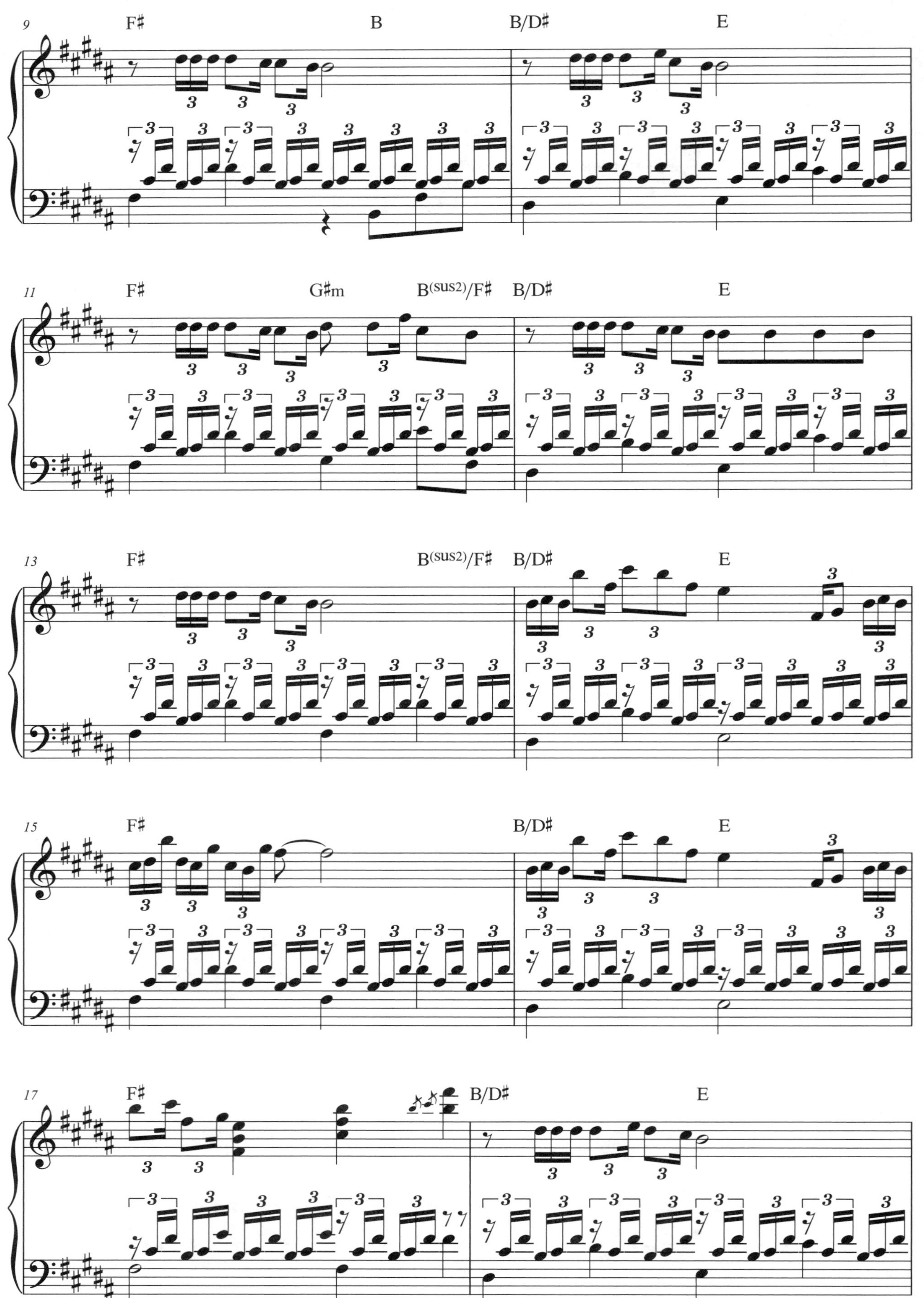

9
F♯
B
B/D♯
E
11
F♯
G♯m
B(sus2)/F♯
B/D♯
E
13
F♯
B(sus2)/F♯
B/D♯
E
15
F♯
B/D♯
E
17
F♯
B/D♯
E

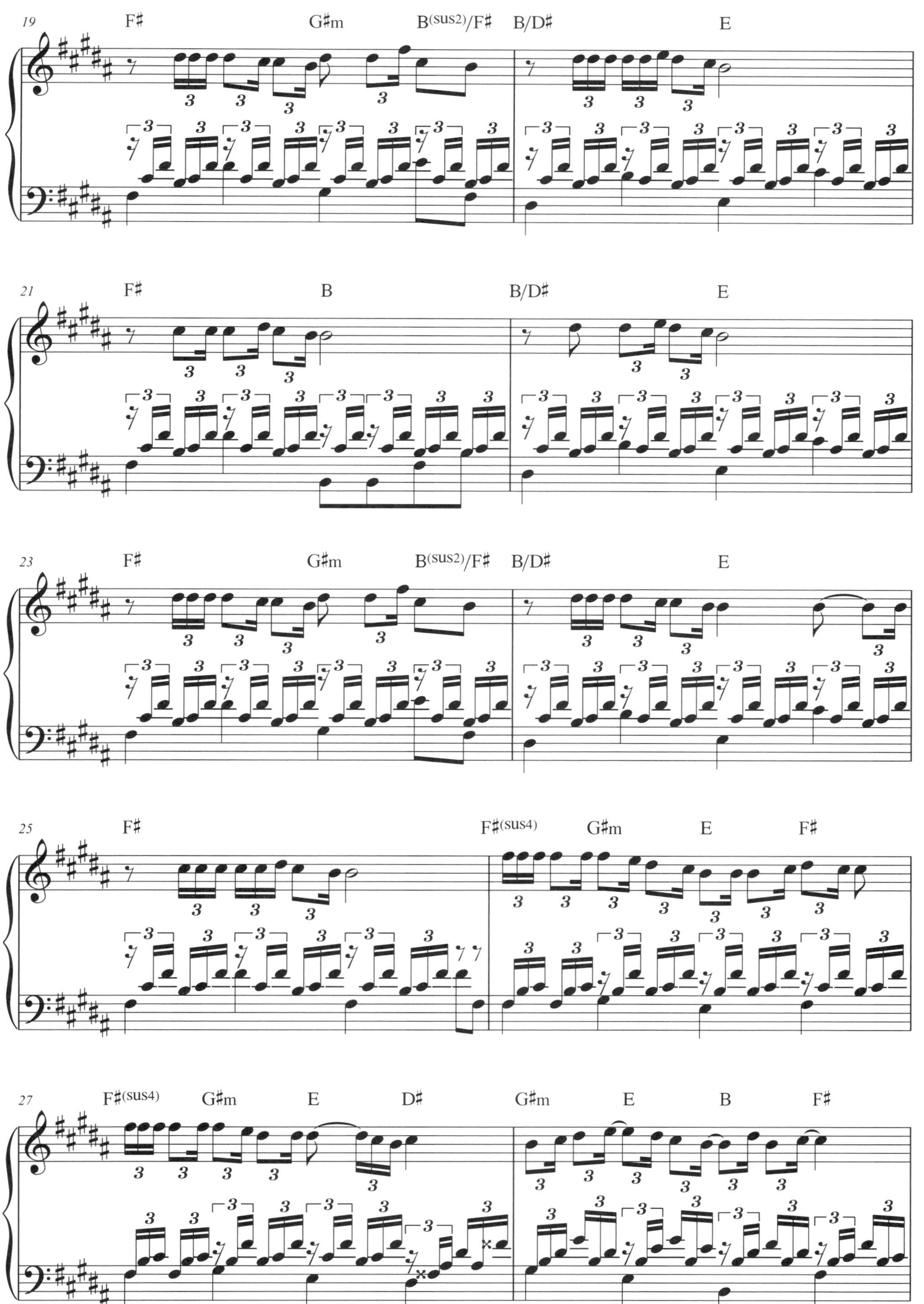
19
F♯
G♯m
B(sus2)/F♯
B/D♯
E
21
F♯
B
B/D♯
E
23
F♯
G♯m
B(sus2)/F♯
B/D♯
E
25
F♯
F♯(sus4)
G♯m
E
F♯
27
F♯(sus4)
G♯m
E
D♯
G♯m
E
B
F♯

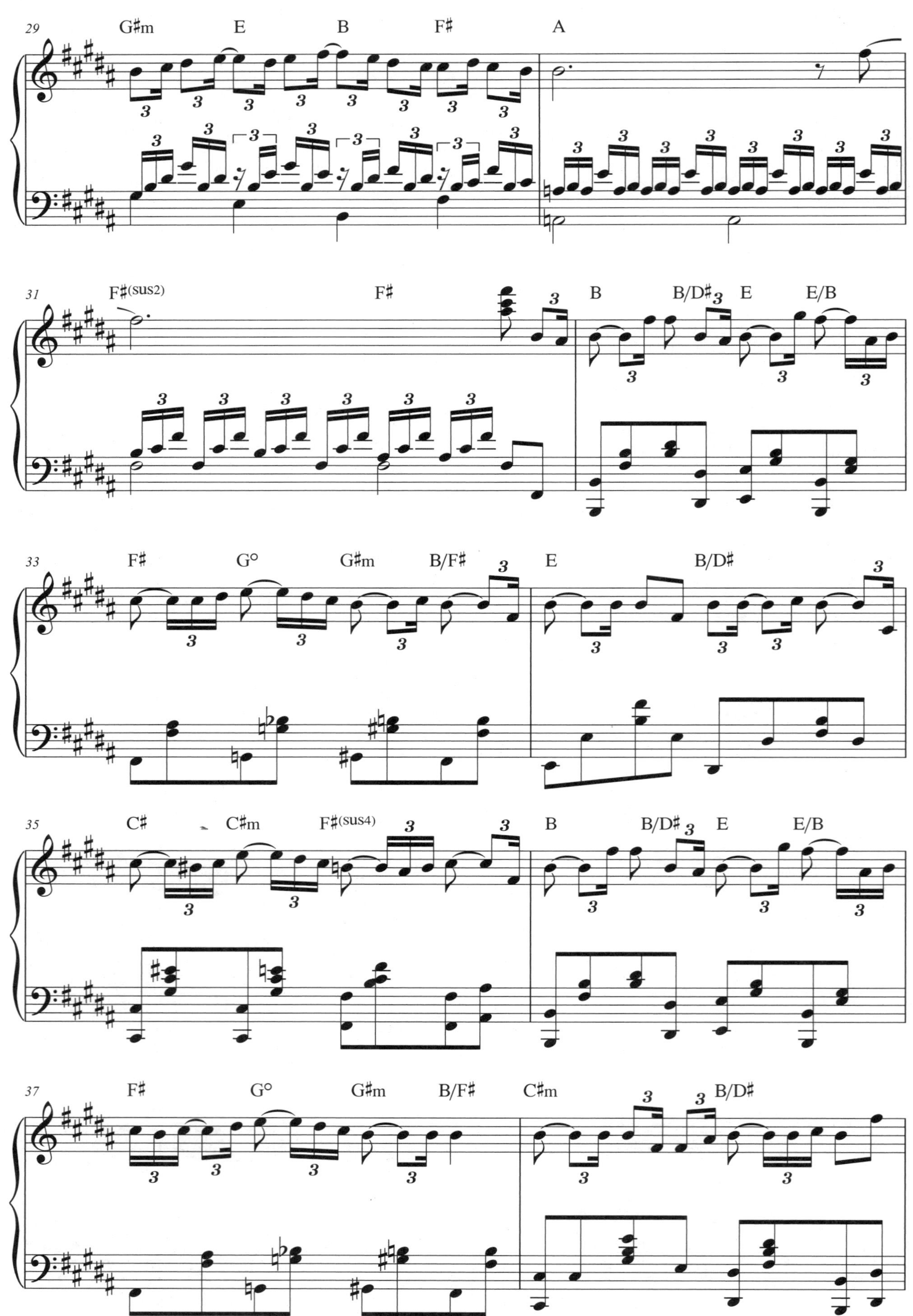
29
G♯m E B F♯ A
31
F♯(sus2) F♯ B B/D♯ E E/B
33
F♯ G° G♯m B/F♯ E B/D♯
35
C♯ C♯m F♯(sus4) B B/D♯ E E/B
37
F♯ G° G♯m B/F♯ C♯m B/D♯

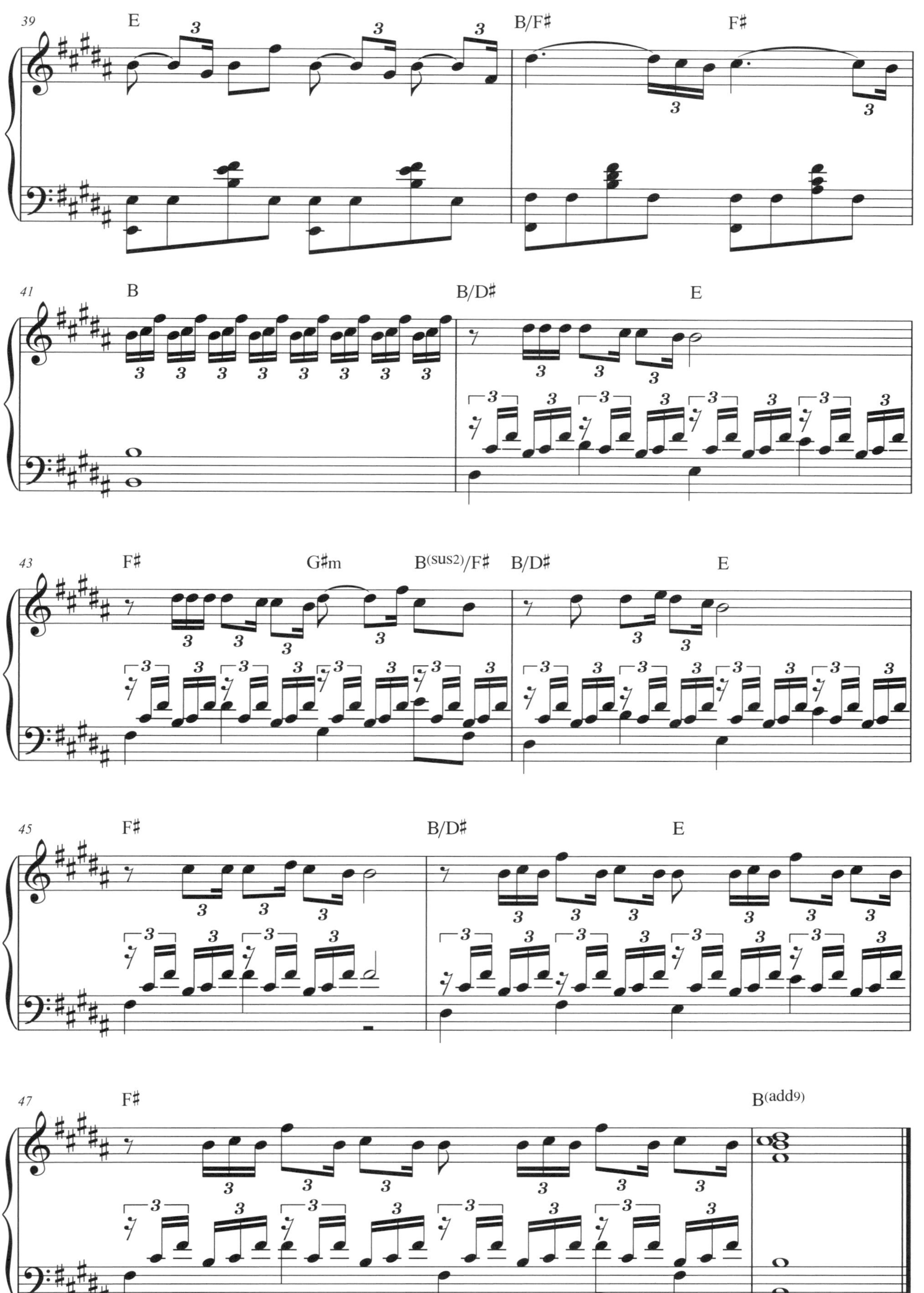
39
E
B/F♯
F♯
41
B
B/D♯
E
43
F♯
G♯m
B(sus2)/F♯
B/D♯
E
45
F♯
B/D♯
E
47
F♯
B(add9)

電影《煙花》主題曲

詞：米津玄師 曲：米津玄師 演唱：DAOKO × 米津玄師

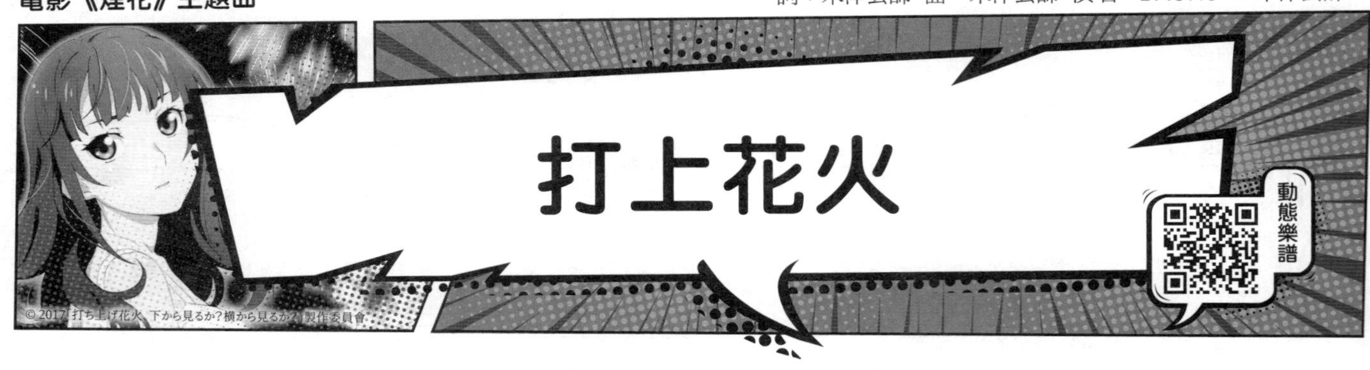

♩=96

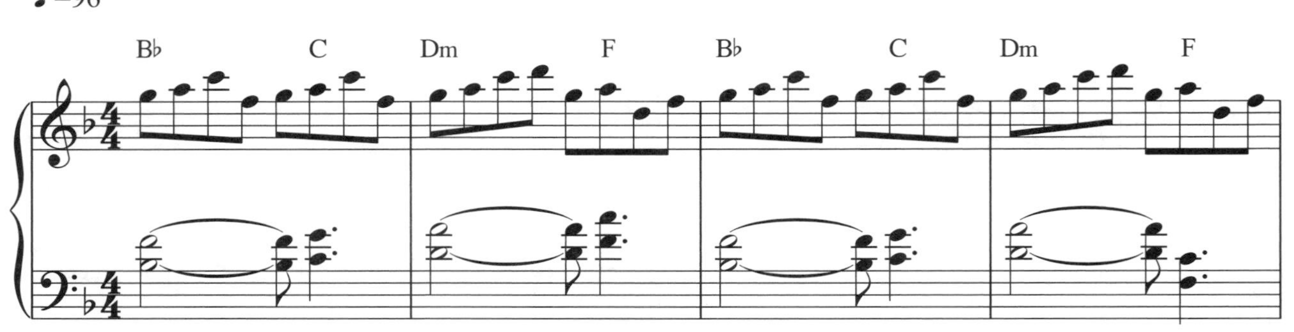

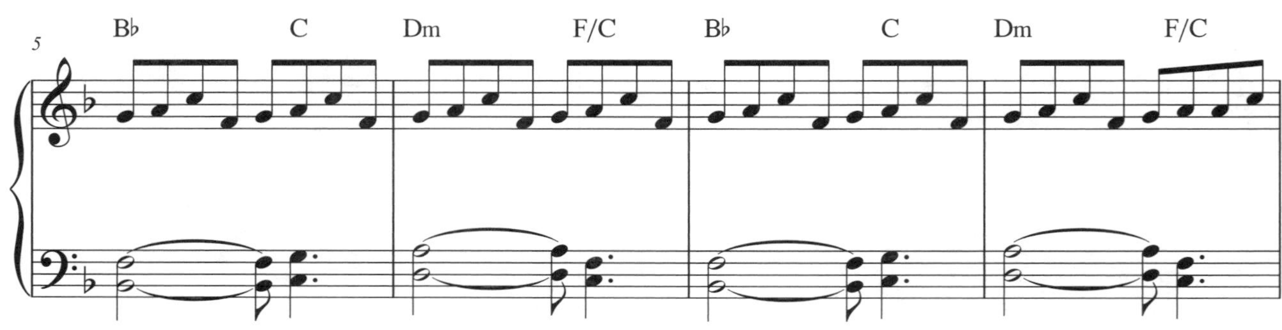

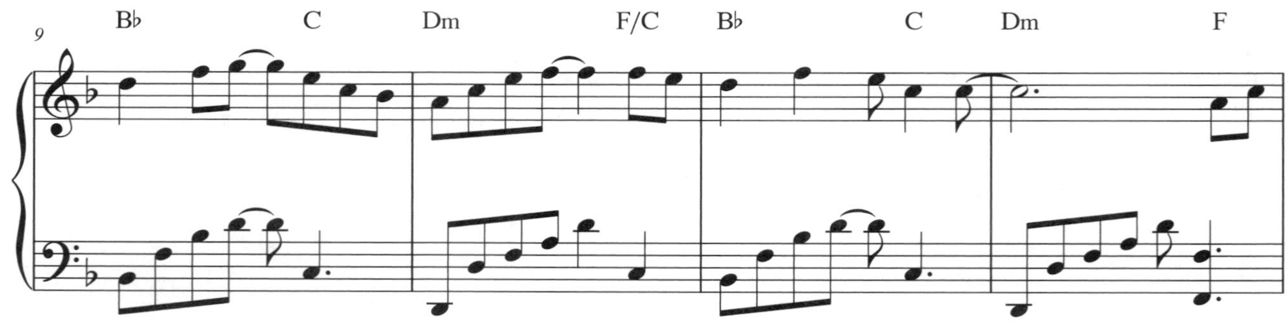

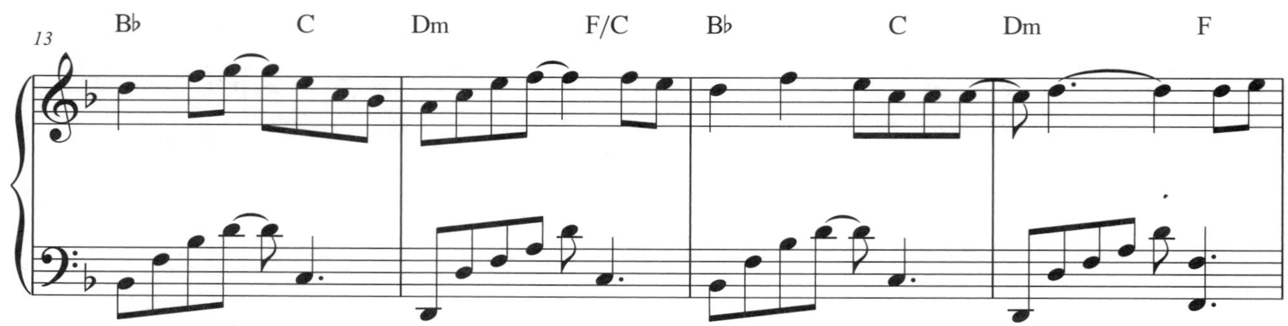

圖片出處：anigala-rew.jp/uchiagehanabi02/

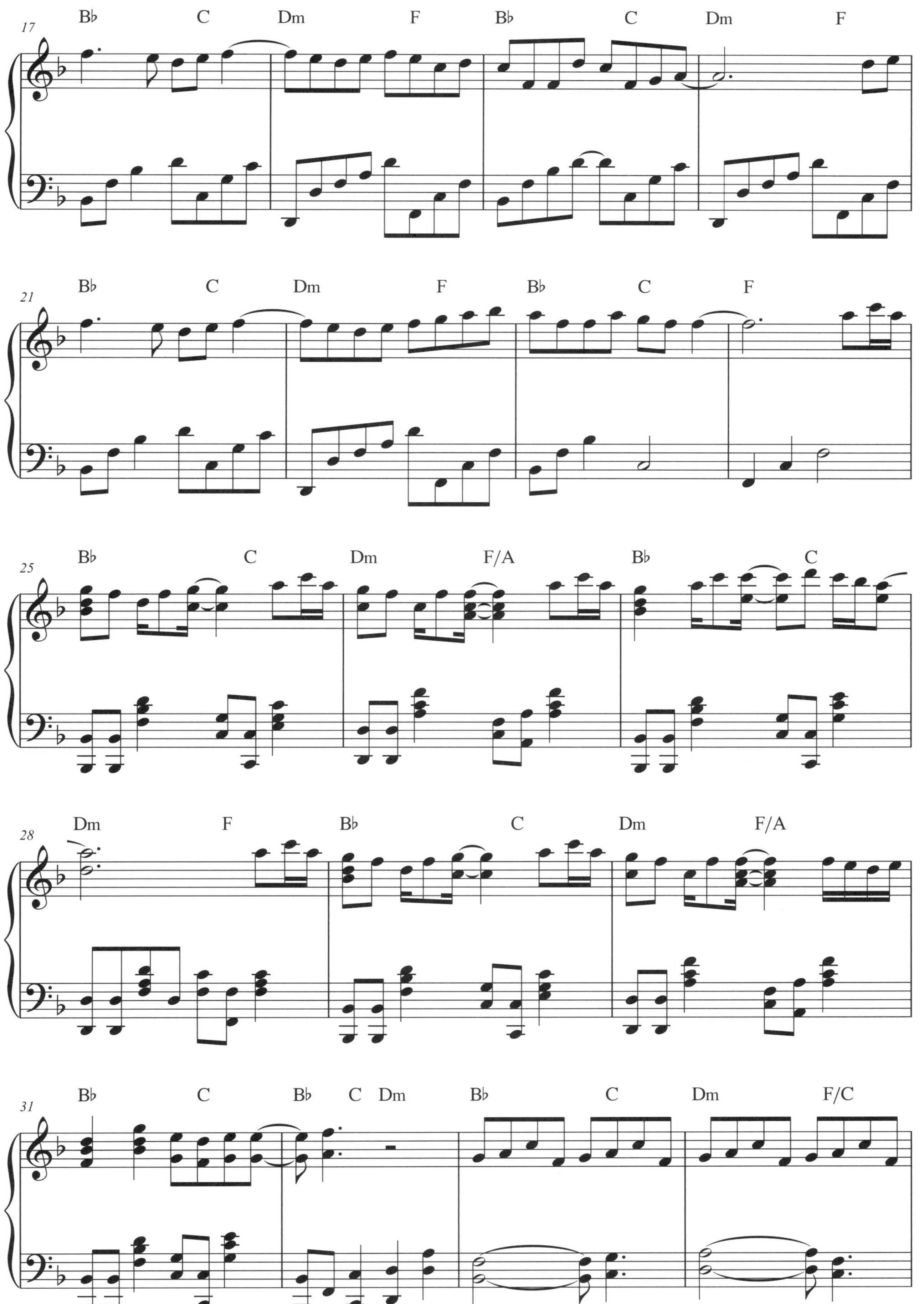
17
B♭ C Dm F B♭ C Dm F
21
B♭ C Dm F B♭ C F
25
B♭ C Dm F/A B♭ C
28
Dm F B♭ C Dm F/A
31
B♭ C B♭ C Dm B♭ C Dm F/C

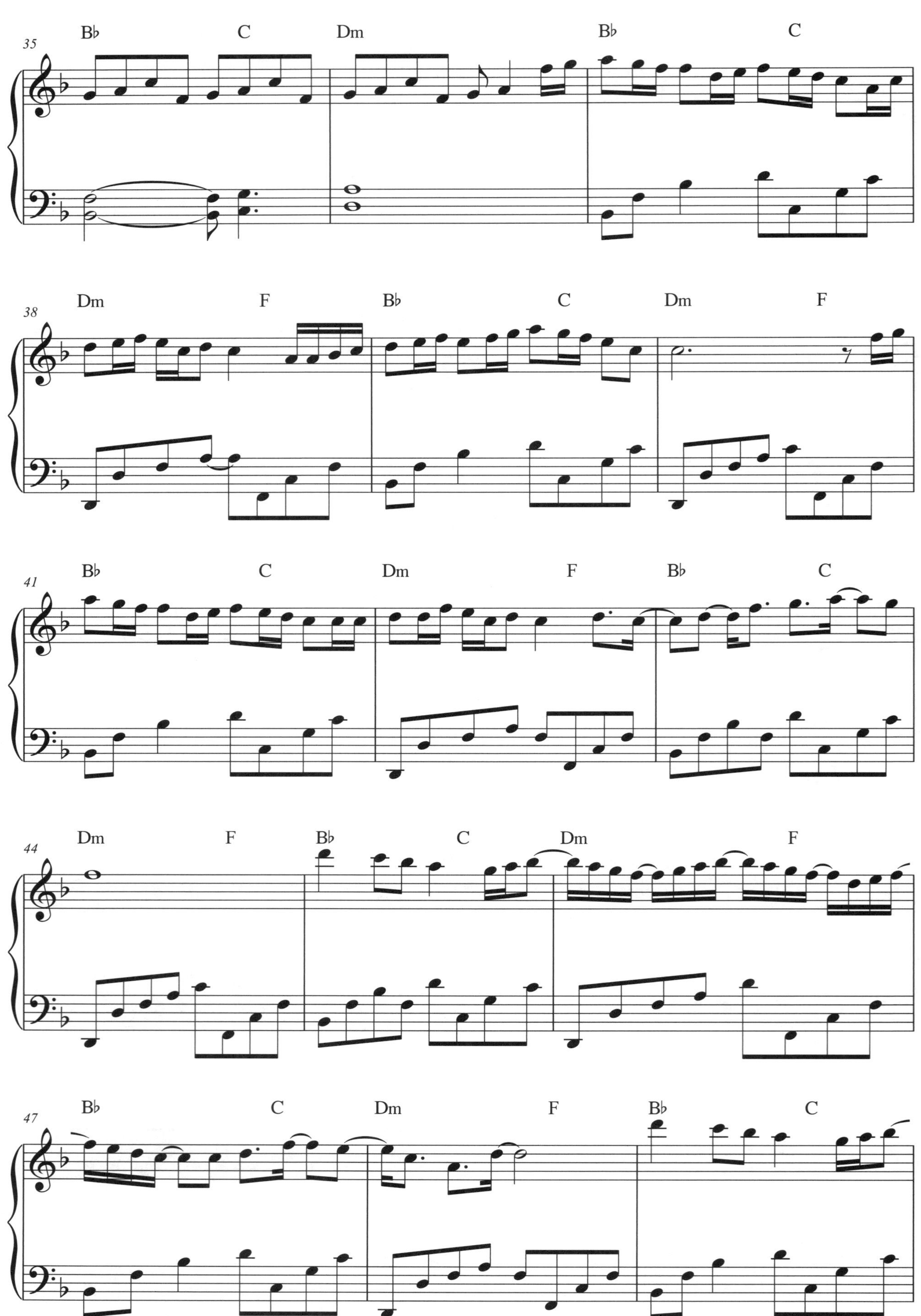

35
B♭ C Dm B♭ C
38
Dm F B♭ C Dm F
41
B♭ C Dm F B♭ C
44
Dm F B♭ C Dm F
47
B♭ C Dm F B♭ C

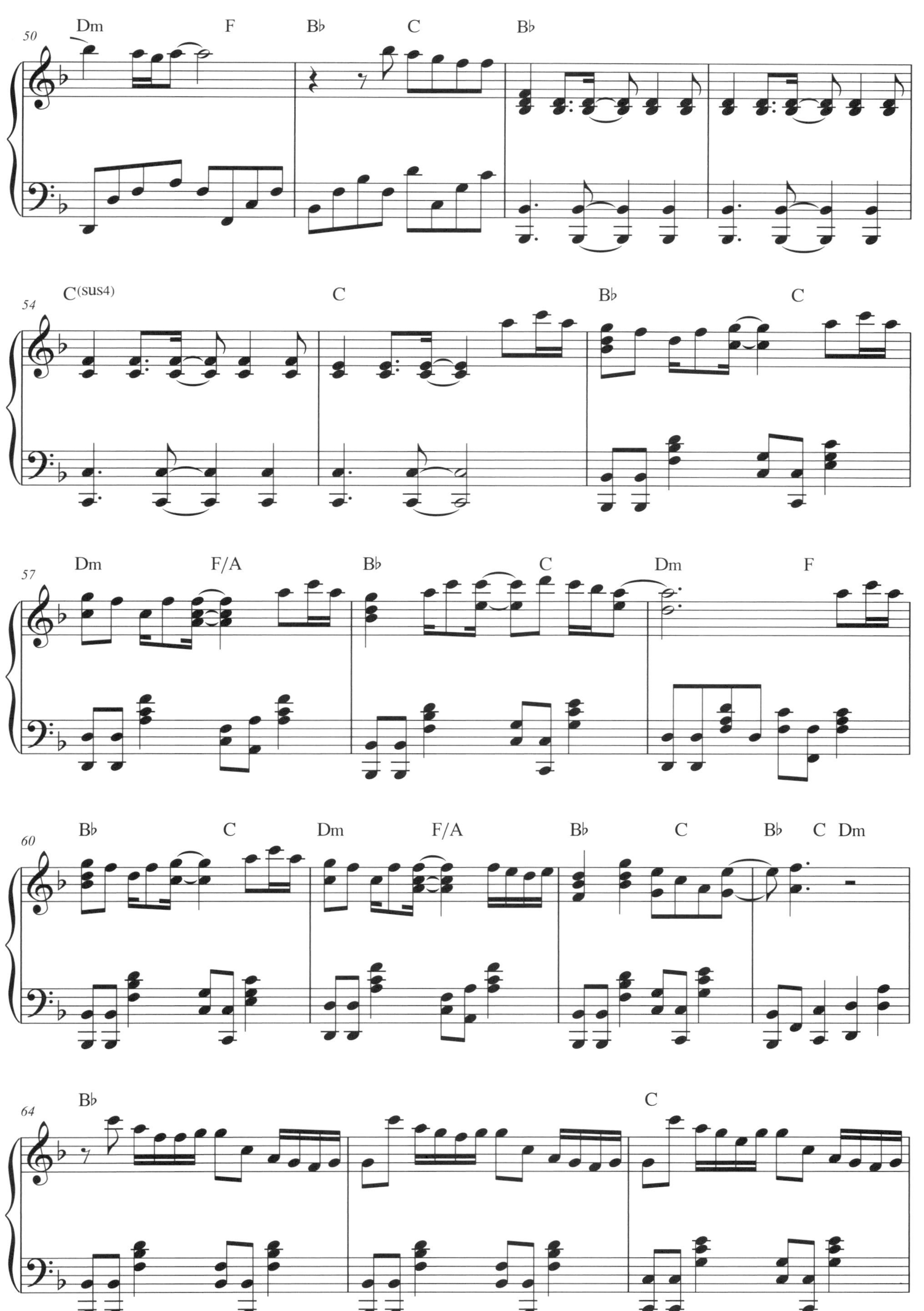
50
Dm F B♭ C B♭
54
C(sus4) C B♭ C
57
Dm F/A B♭ C Dm F
60
B♭ C Dm F/A B♭ C B♭ C Dm
64
B♭ C

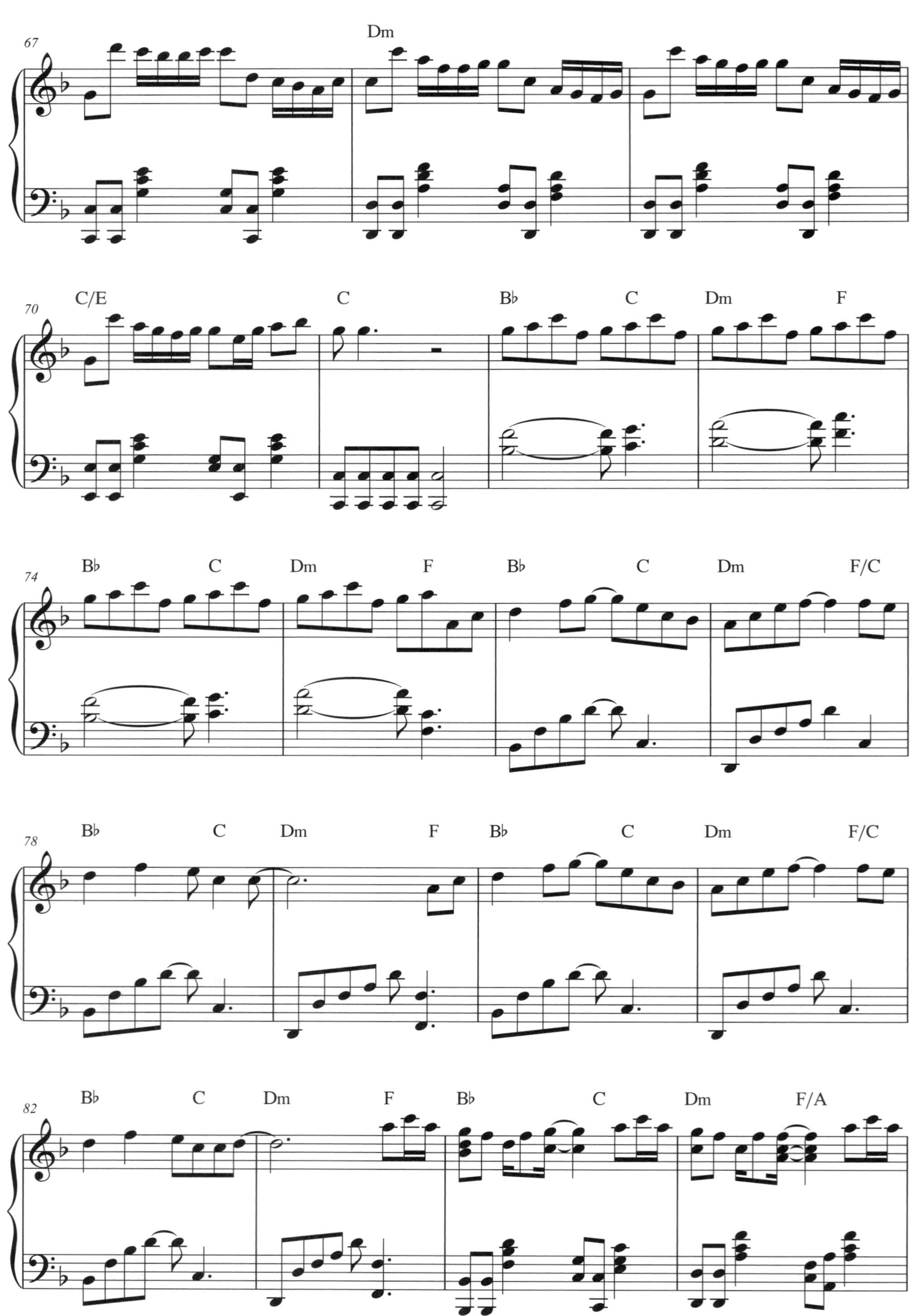

67
Dm
70
C/E
C
B♭
C
Dm
F
74
B♭
C
Dm
F
B♭
C
Dm
F/C
78
B♭
C
Dm
F
B♭
C
Dm
F/C
82
B♭
C
Dm
F
B♭
C
Dm
F/A

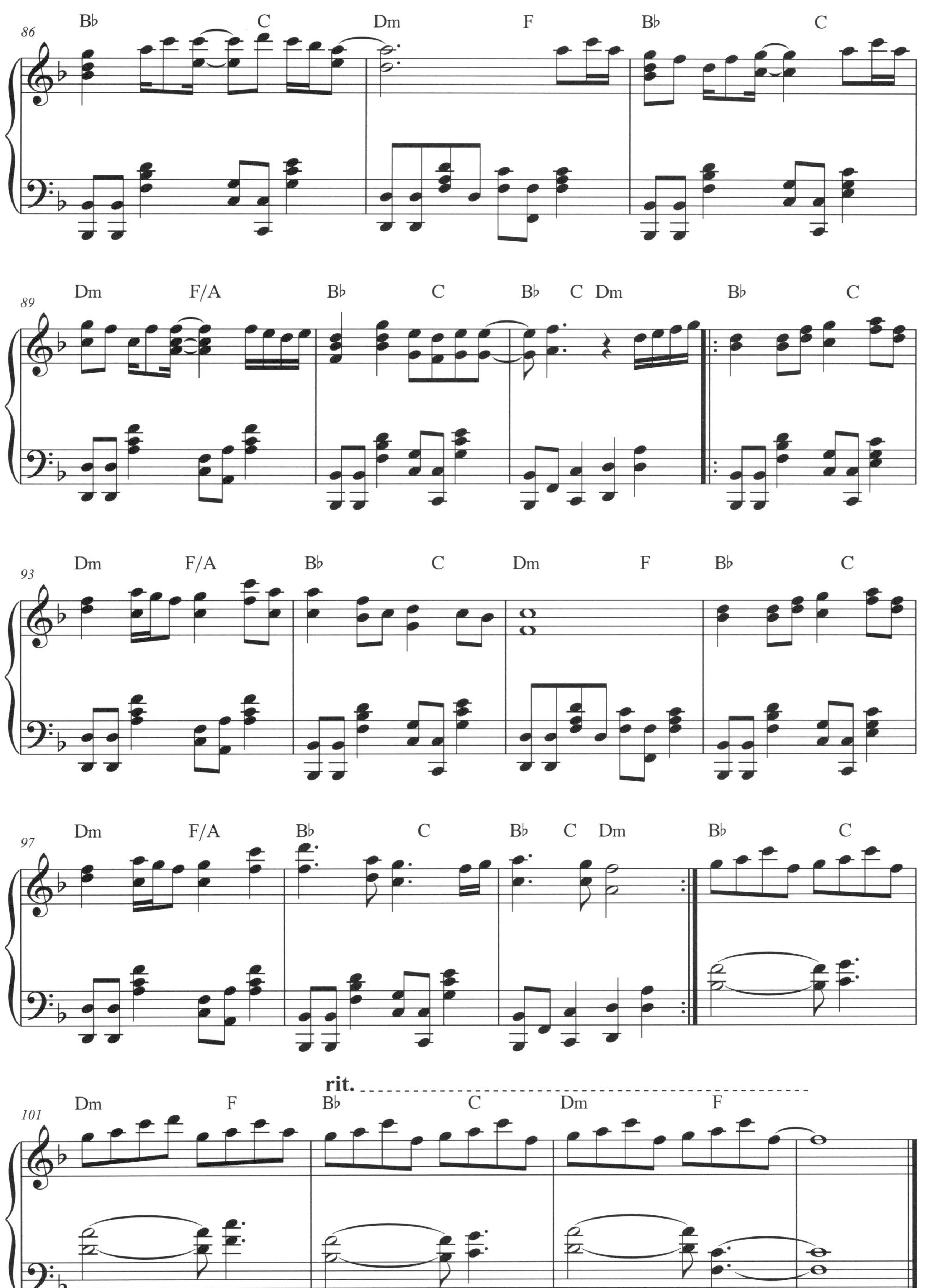
86
B♭
C
Dm
F
B♭
C
89
Dm
F/A
B♭
C
B♭
C
Dm
B♭
C
93
Dm
F/A
B♭
C
Dm
F
B♭
C
97
Dm
F/A
B♭
C
B♭
C
Dm
B♭
C
rit.
101
Dm
F
B♭
C
Dm
F

電影《瑪麗與魔女之花》片尾曲

詞：Saori、Fukase 曲：Nakajin、Saori、Fukase 演唱：SEKAI NO OWARI

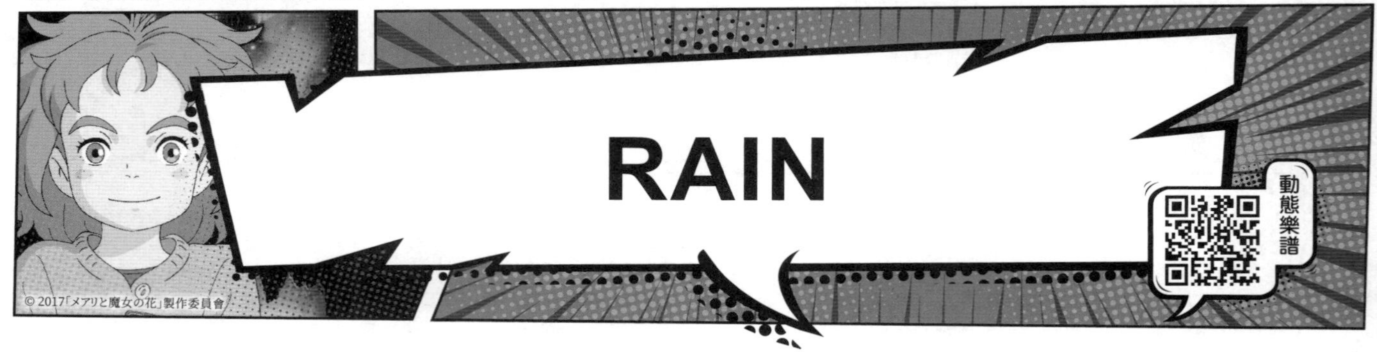

♩=74

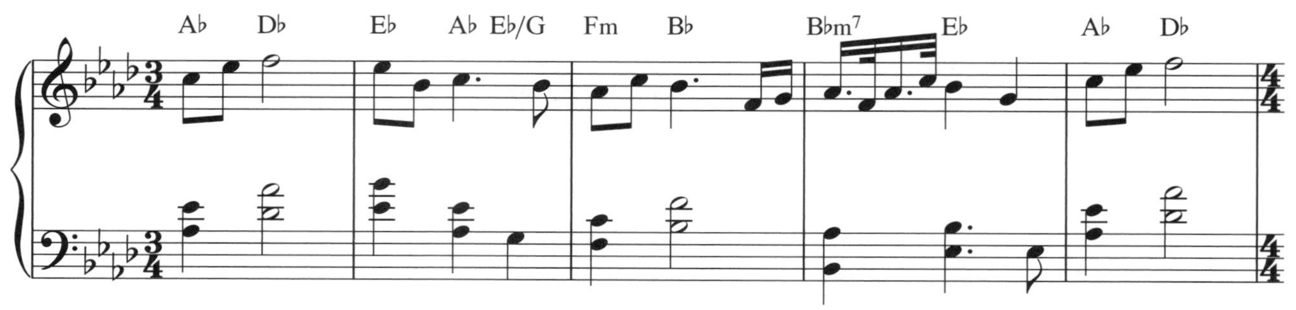

♩=100

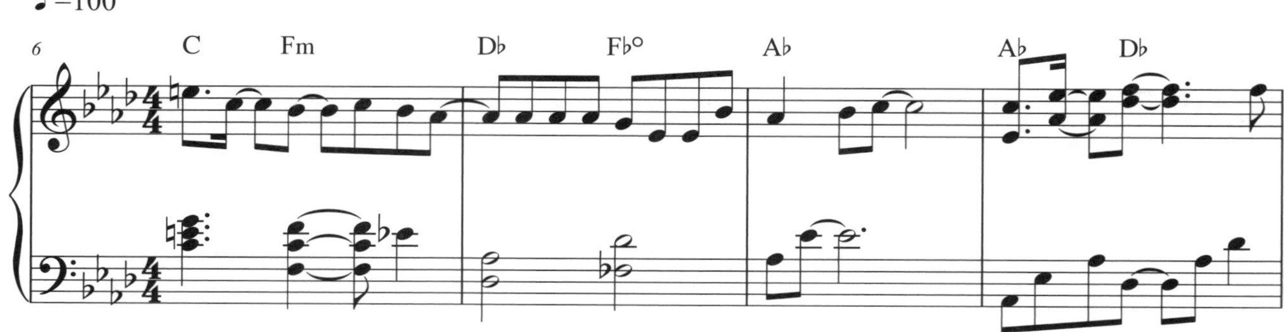

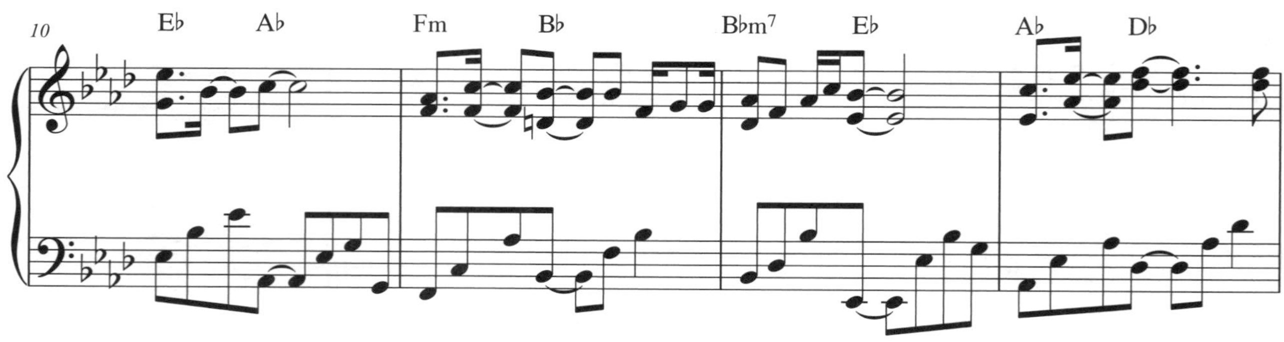

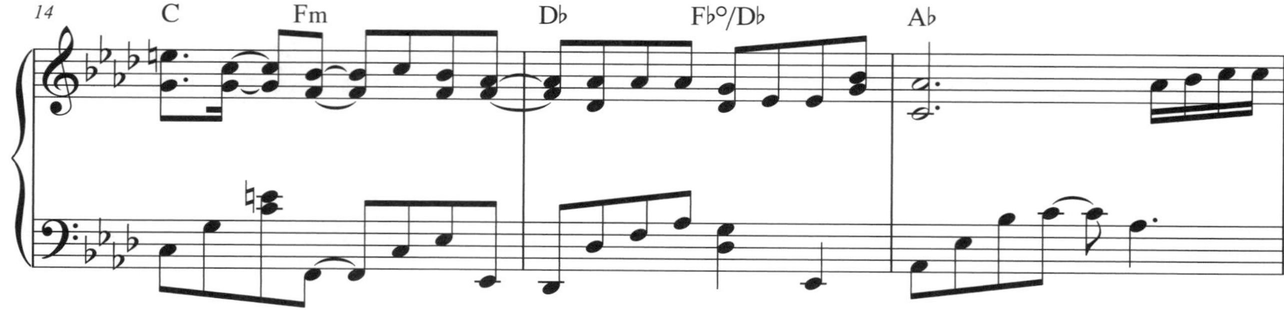

圖片出處：www.maryflower.jp/index.html

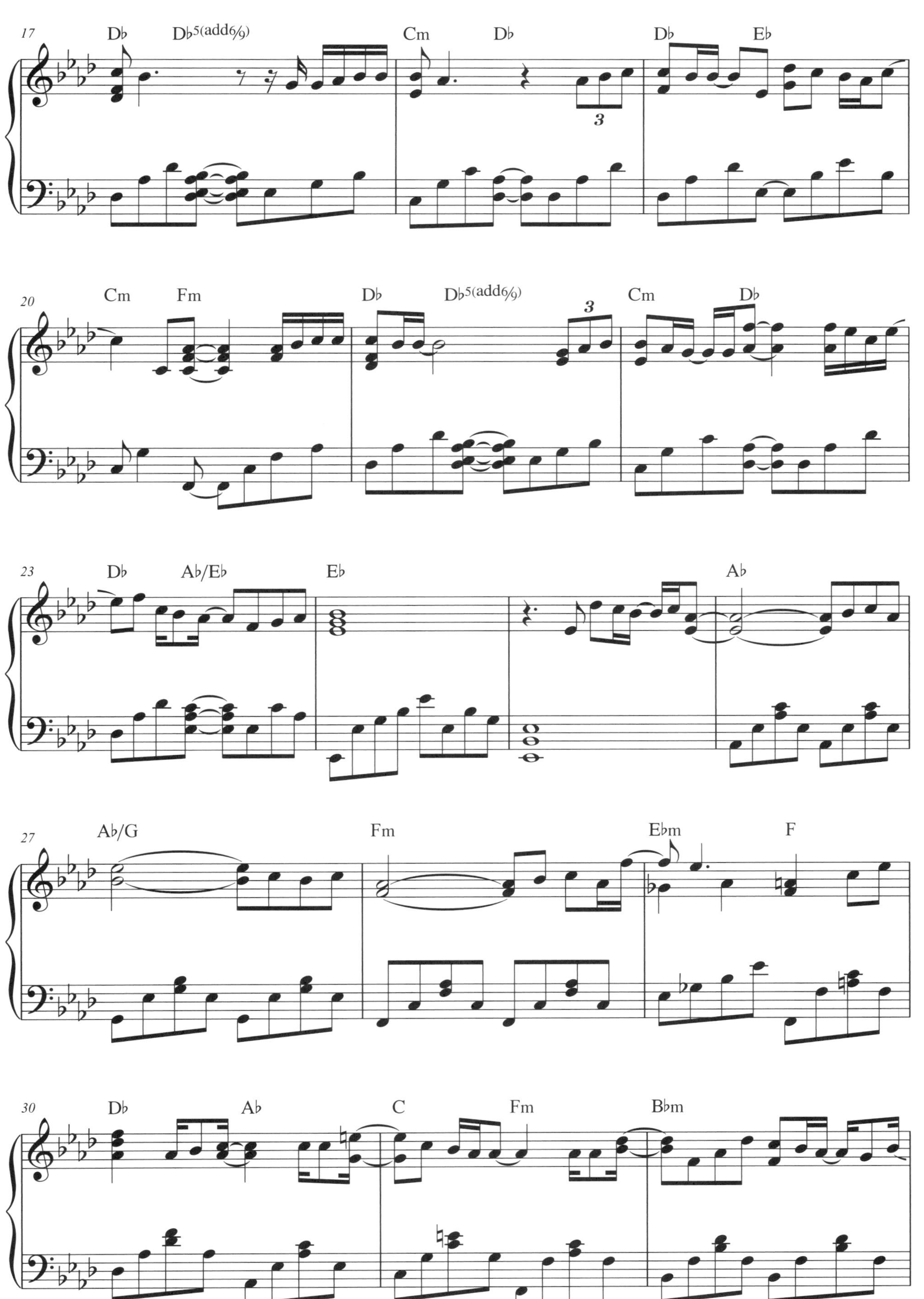
17
D♭
D♭5(add6/9)
Cm
D♭
3
D♭
E♭
20
Cm
Fm
D♭
D♭5(add6/9)
3
Cm
D♭
23
D♭
A♭/E♭
E♭
A♭
27
A♭/G
Fm
E♭m
F
30
D♭
A♭
C
Fm
B♭m

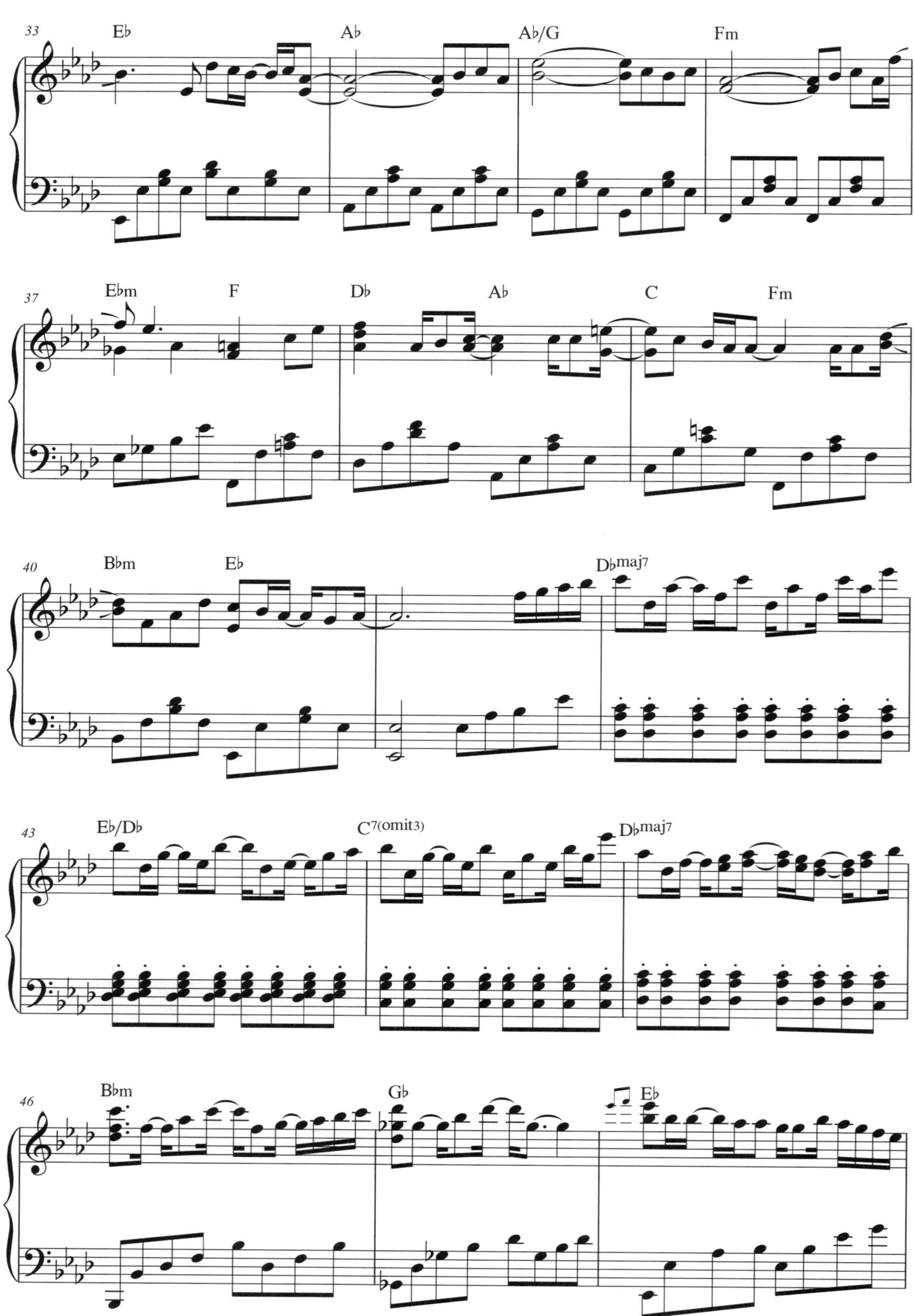
33
E♭
A♭
A♭/G
Fm
37
E♭m
F
D♭
A♭
C
Fm
40
B♭m
E♭
D♭maj7
43
E♭/D♭
C7(omit3)
D♭maj7
46
B♭m
G♭
E♭

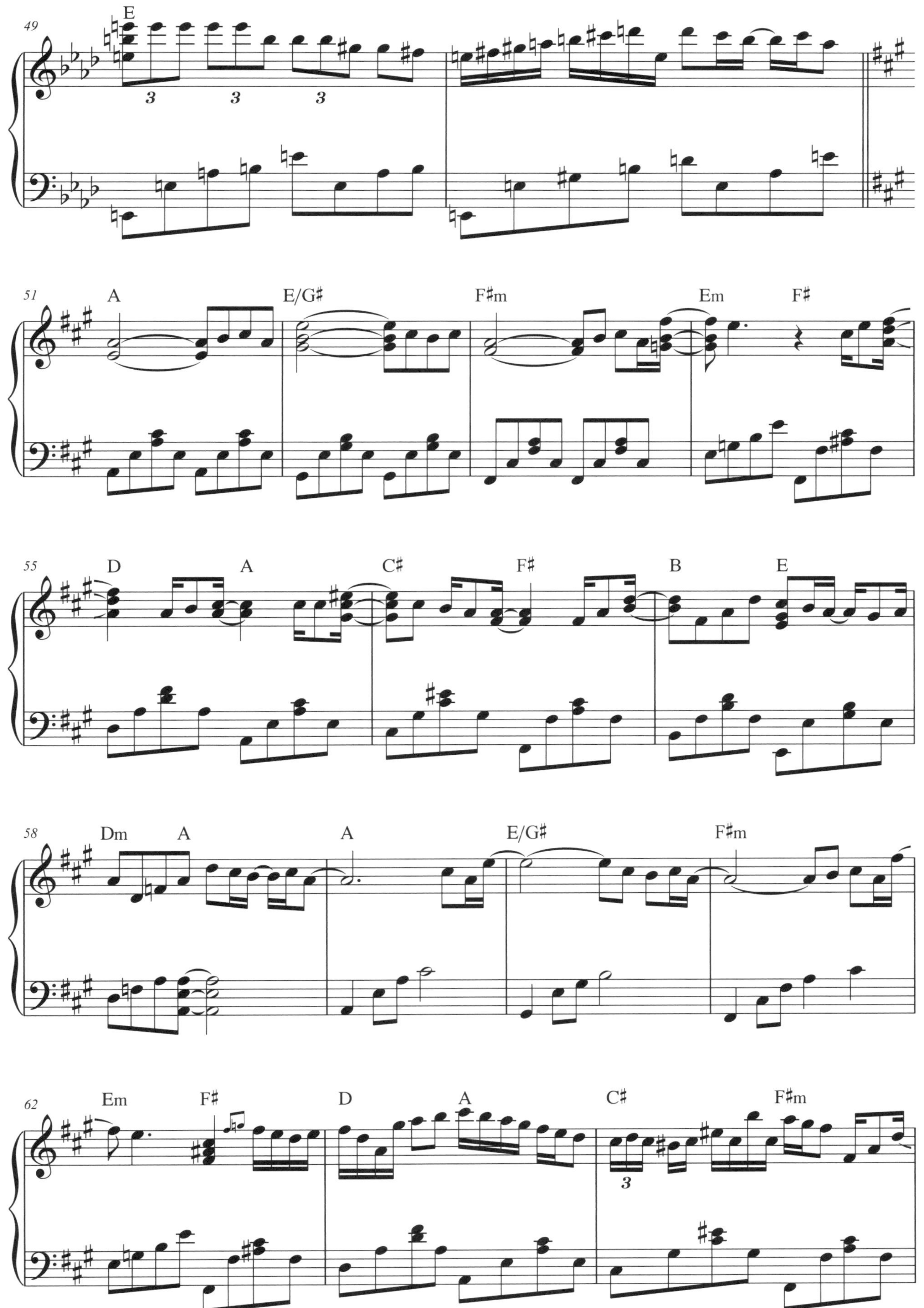
49
E
3
3
3
51
A
E/G♯
F♯m
Em
F♯
55
D
A
C♯
F♯
B
E
58
Dm
A
A
E/G♯
F♯m
62
Em
F♯
D
A
C♯
F♯m
3

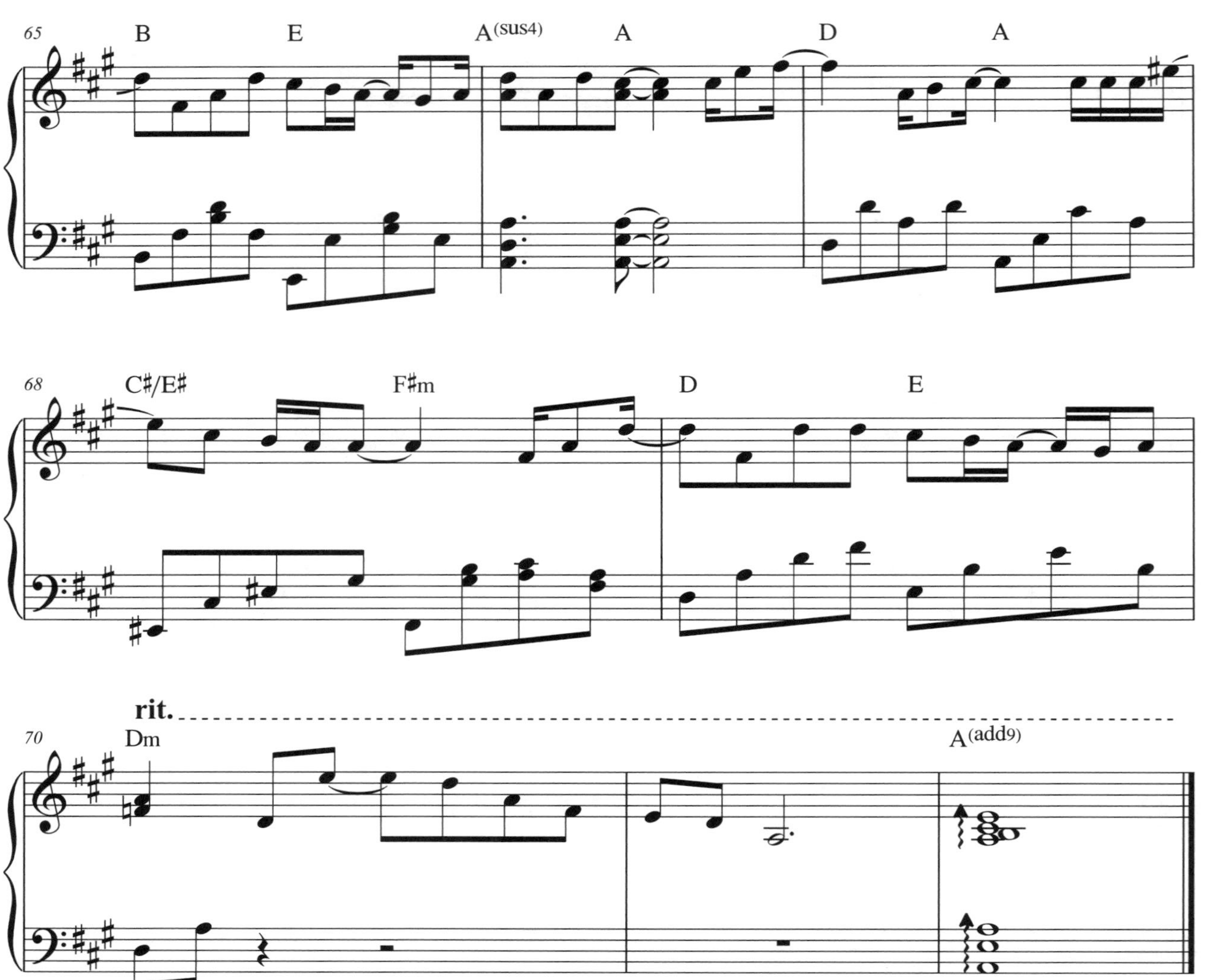
65
B
E
A(sus4)
A
D
A
68
C♯/E♯
F♯m
D
E
rit.
70
Dm
A(add9)

電影《天氣之子》主題曲

詞：野田洋次郎 曲：野田洋次郎 演唱：RADWIMPS

♩=70

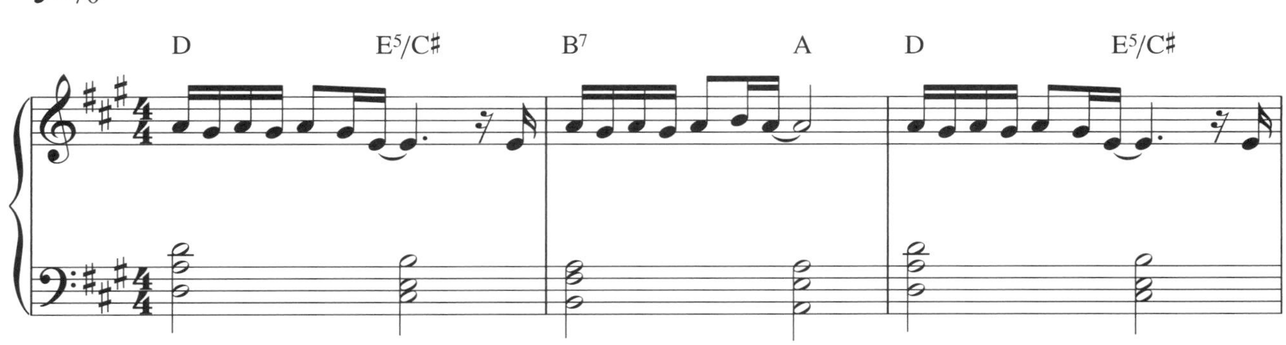

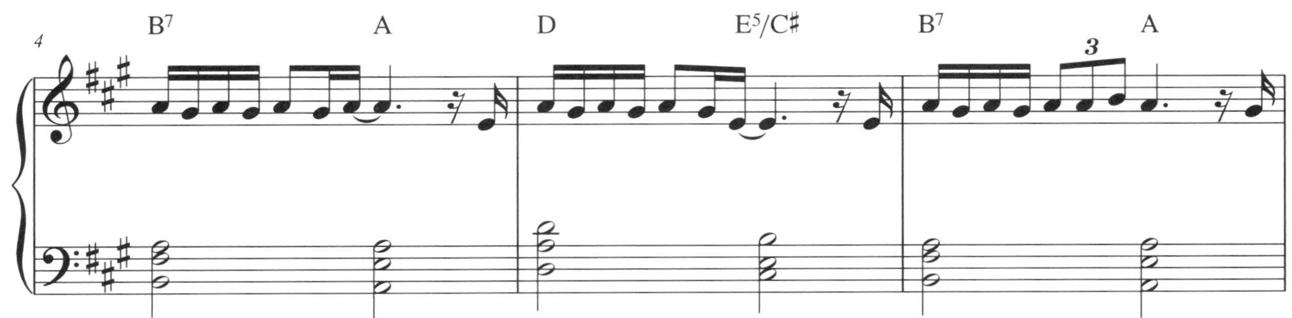

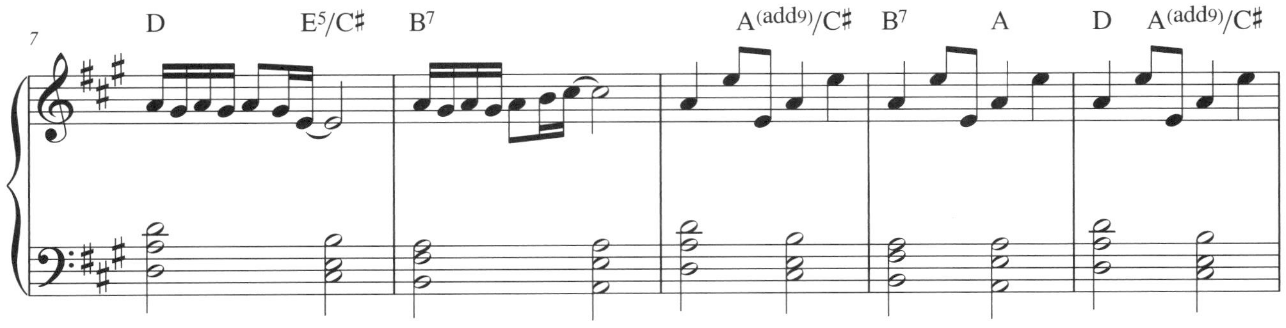

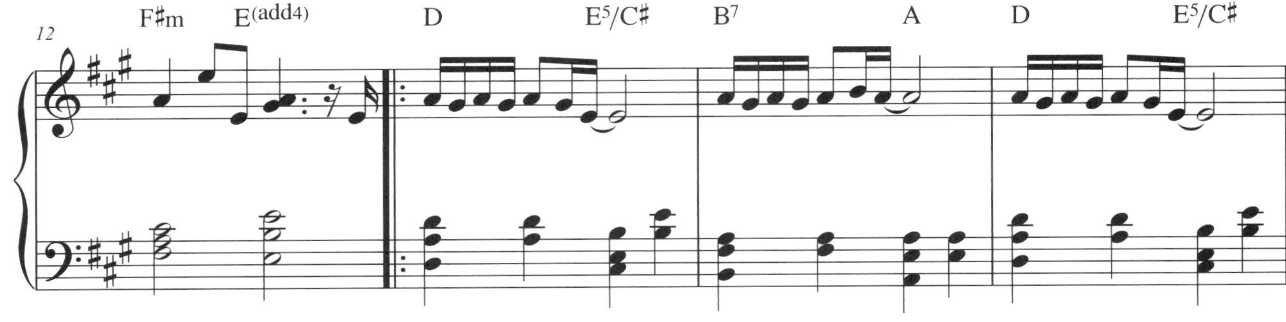

圖片出處：www.tenkinoko.com/

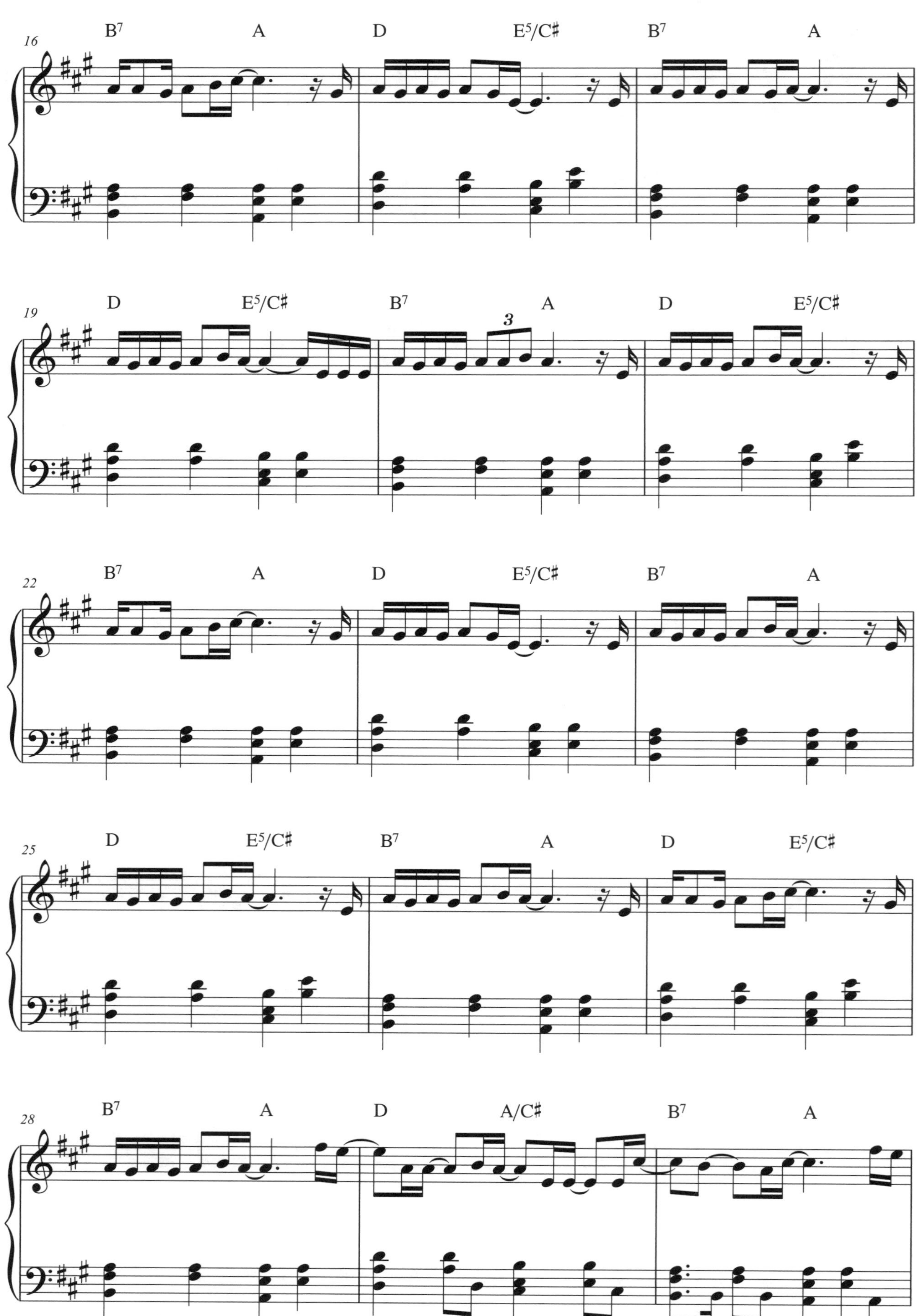
16
B7 A D E5/C♯ B7 A
19
D E5/C♯ B7 A D E5/C♯
3
22
B7 A D E5/C♯ B7 A
25
D E5/C♯ B7 A D E5/C♯
28
B7 A D A/C♯ B7 A

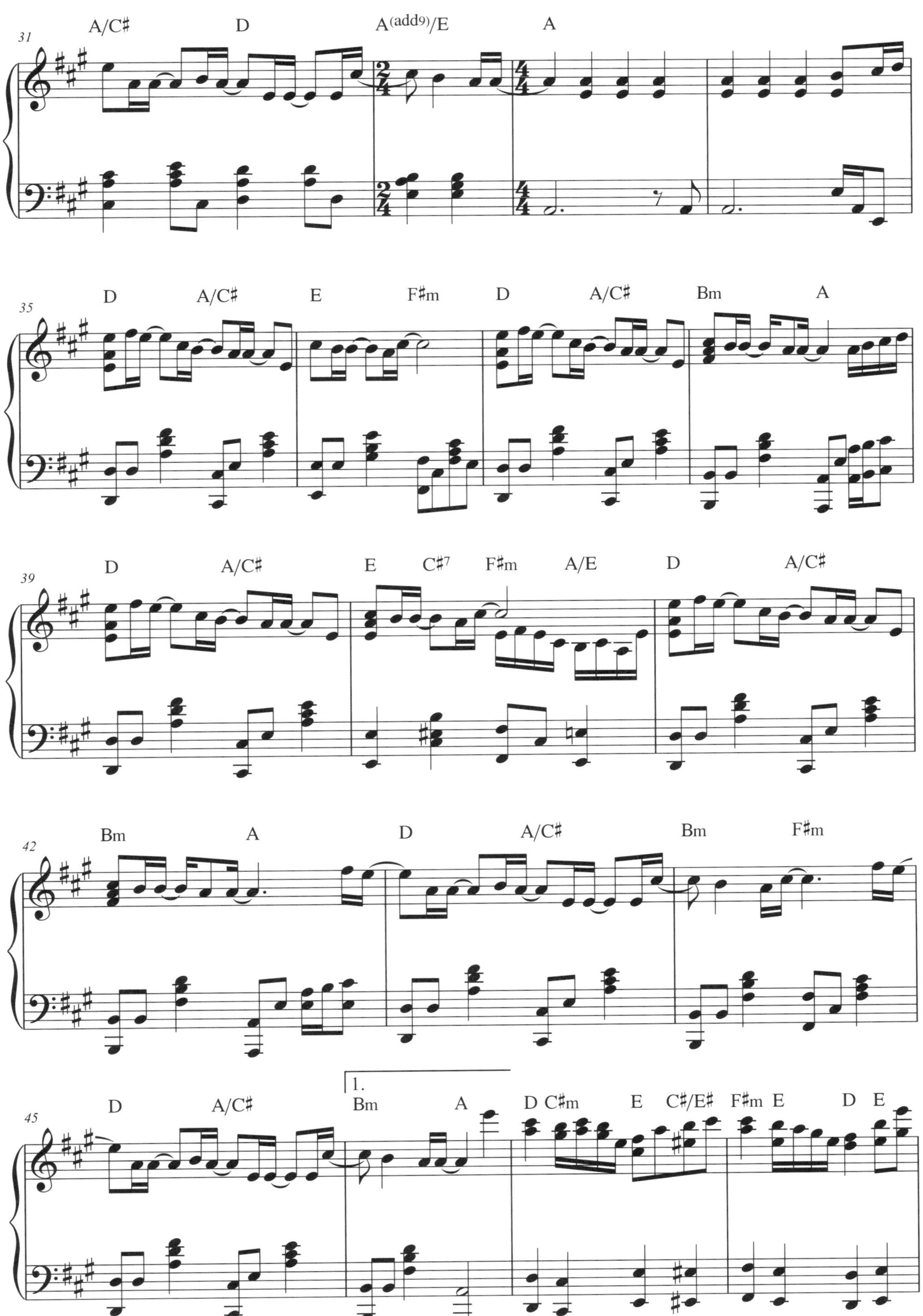
31
A/C♯ D A(add9)/E A
35
D A/C♯ E F♯m D A/C♯ Bm A
39
D A/C♯ E C♯7 F♯m A/E D A/C♯
42
Bm A D A/C♯ Bm F♯m
45
D A/C♯
1.
Bm A D C♯m E C♯/E♯ F♯m E D E

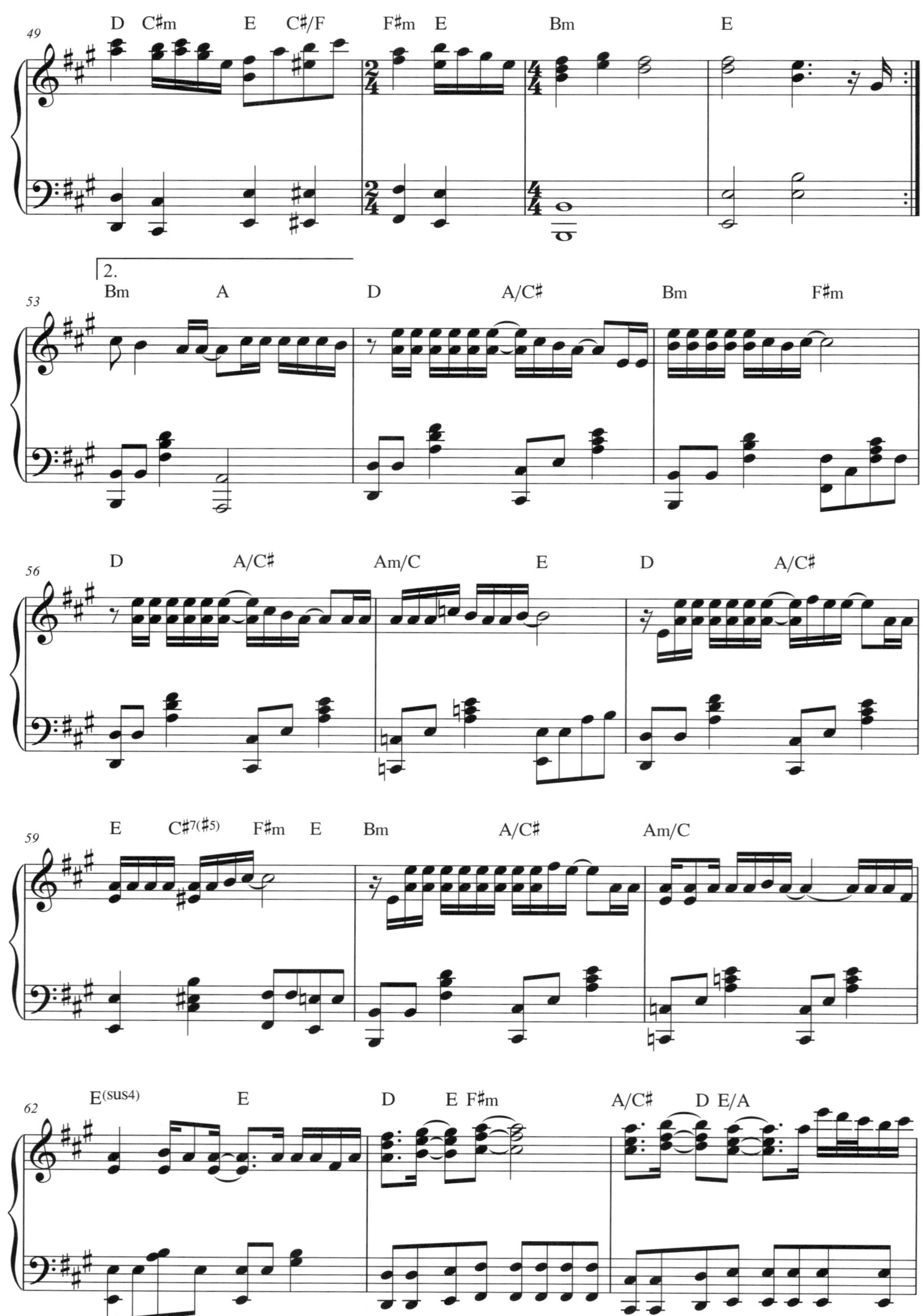
49
D C♯m E C♯/F F♯m E Bm E
2.
53
Bm A D A/C♯ Bm F♯m
56
D A/C♯ Am/C E D A/C♯
59
E C♯7(♯5) F♯m E Bm A/C♯ Am/C
62
E(sus4) E D E F♯m A/C♯ D E/A

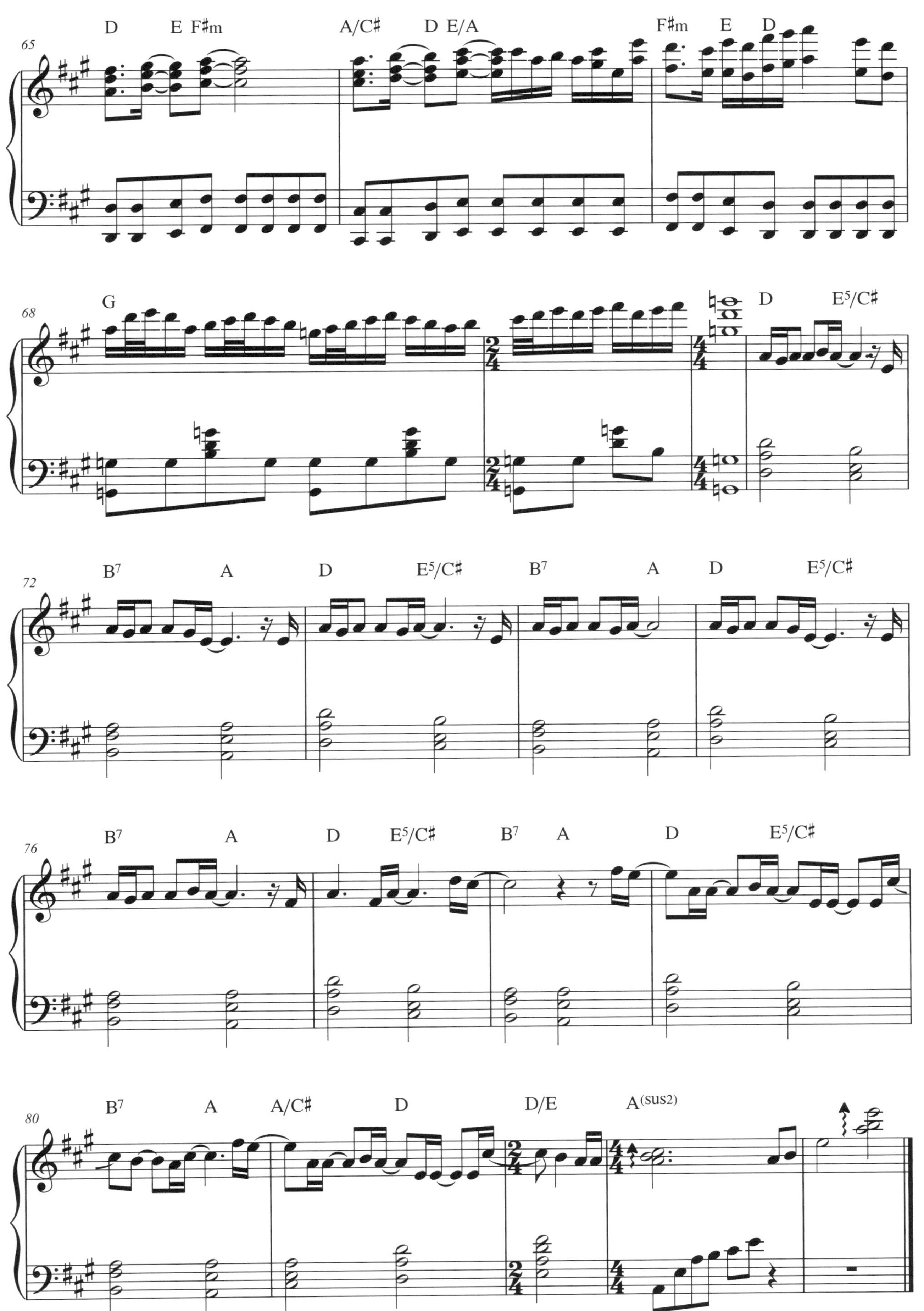
65
D E F♯m A/C♯ D E/A F♯m E D
68
G D E5/C♯
72
B7 A D E5/C♯ B7 A D E5/C♯
76
B7 A D E5/C♯ B7 A D E5/C♯
80
B7 A A/C♯ D D/E A(sus2)

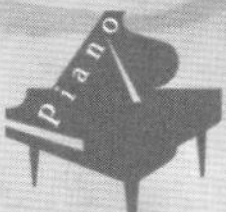

PIANO POWER PLAY SERIES ANIMATION II

鋼琴★動畫館2

日本動漫

編著 / 麥書文化編輯部
統籌 / 潘尚文
美術編輯 / 呂欣純
封面設計 / 呂欣純
文字編輯 / 陳珈云
鋼琴編採 / 聶婉迪
電腦製譜 / 聶婉迪、 明泓儒
譜面輸出 / 明泓儒
影音處理 / 明泓儒、李禹萱

出版發行 / 麥書國際文化事業有限公司
Vision Quest Publishing International Co., Ltd.
地址 / 10647台北市羅斯福路三段325號4F-2
4F-2, No.325,Sec.3, Roosevelt Rd.,
Da'an Dist.,Taipei City 106, Taiwan (R.O.C)
電話 / 886-2-23636166，886-2-23659859
傳真 / 886-2-23627353
郵政劃撥 / 17694713
戶名 / 麥書國際文化事業有限公司

http://www.musicmusic.com.tw
E-mail:vision.quest@msa.hinet.net
中華民國109年 11月 初版

◎ 本書所附動態樂譜影音QR Code，若遇連結失效或無法正常開啟等情形，
請與本公司聯繫反應，我們將提供正確連結給您，謝謝。